ACCESO GRATIS *a la Lectura en la Nube*

Para visualizar el libro electrónico en la nube de lectura envíe junto a su nombre y apellidos una fotografía del código de barras situado en la contraportada del libro y otra del ticket de compra a la dirección:

ebooktirant@tirant.com

En un máximo de 72 horas laborables le enviaremos el código de acceso con sus instrucciones.

La visualización del libro en **NUBE DE LECTURA** excluye los usos bibliotecarios y públicos que puedan poner el archivo electrónico a disposición de una comunidad de lectores. Se permite tan solo un uso individual y privado.

SEGURIDAD, SALUD Y BIENESTAR EN EL TRABAJO:

UN CAMINO EN PRO DE LOS OBJETIVOS DE DESARROLLO SOSTENIBLE ODS-3 Y ODS-8

SEGURIDAD, SALUD Y BIENESTAR EN EL TRABAJO:

UN CAMINO EN PRO DE LOS OBJETIVOS DE DESARROLLO SOSTENIBLE ODS-3 Y ODS-8

María-José Foncubierta-Rodríguez
Magdalena Holgado-Herrero
Directoras

tirant lo blanch
Valencia, 2024

La presente obra ha sido sometida a la revisión de pares ciegos según el protocolo de publicación de la editorial a efectos de ofrecer el rigor y calidad correspondiente tanto en su contenido como en su forma, aplicándose los criterios específicos aprobados por la Comisión Nacional E 016 (BOE num. 286, de 26 de noviembre de 2016).

EDITA: TIRANT LO BLANCH
C/ Artes Gráficas, 14 - 46010 - Valencia
TELFS.: 96/361 00 48 - 50
FAX: 96/369 41 51
Email: tlb@tirant.com
www.tirant.com
Librería virtual: www.tirant.es
DEPÓSITO LEGAL: V-2164-2024
ISBN: 978-84-1056-754-2

Si tiene alguna queja o sugerencia, envíenos un mail a: *atencioncliente@tirant.com*. En caso de no ser atendida su sugerencia, por favor, lea en *www.tirant.net/index.php/empresa/politicas-de-empresa* nuestro procedimiento de quejas.

Responsabilidad Social Corporativa: http://www.tirant.net/Docs/RSCTirant.pdf

Autores

Dr. Alfonso Jesús Gil López
Universidad de La Rioja

Dra. Beatriz Rodrigo Moya
Universidad Nacional de Educación a Distancia

D. Carlos Pérez Vallejo
Universidad Francisco de Vitoria

Dr. Carmelo Arturo Juárez Castelló
Universidad de La Rioja

Dª. Claudia Tobías Marín
Universidad de la Rioja (doctoranda)

Dra. Dara Hernández-Roque
Universidad de Cádiz

D. Eduardo Simal Carretero
Universidad Politécnica de Valencia

D. Enrique Díaz Vázquez
Universidad de Cádiz

Dª. Fedwa Belghait
Universidad de Cádiz (doctoranda)

Dr. Ismael Rodríguez Maestre
Universidad de Cádiz

D. Iván del Pozo Rivilla
Universidad de Cádiz

Dr. Jesús Barrena Martínez
Universidad de Cádiz

Dr. Jesús Daniel Mena Baladés
Universidad de Cádiz

Dr. José Luis Perea-Vicente
Universidad de Cádiz

Dr. Juan Jacobo Núñez Martínez
Universidad Nacional de Educación a Distancia

D. Juan José Ruiz Gutiérrez
Guardia Civil. Servicios Prevención

Dr. Juan Luis Foncubierta Blázquez
Universidad de Cádiz

D. Juan María Roldán Conesa
Universidad de Cádiz

Dª. Magdalena Holgado-Herrero
Universidad de Cádiz

D. Manuel Antonio Santamaría Barrios
Universidad de Cádiz

Dra. María Jesús Jiménez Come
Universidad de Cádiz

Dra. María-José Foncubierta-Rodríguez
Universidad de Cádiz

Dra. Martina Fernández-Gutiérrez
Universidad de Cádiz

Dra. Miriam Poza-Méndez
Universidad de Cádiz

Dra. Nuria Baladés Ruiz
Universidad de Cádiz

Dra. Pilar Bas-Sarmiento
Universidad de Cádiz

Dr. Rafael Ravina-Ripoll
Universidad de Cadiz

D. Ramón Tur Cano
Universidad de Cádiz

Dra. Raquel Arguedas Sanz
Universidad Nacional de Educación a Distancia

D[a] Walaa Jarrar
Universidad de Cádiz (doctoranda)

Índice

Prólogo

La contribución de la empresa al desarrollo sostenible, entendido como aquel que busca un equilibrio entre el crecimiento económico, el cuidado del medio ambiente y el bienestar social se ha convertido en el *leitmotiv* de las políticas empresariales en las últimas décadas. El aumento de la interdependencia económica entre los países derivada de la globalización financiera, y la menor capacidad de los Estados para dar respuesta a problemas o fenómenos que tienen un carácter global, intensificó ese interés a finales de los 90 y lo ha acelerado desde 2015. En esa fecha tuvo lugar el Acuerdo de París sobre cambio climático y la aprobación de los objetivos de desarrollo sostenible (ODS) donde empresas y Estados confluyen en el interés común de una agenda multidimensional, la agenda 2030.

Diferentes compromisos, declaraciones e incluso normativas han ido surgiendo en las últimas décadas para tratar de ayudar a identificar, prevenir y mitigar los posibles impactos o externalidades negativas de la actividad económica y avanzar hacia un desarrollo más sostenible e inclusivo. Estándares y normativas que buscan una gestión empresarial responsable con la sociedad y sus grupos de interés (*stakeholders)* mediante estrategias y procedimientos que les permita identificar y gestionar riesgos y oportunidades asociados a los aspectos ambientales sociales y de gobernanza y medir sus impactos o externalidades sobre los que rendir cuentas. Entre los *stakeholders* o grupos y personas que afectan o que son afectadas por la empresa se encuentran los empleados sobre los que pone el foco este libro.

La literatura académica presenta una multitud de teorías y una pluralidad de enfoques sobre la relación de la empresa con la sociedad y su responsabilidad social (RSC) que, lejos de presentar un consenso, resultan hasta controvertidos. En un extremo situaríamos las teorías que se adscriben a racionalidades éticas, políticas o sociológicas, con una concepción de empresa abierta a la sociedad y a los problemas globales y locales, cuya misión es atender al interés general o el bien común (económico, social y ambiental) porque es una obligación derivada de principios morales. Desde esta perspectiva, la RSC es una oportunidad para hacer el bien y atender valores morales o contribuir al bienestar y la sostenibilidad global. En el otro lado, encontramos teorías más clásicas que se sostienen en racionalidades de tipo jurídico y económico con una visión más centrada en el beneficio o las ventajas competitivas que tiene sobre los resultados financieros atender de forma instrumental los intereses del resto de grupos que afectan o se ven afectados por la actuación de la empresa. Bajo esta visión instrumental, el modelo de empresa predominante es el financiero o accionarial "ilustrado" (sin implicar transformaciones profundas), y la responsabilidad social de la empresa se justifica porque aporta valor al accionista porque ayuda a mejorar la gestión de riesgos y a conseguir procesos más eficientes; a aumentar la calidad de los productos y procesos y la satisfacción de los clientes y de los empleados; a prepararse para una regulación más exigente, etc. y todo eso repercute en mejores resultados financieros. Los intereses de los accionistas son prioritarios y tienen el control del gobierno de la empresa y de la orientación de sus negocios. El resto de *stakeholders* son medios e instrumentos para aportar mayor valor al accionista a largo plazo. Bajo este prisma utilitarista, el objetivo financiero de la empresa prevalece y las cuestiones que no afectan a la cuenta de resultados pasan a ser objetivo y misión de lo público. Pero, en este caso ¿deberíamos hablar entonces de responsabilidad social?

En un punto intermedio de confluencia entre estas dos visiones de la empresa, surgen visiones que considera los intereses de las partes interesadas en el proceso de gestión por razones tanto estratégicas como normativas. Algunos autores defienden la teoría de las partes interesadas-agencia, en la que la **gobernanza responsable** implica mantener mejores relaciones y reducir los problemas de agencia con las partes interesadas en beneficio del valor y sostenibilidad de la empresa a largo plazo. Esta visión, que comparto, supera la gestión parcial o tangencial de aspectos sociales o ambientales elevando al más alto nivel la gestión estratégica de dichos asuntos. Los riesgos y oportunidades ambientales, sociales y de gobernanza afectan al interés general de la empresa y su supervivencia a largo plazo, al igual que las decisiones de la alta dirección y de los administradores generan impactos sobre terceros de los que se derivan responsabilidades y que debe vigilar y medir.

El dilema entre el interés de la empresa y el interés social estará presente en el gobierno de la empresa cuando el valor social no coincide con el valor económico. Es en ese momento donde entra en juego la auténtica responsabilidad social empresarial, la ética y los valores que no consiste en cumplir la ley sino su espíritu. Bajo esa visión no parece que tengan cabida cuestiones controvertidas y estrategias que aprovechen los resquicios legales para llevar a cabo prácticas como la competencia desleal o la elusión fiscal, abusos de poder o cuasi oligopolios o sistemas de aprovisionamiento que no respeten los derechos humanos o que aprovechan estándares laborales y ambientales más bajos. Es precisamente en este tipo de fenómenos más globales y que afectan a otros territorios donde la presión y vigilancia de los Estados nacionales muchas veces no llega, donde se manifiestan los asuntos más sensibles de la RSC que tienen mucho que ver con la ética.

En definitiva, pensar en el valor de la empresa a largo plazo exige gestionar riesgos y oportunidades asociadas a la sostenibilidad y la RSC y es sinónimo de una gobernanza responsable, ética y con debida diligencia.

Bajo esta visión, la empresa es concebida como una institución social, coalición o asociación de agentes económicos aparte de los individuos que la componen, con derechos y obligaciones en cuanto tal. Se concibe como una institución social articulada mediante un nexo de relaciones de confianza mantenidas a largo plazo. No solo como una agrupación de capitales (accionistas) sino como una suma de recursos y activos tangibles e intangibles en la que los accionistas dejan de ser los protagonistas exclusivos en el gobierno y toma de decisiones de la empresa y donde se asimilan cada vez más a proveedores de capital (en muchos casos, pasivos e indirectos y con una participación accionarial en la empresa cada vez más volátil). Bajo esta visión, los activos intangibles como las capacidades de los empleados, las expectativas de los clientes o proveedores, la reputación e imagen de la empresa dentro de la sociedad, también denominados capital social, resultan básicos. La intensa transformación tecnológica que estamos viviendo impone un tipo de empresa en la que tienen cada vez más importancia estos activos intangibles, que en buena parte dependen de la contribución del trabajo (como el conocimiento, la confianza, el clima empresarial, la innovación, la creatividad...) factores en los que se basan las estrategias de competitividad más avanzadas.

Algunos expertos insisten en que una responsabilidad social avanzada de la empresa requeriría no solo el diálogo con sus principales *stakeholders* sino incluso su participación, como es el caso de los trabajadores. Participación activa en sus órganos de gobierno requiriendo por ello sistemas de cogobernanza y de incentivos que alineen bien los objetivos e intereses de los propietarios del capital y del trabajo a través de fórmulas de participación laboral. Algo que parece respaldar la experiencia de los algunos países europeos en los que existe ya una legislación que obliga a la participación laboral en los consejos de administración o en consejos supervisores paralelos.

La primera fuerza en determinar el nivel de desarrollo moral de la empresa se encuentra precisamente en las expectativas éticas asumidas por la alta dirección. Estas expectativas están influidas por la interacción de factores individuales, como el nivel de desarrollo moral de la alta dirección y las características de personas individuales, así como por factores ambientales, como las expectativas sociales, las normas industriales y la regulación. La alta dirección establece el tono moral de la organización y es responsable de establecer y mantener el clima moral de la organización. Hace explícitas sus expectativas a otros miembros de la organización mediante la formulación de la estrategia y en la distribución de recursos, poder y responsabilidades. Recursos que no tienen por qué ser estrictamente monetarios, (códigos y comités éticos, canales de denuncia, orientaciones, incentivos económicos, formación ética para determinados empleados) que sirvan para asegurarse que las expectativas de los gestores son entendidas, seguidas y exigidas. Pero para conseguirlo hay dar ejemplo, y por ello resultad fundamental aplicar a este nivel máximo de dirección principios éticos que eviten conflictos de interés, puertas giratorias, comportamientos que vayan en contra de la libre competencia o que promuevan la elusión fiscal y prevengan prevengan la corrupción y las malas prácticas. Este liderazgo ético transformador motivará a los empleados para alcanzar el proyecto compartido e influirá en trabajadores para que tengan comportamientos responsables.

Una empresa responsable debería prestar atención a la seguridad, salud, representación, y participación de sus trabajadores directos, pero también a la de estos "otros" trabajadores que contribuyen a general valor en la empresa a través de su cadena de suministro y que están ubicados en zonas geográficas donde las garantías sociales y laborales son menores. Una empresa responsable con sus trabajadores deberá respetar sus derechos (huelga, asociación sindical, expresión, honor, intimidad y propia imagen etc.). Y en los casos en que el derecho a la asociación sindical esté restringido por la legislación del país, se asegurarán medios paralelos para la efectiva representación y negociación de los trabajadores con los directivos. Asegurará a los empleados un medio de trabajo seguro e higiénico, tomando las medidas necesarias para evitar accidentes laborales, formando a los trabajadores en seguridad en el trabajo, estableciendo sistemas para detectar y subsanar amenazas potenciales para la salud y la seguridad del personal. Evitará diferencias en la contratación por razón de sexo, nacionalidad, etnia o raza, religión, orientación sexual, filiación sindical o política, minusvalía física. La contratación y promoción del personal se basará en pruebas objetivas y no se impedirá e incluso se fomentará el acceso a puestos de responsabilidad de colectivos tradicionalmente desfavorecidos. Respetará la jornada laboral y establecerá salarios justos evitando una brecha salarial escandalosa. Les aportará información sobre los procesos empresariales y promoverá en la medida de lo posible la participación de los trabajadores en las decisiones de la empresa e incluso en sus resultados. Favorecerá la autorrealización en el puesto de trabajo, el trabajo en equipo, la humanización en las condiciones y procesos, la creatividad y la formación continua de los empleados. Se garantizará en la medida de lo posible la seguridad del empleo y se comprometerá y desarrollará medidas para garantizar la aptitud de los empleados, manteniendo y aumentando su empleabilidad, con inversión en formación y desarrollo. El interés por la gestión responsable y sostenible de las personas y su bienestar económico, social y emocional mejora su compromiso y lealtad institucional, su productividad y en definitiva beneficiará económicamente a las propias empresas.

Una gestión responsable de personas significaría en definitiva poner a la persona en el centro de la toma de decisiones, lo que implica preguntarse por la repercusión que cada decisión tiene en el trabajador. Generar un clima de confianza que favorezca la comunicación a todos los niveles. Fomentar la participación estableciendo los canales de comunicación más efectivos. Establecer medidas para favorecer la conciliación de la vida laboral y personal. Integrar a todos los niveles a las personas con discapacidad, lo que incluye el diseño para todos y la accesibilidad universal. Establecer diferentes sistemas de motivación que permitan a los empleados satisfacer distintas necesidades. Otorgar responsabilidad y reconocimiento público del buen rendimiento. Establecer un sistema que permita verificar y corregir el grado de cumplimiento ético y hacer públicas las normas internas y las sanciones en caso de incumplimiento.

A lo largo de mi experiencia profesional he tenido ocasión de participar en el gobierno de una institución pública, como es la Universidad, siendo vicerrectora varios años, en la presidencia de alguna entidad no lucrativa y en su junta directiva y patronato e incluso en alguna entidad privada cotizada en la que tuve ocasión de ser consejera independiente. En estas tres instituciones he tenido la oportunidad de aplicar algunas de las cuestiones que anteriormente he comentado y de experimentar el liderazgo responsable de personas con las que he tenido el gusto de trabajar. Las personas que configuramos las organizaciones somos clave para avanzar en una forma de trabajo más participativa, responsable y comprometida, que no solo busque defender nuestros derechos, sino la asunción de compromisos y responsabilidades bajo principios de ética profesional.

También he sido consciente de la responsabilidad que la alta dirección asume a la hora de tomar decisiones, algunas de mucha envergadura y que afectan directamente a los trabajadores. He podido comprobar la influencia de los representantes de los trabajadores puede aumentar durante las recesiones económicas o momentos críticos de una institución, en los que la evidencia cualitativa de algunos estudios también sugiere que a veces desempeñan un papel importante en negociar recortes salariales u horas que eviten despidos. Y también de que un diálogo activo, no paralizante, junto con un liderazgo ético y responsable que busque el interés común y no complacer a todos son claves del éxito.

Este libro, que he tenido el privilegio de prologar, se adentra en una de las dimensiones de la responsabilidad social empresarial con mayor trascendencia y trayectoria como es el cuidado de las personas que forman parte de la organización. Entre otras cosas analiza aspectos relacionados con la salud laboral, en especial de las personas más maduras, el capital emocional , la calidad de vida en el trabajo y los riesgos psicosociales de los trabajadores o sus problemas de salud mental generados por el aumento del individualismo, una inadecuada conciliación trabajo y vida personal, la incertidumbre, la digitalización y entornos complejos e impredecibles con una alta competitividad que están generando la aparición de los Directores de Felicidad en algunas empresas cuya misión es mejorar el ambiente laboral y el bienestar de sus empleados. Esperemos que esto que hoy suena anecdótico o incluso utópico se instale en las organizaciones y mejore no solo la salud laboral, sino que contribuya a humanizar la empresa y a aumentar el sentido de pertenencia a las instituciones en las que trabajamos.

Introducción

La obra que se presenta aborda la compleja correspondencia entre el trabajo, la salud y el bienestar, indagando diferentes factores desde los riesgos físicos y psicosociales hasta la puesta en marcha de herramientas concretas en la gestión de recursos humanos. Todo ello en pro de contribuir a dirigir el contexto laboral hacia una esfera de verdadero trabajo decente (Objetivo de Desarrollo Sostenible, ODS-8) y de salud y bienestar (ODS-3) de las personas.

Ante un entorno laboral caracterizado por su complejidad y por la variedad de riesgos que influyen de manera directa en la salud y en el bienestar de los trabajadores, el avance en medidas preventivas físicas y psicosociales ha sido manifiesto. No obstante, aún son muchos los retos que se han de abordar en este campo, especialmente en el psicosocial. Se precisa de un análisis más profundo y minucioso, así como de enfoques específicos para su prevención. Este libro pretende contribuir en este sentido a través de sus dieciséis capítulos.

Las previsiones de envejecimiento de la población en la Unión Europea indican que para 2050 un 34% será mayor de 60 años (EUROSTAT). El giro en la pirámide poblacional se está trasladando progresivamente a las empresas. Parece una tendencia difícil de revertir. Por ello, el capítulo primero presta especial atención a los trabajadores de avanzada edad, proponiendo un detallado estudio sobre los riesgos psicosociales a los que están expuestos, para facilitar a estos, y a la empresa, el logro de una mejor calidad de vida en el contexto de trabajo.

La calidad de vida laboral debe recaer sobre la empresa (Organización Mundial de la Salud, OMS), pues es la empresa la responsable de la promoción de la salud de sus trabajadores. En el segundo capítulo se plantea cómo mejorar la Calidad de

Vida Laboral a través de un modelo operativo fundamentado en demandas-recursos-efectos. Este modelo sigue el principio "win-win". Es decir, desde esta orientación multidimensional se pretende conseguir empresas más saludables, y, a la par, más eficientes y competitivas, afrontando la responsabilidad social, la seguridad, y el bienestar de sus integrantes.

Tradicionalmente, el bienestar de los trabajadores se ha entendido como dependiente de determinados antecedentes psicosociales, p.e. el conflicto dentro del grupo, en sentido negativo, o la resiliencia en sentido positivo. El tercer capítulo examina los resultados de un estudio realizado en el colectivo de profesorado no universitario, concluyendo que dicha influencia no es progresiva. Esto es, tanto un nivel demasiado alto de resiliencia como un nivel muy bajo de conflictividad interpersonal en el trabajo perturban la felicidad y el bienestar del trabajador, incrementando su estrés laboral. Se plantea la necesidad de intervenir desde la organización para alcanzar un equilibrio óptimo, y se subraya la importancia de tener un profesorado feliz en el trabajo para beneficio de los estudiantes, del sistema educativo y de la sociedad.

Y mientras los riesgos psicosociales van adquiriendo una consideración progresiva, la atención al resto, a los físicos, no puede verse reducida. Los trabajadores, por lo general, realizan sus tareas en el marco de unas instalaciones físicas; la calidad de las mismas influyen, directa o indirectamente, en el bienestar de las personas.

Así, el peso considerable del sector de la construcción en la economía española se afronta en el cuarto capítulo, que evalúa la ocurrencia de enfermedades relacionadas con sustancias químicas en este ámbito. La elevada incidencia de enfermedades profesionales derivadas de la exposición a sustancias químicas subraya la necesidad de una participación más firme entre administraciones, patronales y responsables de seguridad para optimizar la gestión de la salud y seguridad en la edificación.

Unidos a ello, el sexto capítulo se centra en el riesgo relacionado con el amianto. Se destaca la relevancia para la seguridad y salud de los trabajadores, y la importancia de cumplir con los protocolos determinados para trabajos relacionados con el amianto.

También lo hace el capítulo octavo, que aborda un cambio de enfoque al afrontar las prácticas de prevención y combate contra incendios en consonancia con la normativa S.T.C.W. Se evidencia la relevancia de la formación en dicha norma, planteando una política preventiva que integre la identificación, evaluación de riesgos y medidas de emergencia en el ámbito del fuego.

Y el capítulo catorce, donde se incide en la importancia de las energías renovables, prestando especial atención a la creación de empleo "verde" como respuesta a la disminución de empleo en economías desarrolladas y la necesidad de cambiar el sector energético. Se abordan aspectos clave en esta alternativa para facilitar perspectivas valiosas acerca del impacto en el mercado laboral y las consecuencias para la calidad del empleo.

Como muestra de su aplicación en la empresa, el duodécimo capítulo afronta la gestión estratégica y sistemática del uso de la energía en las organizaciones, sugiriendo indicadores de rendimiento energético coherentes. Desde este capítulo se propone una metodología afín con los modelos internacionales para el desarrollo e implementación de indicadores de eficiencia energética, enfatizando la relevancia de evaluar el consumo relativo al área de confort.

Además de las condiciones organizativas que influyen en los riesgos físicos y psicosociales, los factores personales tienen un peso más que relevante en estos últimos. Por ello, en este libro se tratan aspectos emocionales del propio trabajador.

Así, en el séptimo capítulo se investiga sobre el incremento del miedo -riesgo psicosocial emergente- como consecuencia de la complejidad y la imprevisibilidad del entorno laboral. Se aborda la sensación de inestabilidad actual y su impacto en la salud mental del trabajador, haciendo especial énfasis en estrategias como mindfulness y mentalidad positiva para optimizar el bienestar de los trabajadores.

El capítulo dieciséis se centra en la Programación Neurolingüística (PNL), enfatizando la importancia de su aplicación por parte de los directivos para optimar la comunicación bidireccional, y facilitar la implantación de liderazgos que hagan frente a los riesgos psicosociales emergentes. De esta forma, se contribuiría a la creación de un ambiente donde se trabaje más a gusto por todas las partes, ganándose en bienestar, sin perder de vista su influencia en el rendimiento y productividad de la empresa.

Por su parte, examinando el rol de la gestión de recursos humanos y del capital emocional, el quinto capítulo subraya su contribución a la promoción de los ODS. La gestión de recursos humanos sostenible se plantea como factor clave en un entorno caracterizado por desafíos ambientales, económicos y sociales. Se promueve la elaboración de sistemas gestión de recursos humanos sostenibles, minimizando al máximo los riesgos psicosociales y suscitando una gestión fundamentada en la sostenibilidad.

Todos los factores mencionados anteriormente forman parte de la configuración del marco de demandas-recursos en una organización. En el capítulo noveno se explora la asociación entre las demandas laborales y los recursos, haciendo uso del modelo JD-R. Se recalca la calidad del aprendizaje y los recursos positivos en la satisfacción laboral, enriqueciendo el modelo JD-R y generando posibilidades para futuras investigaciones relacionadas con el impulso de recursos para el bienestar laboral.

Las condiciones laborales son clave en la salud de los trabajadores. El capítulo décimo presenta las enfermedades cardiovasculares como origen de discapacidad laboral. Se evalúa la asociación entre actividad laboral y riesgo cardiovascular, identificándose factores de riesgo y áreas laborales específicas con más altos niveles de riesgo cardiovascular en España.

El capítulo trece explora las condiciones laborales, examinando interrelaciones entre variables clave como el ritmo de trabajo, horario, dificultad de tareas, cantidad de trabajo y relaciones con los compañeros. Se revelan relaciones significativas, ofreciendo valiosas reflexiones acerca de los retos laborales percibidos. Y se orienta hacia futuras investigaciones sobre recursos humanos y mejora de las condiciones laborales.

Como caso de estudio al respecto -de gran actualidad- el capítulo quince brinda una perspectiva de la aplicación de la normativa de prevención de riesgos laborales en la Guardia Civil española. Resalta la evolución normativa, las sanciones de la Comisión Europea y cómo se aplica actualmente dicha normativa. Finaliza recapacitando sobre las peculiaridades de este cuerpo y la importancia de plantear mejoras para garantizar la seguridad y la salud laboral de sus miembros.

Por último, y en un intento de integrar el análisis, las medidas y las actuaciones en el ámbito laboral de cara a contribuir, como se comentó al inicio de esta Introducción, al bienestar y la felicidad de los trabajadores, se presenta en el capítulo once el Certificado de Gestión de la Felicidad (CHM). Esta herramienta, creada por investigadores de la Universidad de Cádiz, es otro instrumento "win-win", pues acentúa el valor del rendimiento y la eficiencia en el desarrollo de las organizaciones basándose en la felicidad laboral como medida para reducir o contrarrestar los riesgos psicológicos y psicosociales. Está siendo muy valorada a nivel internacional.

En síntesis, en sus capítulos el libro explora diferentes aspectos de la relación entre trabajo y salud, aportando información valiosa para investigadores, profesionales y responsables de decisiones en el ámbito de la gestión de recursos humanos. La obra aboga por la ejecución de estrategias proactivas y sostenibles. Se trata de un recorrido multidisciplinar, y desde diversos enfoques, para el análisis de las condiciones, medidas y actuaciones a realizar con la finalidad de crear un ambiente de trabajo que incremente la salud y el bienestar de las personas, y que consiga, en definitiva, un entorno de trabajo decente.

Queremos expresar nuestro más sincero agradecimiento por la amable contribución de la Catedrática Dra. Dª Marta de la Cuesta González, directora del Departamento de Economía Aplicada de la UNED, por sus palabras, la vigencia y actualidad de las cuestiones planteadas, y sus interesantes reflexiones en el Prólogo de este libro, enmarcando su temática en la responsabilidad social de las organizaciones.

También manifestamos nuestro agradecimiento a las personas que crearon, organizaron y coordinaron la II edición del Congreso "S2laB Congreso Internacional de Investigación en Salud, Seguridad y Bienestar en el Trabajo" (2023), de la Universidad de Cádiz, y que han contribuido a la financiación parcial de este libro.

Esta obra es el resultado de la combinación de trabajos de algunos de los investigadores en dicho Congreso, así como miembros integrantes del Grupo de Investigación SEJ-058 del Plan de I+D+i de la Junta de Andalucía.

La salud laboral de los trabajadores maduros: los riesgos psicosociales derivados de la edad

JUAN MARÍA ROLDÁN CONESA
Universidad de Cádiz
juanmaria.roldan@uca.es

Resumen. El presente trabajo ofrece un estudio sobre los riesgos psicosociales y su incidencia en los trabajadores maduros, haciendo especial referencia a determinadas características de estos, lo cual incrementa los efectos indeseados de los citados riesgos. Es consabido que el trabajo lleva aparejado un riesgo para la salud ocasionando accidentes y enfermedades por la exposición a determinados factores físicos, ambientales o químicos, de ahí que exista una creencia popular que relaciona el trabajo con algo negativo. Aunque las nuevas medidas de prevención y la evolución en la forma de ejecución de los trabajos han hecho posible la reducción de un número considerable de riesgos en el ámbito laboral, determinadas condiciones laborales siguen siendo preocupantes, en especial las que se circunscriben al referido colectivo de trabajadores de edad, cuestión por la cual se está evidenciando un notable aumento de los efectos de los riesgos psicosociales emergentes entre estos trabajadores. Por ello, una adecuada comprensión de las diferentes necesidades laborales que precisan estas personas es básica para la intervención en la prevención de los riesgos psicosociales.

Palabras Clave: Riesgos psicosociales; Edad; Trabajadores; Discriminación.

1. INTRODUCCIÓN

Los riesgos psicosociales son considerados contingencias laborales que afectan a la seguridad y la salud de los trabajadores desde hace pocas fechas, es decir, son riesgos relativamente nuevos en el ámbito de las relaciones laborales[1]. Se les denomina de esta manera, ya que, en contraposición a los riesgos laborales denominados "clásicos", su tratamiento en la normativa preventiva era prácticamente testimonial, debido a que las consecuencias derivadas de los riesgos psicosociales se consideraba que tenían que ser tratadas desde un ámbito médico externo al ámbito laboral (Sierra Hernaiz, 2021).

De ahí que las definiciones que ofrecen distintos Organismos sobre los riesgos psicosociales no ofrezcan una acentuada uniformidad, sino que son múltiples, y en algunos casos ambiguas. Si atendemos a la que ofrece la Agencia Europea de Seguridad y Salud en el Trabajo (AESST), "son aquellos aspectos del diseño, organización y dirección del trabajo y de su entorno social que pueden causar daños psíquicos, sociales o físicos en la salud de los trabajadores". Por su parte, la Organización Internacional del Trabajo (OIT), hace a nuestro juicio, una definición más amplia al incluir diversos factores que no se circunscriben únicamente al ámbito laboral, "las interacciones entre trabajo, medio ambiente, satisfacción laboral y condiciones organizativas, por una parte, y las capacidades del trabajador, su cultura, necesidades y situación personal fuera del trabajo". Finalmente, nuestro ordenamiento interno no hace en puridad una descripción concreta sobre los riesgos psicosociales, sino que se limita a ofrecer una interpretación de estos al dictado del Capítulo III de la Ley 31/1995, de 8 de noviembre, de Prevención de Riesgos Laborales (LPRL)[2], y en otras disposiciones normativas. Por ello, podemos observar que tanto la LPRL como el Reglamento de los Servicios de Prevención (RSP), intentan ofrecer una visión genérica e integradora del

---

1 Para más información, Vid. Criterio Técnico 104/2021, sobre actuaciones de la Inspección de Trabajo y Seguridad Social en riesgos psicosociales.

2 En concreto, en los artículos 4.7 d) y 15.1 g).

deber de protección de los trabajadores, superando una mirada tradicional que tiende a tener en cuenta únicamente los riesgos físicos, biológicos y químicos (López Cabrera, 2015).

Pero al igual que ocurre con los distintos Organismos, en la doctrina encontramos la misma falta de analogía a la hora de realizar una definición precisa, más aún cuando existen tres formas de referirse a los aspectos psicosociales, pues es posible mencionarlos como factores psicosociales, factores psicosociales de riesgo, o como riesgos psicosociales, es decir, se usa de forma habitual esta variada terminología como si se tratase de la misma cuestión, sin existir diferenciación usual y académica entre ellas (Moreno Jiménez, 2011).

Tras este sucinto apunte de las distintas definiciones que podemos encontrar sobre riesgos psicosociales, entendemos que para el desarrollo de este trabajo la más adecuada es la que ofrece la OIT al incluir la situación personal de los trabajadores fuera de su ámbito laboral, puesto que, los trabajadores maduros por distintas cuestiones que expondremos a lo largo de este estudio sufren distintos riesgos psicosociales tanto cuando están en activo, como cuando están desempleados, siendo esta última situación la que presenta más riesgos debido a diferentes circunstancias, en especial, a la edad de estos.

Finalmente, en relación con las causas que provocan el riesgo psicosocial de este colectivo de trabajadores, podemos mencionar entre otras, la sobrecarga en el trabajo, la falta de control, el conflicto de autoridad, la desigualdad en el salario, o la falta de seguridad en el trabajo. De igual forma, son múltiples los estudios que nos muestran las consecuencias perjudiciales de los riesgos psicosociales sobre la salud del trabajador, principalmente, el estrés, los problemas de relación o la desmotivación laboral, pero a nuestro juicio, la edad y la discriminación laboral son cuestiones tratadas de forma muy laxa por la doctrina como un riesgo psicosocial, lo cual, nos plantea diversas cuestiones sobre el tema que referiremos en el presente trabajo.

2. LAS PECULIARIDADES DE LOS TRABAJADORES MADUROS EN EL MUNDO LABORAL

Dado que la hipótesis principal de este trabajo versa sobre las peculiaridades que presentan los trabajadores maduros y su vínculo con los posibles riesgos psicosociales en el ámbito laboral, estimamos necesario hacer referencia a este concepto, el cual, se puede encontrar asociado a diferentes terminologías como, trabajadores de edad, trabajadores maduros, trabajadores mayores (Sánchez-Urán Azaña, 2001). Pero al margen de esto último, lo que no ofrece lugar a dudas es que se trata de un elevado segmento de la población activa con unas determinadas características, tanto físicas como psicológicas.

Por ello, realizar el análisis de los riesgos psicosociales en función de la variable edad desde una perspectiva doctrinal, se plantea una cuestión relativamente complicada, puesto que es una disciplina de estudio donde la investigación es dispersa, insuficiente y en el que los resultados no son siempre consistentes (Martínez, Domínguez, Vázquez, Núñez, 2016). Como ejemplo a esto último, podemos destacar que no existe una delimitación concreta sobre la edad en la que un trabajador puede considerarse maduro. En la literatura, podemos encontrar los cuarenta y cinco años como la edad de referencia, pero también, los cincuenta o cincuenta y cinco años, según el contexto donde se enmarque a estas personas.

A nuestro entender, trabajadores maduros o de edad avanzada son aquellos que en ocasiones puedan presentar algún déficit profesional, -esencialmente formativo-, lo cual no es óbice para disminuir sus aptitudes y competencias profesionales. Siendo estas limitaciones las que pueden derivar en determinados riesgos psicosociales y, por ende, conllevar a unos efectos que afecten la salud de estos, tanto si se encuentran en activo, como en el supuesto de estar desempleados.

De ahí que, sea importante señalar que estos trabajadores sufren unas consecuencias tanto a nivel laboral como social que devienen del denominado edadismo, que a nuestro entender, no es más que una construccion social, la cual, conlleva entre sus principales consecuencias la discriminación, el acoso y el aislamiento.

2.1. El edadismo profesional

Es una realidad evidente que el envejecimiento de la población se ha convertido en el protagonista de nuestro tiempo. Nos encontramos ante una profunda transformación demográfica debida principalmente a dos circunstancias, por una parte, una mayor longevidad motivada por una mejor calidad de vida de la sociedad, y por otra, la baja tasa de natalidad originada por un cambio en el estilo de vida por razones económicas o laborales. Por tanto, como resultado de este cambio demográfico, la edad de los trabajadores también aumenta de forma gradual.

Aunque es indudable que todos tenemos una edad cronológica, la cual, podemos definir como la cantidad de años que hemos vivido y cuya principal característica es su carácter rígido e inamovible, también tenemos una edad subjetiva relacionada con nuestra edad cerebral, la cual, es la que nos hace sentirnos más jóvenes o más mayores que nuestra edad cronológica (Roldán Conesa, 2022).

Pero más allá de estas apreciaciones sobre la edad y los cambios demográficos, lo que es una evidencia es que los trabajadores maduros son discriminados en diferentes ámbitos desde hace décadas, pero de forma relevante en el laboral, lo cual ha dado lugar al término "edadismo". Este término hace referencia a los estereotipos sistemáticos y discriminatorios contra las personas por el simple hecho de ser mayores, los cuales, se reflejan en conductas como el desdén, el desagrado, el insulto, o simplemente, evitando la cercanía y el contacto físico. Estas conductas se basan fundamentalmente en tres elementos: las actitudes hacia las personas mayores, la edad avanzada y el proceso de envejecimiento (Butler, 1969).

Pero al margen de estas cuestiones, el edadismo se manifiesta en diferentes niveles, entre los que cabe destacar desde la economía hasta el tratamiento de la salud, pero es el mundo laboral donde se desarrolla con mayor intensidad. Es por ello, por lo que los sesgos edadistas favorecen una descripción de los trabajadores mayores basada fundamentalmente en rasgos negativos, lo que puede fomentar la realización de prácticas profesionales discriminatorias (Montoro Rodríguez, 1998). Asimismo, y debido a la extendida creencia de que la persona mayor está limitada a causa de problemas físicos o mentales, una gran parte de la población concluye que las personas mayores no están en una disposición adecuada para trabajar y que aquellos que lo hacen, lo hacen de una forma poco productiva. Sin embargo, las personas mayores trabajadoras han demostrado que realizan su labor tan bien o mejor que otros grupos de edad más jóvenes en la mayoría de las tareas.

Como consecuencia de estos estereotipos basados en la edad, los trabajadores maduros sufren lo que la OIT denomina "riesgos psicosociales emergentes", puesto que, en ocasiones son víctimas de acoso y violencia laboral. Asimismo, tienen una permanente inquietud sobre su inseguridad laboral al estar más expuestos a una salida prematura del mundo laboral, así como son claros exponentes de la precariedad en el empleo debido a su edad. Como resultado de estas cuestiones, estos trabajadores son firmes candidatos para padecer efectos negativos considerables en su salud, entre los que cabe destacar un menor nivel de autonomía y un mayor estrés, lo que conlleva a una disminución de su rendimiento laboral, al igual que a un aumento del absentismo.

Pero más allá del ámbito laboral, el estrés que les provoca estos riesgos psicosociales se traslada al entorno familiar y social, provocando problemas de convivencia y de relación social, lo que a largo plazo los convierte en personas en riesgo de exclusión social.

2.2. La discriminación laboral

Como punto de partida de este epígrafe, es importante señalar que la discriminación por edad en el trabajo presenta dos periodos temporales perfectamente diferenciados, el primero, el que se refiere a los trabajadores jóvenes, y el segundo, el que circunscribe a los trabajadores maduros.

Expuesto lo anterior, cabría la posibilidad de pensar que la discriminación por edad es un tema relativamente nuevo en las relaciones laborales, el cual, se podría vincular entre otras cuestiones a las nuevas formas de producción. Pero la realidad resulta bien distinta, si hacemos un ejercicio de retrospección podemos situar la Edad Media donde se instauraron los gremios como la génesis de este problema. En este contexto, los trabajadores jóvenes no tenían derecho a ningún tipo de remuneración por su trabajo, lo que hoy en día se consideraría de facto como un fraude de ley (Pedrajas Moreno, 1994). De ahí que, dicha situación se convertía en un acto de discriminación frente al resto de trabajadores. Afortunadamente, en la actualidad esta problemática está solventada sobradamente, puesto que los contratos formativos vigentes tienen entre sus premisas principales la retribución del trabajador- aprendiz.

Pero, ciñéndonos estrictamente a los trabajadores maduros, una de las principales consecuencias que se derivan de la edad avanzada de estos sigue la discriminación a la que son sometidos, lo cual a nuestro juicio se convierte en un riesgo psicosocial, puesto que conlleva aparejado distintos efectos perjudiciales para su salud.

A este respecto, podemos a traer a colación la definición que hace Castro sobre la discriminación laboral, puesto que, entendemos que es una de las más explicitas en cuanto a las causas que favorecen dicha situación negativa. Refiere el autor que: "La discriminación laboral consiste en toda distinción, exclusión o preferencia de trato que, ocurrida con motivo o con ocasión de una relación de trabajo, se base en un criterio de raza, color, sexo, religión, sindicación, opinión política o cualquier otro que se considere irracional o injustificado, y que tenga por efecto alterar o anular la igualdad de trato en el empleo y la ocupación" (Castro Castro, 2001, pp.7-19). Aunque en esta definición, no se especifica de forma directa la edad como un elemento discriminatorio, entendemos que la circunscribe a cualquier criterio que se considere injustificado.

De igual forma, la discriminación por edad es el mayor enemigo del protegido derecho de trabajar que tiene cualquier persona, puesto que impide de forma taxativa su realización, convirtiéndose en el fenómeno más antisocial de la disciplina jurídica del Derecho del Trabajo.

En relación con esto último, entendemos necesario exponer aunque sea de manera sucinta los diferentes pronunciamientos legales afectos al tema de la edad como discriminación laboral. En primer lugar, podemos citar el Convenio número 111 de la OIT[3], el cual podemos considerar como el punto de partida en la materia. Con su entrada en vigor, se pretendían fomentar diversas medidas para reducir los efectos adversos que la discriminación produce en los trabajadores. No obstante, en dicho Convenio no se hace referencia explícita a la discriminación por razón de la edad, sin embargo, este tipo de discriminación sí puede considerarse implícita de forma tácita, a tenor de lo

---

3 Organización Internacional del Trabajo. (1958). Convenio 111 sobre discriminación en el empleo y la ocupación.

dispuesto en su articulado[4]. Posteriormente, y debido a la casi nula repercusión que tuvo la edad en este y eliminar el Convenio, este Organismo acordó la publicación de la Recomendación 162 sobre los trabajadores de edad[5], donde instaba a los Estados miembros a la revisión de sus disposiciones legislativas, haciendo especial énfasis en que las referidas medidas debían ser participadas tanto por las organizaciones de empleadores como de trabajadores.

En lo que se refiere a los dictados de la Unión Europea (UE), la Carta de Derechos Fundamentales de la Unión Europea, vigente desde el 7 de diciembre de 2000, en su artículo 21 prohíbe de forma estricta cualquier tipo de discriminación, y de forma particular, las derivadas por razón de edad. Asimismo, la Directiva 2000/78/CE de 17 de noviembre[6], reconoce esta prohibición en el ámbito laboral, y por ello ordena a los Estados miembros a reglamentar sus disposiciones normativas al respecto.

En lo concerniente a nuestro Derecho interno, este contiene una extensa legislación en relación con la situación de vulnerabilidad de los trabajadores de edad madura, de ahí que, en la década de los años sesenta del pasado siglo se dictaron las primeras normas al respecto[7]. Con posterioridad, a raíz de la

---

4 De forma concreta, el apartado b) del artículo 1 define la discriminación en el trabajo como "como cualquier otra distinción, exclusión, o preferencia que tenga por efecto anular o alterar la igualdad de oportunidades o de trato en el empleo u ocupación".

5 Organización Internacional del Trabajo. (1980). Recomendación 162 sobre los trabajadores de edad.

6 Directiva 2000/78/CE del Consejo, de 27 de noviembre de 2000, relativa al establecimiento de un marco general para la igualdad de trato en el empleo y la ocupación.

7 Entre otras, cabe citar el Decreto 2431/1966 de 13 de agosto, sobre el empleo de los trabajadores de edad madura, y el Decreto 1293/1970 de 30 de abril, sobre el empleo de los trabajadores mayores de cuarenta años.

promulgación de la Constitución Española, se abre un nuevo marco normativo en lo que a las relaciones laborales se refiere. Sin embargo, esta norma suprema del ordenamiento jurídico español no hace referencia expresa a la discriminación por razón de edad, sino que, al igual que ocurre con otras disposiciones detalladas anteriormente, la incluye de forma tácita al referirse a "cualquier otra condición o circunstancia personal".

Finalmente, tal como hemos reflejado a lo largo de estos epígrafes es posible que los trabajadores maduros presenten algunos déficits propios de la edad, lo cual no es óbice para que se les restringa el derecho al trabajo. Por tanto, si relacionamos riesgos psicosociales y discriminación por razón de edad, podemos concluir que este colectivo de trabajadores, el cual, está habituado a tener claramente identificado tanto su puesto de trabajo, como sus labores, se ven sobrepasados en ocasiones por las nuevas formas de producción y organización empresarial donde prima la flexibilidad laboral, lo que les provoca una serie de efectos negativos en su salud.

3. EL LIMITADO TRATAMIENTO DE LA EDAD EN LOS RIESGOS PSICOSOCIALES.

Como norma general, la legislación precisa que tipo de variables se deben tener en cuenta a la hora de realizar una evaluación de riesgos, señalando explícitamente a las "características de los puestos de trabajo existentes y de los trabajadores que deban desempeñarlos". Por lo que, es en esta última parte de la afirmación donde se intuye el vínculo de la edad de los trabajadores como una de las premisas que deben ser tenidas en consideración en el análisis de los riesgos psicosociales. Aunque, hoy en día nadie discute que el factor edad es primordial a la hora de evaluar los riesgos, en la práctica la mayoría de las evaluaciones que se realizan no contemplan el estudio de este componente, limitándose en el mejor de los casos, a reflejar el dato de la edad de la persona que ocupa determinado puesto de trabajo. Lo cual, supone una omisión de una condición de índole técnica que debe ser tenida en cuenta en todas las actuaciones de prevención y protección de la salud laboral.

De igual forma, si realizamos un estudio de la distinta normativa que se encarga de la prevención de riesgos laborales, se evidencia la escasa preocupación del legislador por los trabajadores de edad. A mayor abundamiento, en la propia LPRL, la cual tomamos como norma básica en el asunto no encontramos ni una sola referencia expresa a este colectivo.

Al margen de esta inobservancia, también es importante mencionar que aunque los trabajadores maduros son un colectivo considerado como vulnerable, tanto por la legislación nacional como supranacional, resulta contradictorio que a diferencia de lo que sucede con otros colectivos, como pueden ser, el de las personas con discapacidad, los menores o las trabajadoras embarazadas, estos trabajadores carezcan de un marco normativo específico en materia de prevención de riesgos laborales, que además, incluya lo que la doctrina define como los nuevos riesgos emergentes, lo que en síntesis da lugar a una laguna legal que no se corresponde con la realidad social.

4. PRINCIPALES CARACTERÍSTICAS DE LOS RIESGOS PSICOSOCIALES EN LA VIDA LABORAL DE LOS TRABAJADORES MADUROS.

Como se ha descrito anteriormente, esta ausencia legislativa propia unida a las peculiaridades de estos trabajadores hace que los riesgos psicosociales afecten con más severidad a los mismos en lo que respecta a sus derechos fundamentales, su salud física y su salud mental.

En lo concerniente a la afectación de los derechos fundamentales de los trabajadores maduros, estos riesgos perjudican directamente a su dignidad, la cual, está relacionada con el respeto que el trabajador merece como persona y como profesional ante sus compañeros de trabajo y sus superiores, de modo que no cabe situar al trabajador en una posición tal que, en atención a sus circunstancias particulares, le provoque un menoscabo como persona. Asimismo, esta vulneración de sus derechos fundamentales actúa en determinadas ocasiones sobre su integridad física, al ser objeto de violencia física y psicológica por razón de su edad.

Igualmente, estos riesgos tienen efectos negativos en la salud de estos trabajadores, principalmente, como consecuencia del estrés que padecen por su supuesta falta de formación o de integración en el ambiente laboral. Por consiguiente, este aumento de ansiedad puede agravar alguna de las dolencias propias de la edad, lo que puede acarrear consecuencias fatales. De forma similar, otras de las características de estos riesgos influyen en la salud psicológica de los trabajadores, perjudicando de forma notable la estabilidad y equilibrio mental de los mismos.

En lo que respecta a las consecuencias adversas, en primer lugar, haremos referencia al estrés por ser probablemente el principal riesgo psicosocial, del cual derivan otros riesgos denominados emergentes. Según McGrath, "el estrés es un desequilibrio sustancial percibido entre la demanda y la capacidad de respuesta del individuo, bajo condiciones en las que el fracaso ante esta demanda posee importantes consecuencias percibidas". (Mc Grath, 1976, pp. 1351-1395). Por su parte, la Sociedad Española para el Estudio de la Ansiedad y el Estrés (SEAS), lo define como "el conjunto de respuestas cognitivas, fisiológicas y emocionales que se producen ante ciertos aspectos adversos del contenido, la organización o el ambiente de trabajo" (O´Brien 1998). En otras palabras, se trata una reacción física y mental ante un posible cambio que afecta a nuestros hábitos de trabajo, ya sea en la forma o en el entorno donde lo realizamos.

Pues bien, si enlazamos esta última definición a la expresada con anterioridad en relación a los trabajadores maduros, podemos llegar a concluir que el estrés está presente prácticamente en todas las acciones que realizan a diario en su trabajo, debido a que las relaciones laborales actuales son dinámicas, prevaleciendo la flexibilidad como nuevo sistema productivo. Esta nueva forma de trabajar contiene unas características que en ocasiones son difíciles de entender o ejecutar por este grupo de trabajadores, los cuales, están habituados a formas de producción más tradicionales donde todos los procesos están regulados. De ahí que, tener unas funciones y objetivos poco delimitados, poseer un alto nivel de autonomía a la hora de desarrollar el trabajo donde se requiere un alto nivel de exigencia, o tener poca colaboración por parte de sus superiores, les provoca un elevado nivel de estrés. Si a esto le añadimos unos horarios que limitan su vida familiar y social o la inestabilidad de sus contratos, nos encontramos ante la justificación de que el grado de estrés que experimenta un trabajador llega al máximo entre los 50 y los 55 años y desde ahí desciende gradualmente hasta la jubilación.

Sin embargo, el estrés no siempre tiene un valor negativo para estos trabajadores (García Fernández-Abascal y Martín Díaz 2010). Determinado nivel de estrés cumple funciones positivas de estímulo y desarrollan ciertas capacidades que ayudan a enfrentarse a las situaciones de cambio e incertidumbre. Por lo que entendemos preciso que este colectivo de trabajadores, perciban un grado de estrés moderado en aras de mantener su motivación por el trabajo.

Otro de los riegos psicosociales que presentan una especial incidencia entre los trabajadores de edad, es el que la doctrina refiere como síndrome de agotamiento emocional o *burnout*, el cual se produce por una cronificación del estrés laboral. Esta disfunción, es un proceso en el que progresivamente el trabajador sufre una pérdida del interés por sus tareas y va desarrollando una reacción psicológica negativa hacia su ocupación laboral, fruto de lo cual, se produce un estado de agotamiento físico y mental que se prolonga en el tiempo y llega a alterar la personalidad y la autoestima del trabajador (Maslach, 2003).

En el caso de los trabajadores maduros, la edad se convierte en uno de los principales desencadenantes de este síndrome por la incesante y exagerada necesidad de ser reconocido como un trabajador eficiente, no solo por parte de su empresa y sus compañeros de trabajo, sino también por su entorno familiar y social. Otro de las cuestiones que conllevan a esta situación es la falta de seguridad y estabilidad en el empleo, sobretodo en épocas de crisis laborales, ya que este colectivo suele ser el más perjudicado en esa situación. De igual modo, la incorporación de nuevas tecnologías en las organizaciones, suelen producir transformaciones en las tareas y puestos de trabajo que incluyen cambios en los sistemas de trabajo. Las demandas que plantean las nuevas tecnologías sobre los trabajadores de edad generan escenarios con multiplicidad de factores y estresores, siendo los más significativos, la necesidad de capacitación, la reducción de la interacción psicosocial o el aislamiento en el puesto de trabajo.

Al igual que los anteriores, el acoso laboral o *Mobbing* laboral es otro de los riesgos psicosociales que con mayor frecuencia sufren los trabajadores maduros por razón de su edad. Este hostigamiento que podemos definir como "el continuado y deliberado maltrato verbal y modal que recibe un trabajador por parte de otro u otros, que se comportan con él cruelmente con el objeto de lograr su aniquilación o destrucción psicológica y obtener su salida de la organización o su sometimiento a través de diferentes procedimientos ilícitos, o ajenos a un trato respetuoso o humanitario y que atentan contra la dignidad del trabajador"(Piñuel y Zabala 2001), engloba todas las acciones que están enmarcadas dentro del acoso psicológico o moral producidas a una persona en su entorno laboral con el objeto de descomponer su desarrollo laboral y hacer que abandone el trabajo, o en ocasiones, acepte condiciones injustas a causa de este hostigamiento.

De los distintos tipos de acoso que han sido estudiados, el acoso discriminatorio se configura como el más importante que sufren los trabajadores por razón de su edad. En este caso concreto, se podría decir que el *mobbing* sí posee aspectos en común con la discriminación laboral, ya que este tipo de acoso se fundamenta en razones de índole cultural o física. Es decir, se realiza *mobbing* a un empleado o compañero de trabajo por el simple hecho de ser diferente.

De ahí que, está comprobado que este tipo de acoso se produce con mayor frecuencia de forma horizontal que vertical, es decir, son los propios compañeros quienes practican este tipo de violencia sobre sus colegas ejerciendo sobre estos comportamientos antisociales y conductas ignominiosas.

5. CONSECUENCIAS DE LOS RIESGOS PSICOSOCIALES EN LOS TRABAJADORES DE EDAD.

Todos los riesgos psicosociales analizados anteriormente presentan unas consecuencias que en mayor o menor medida podríamos calificar como semejantes, sin embargo, también es cierto que éstas inciden de una forma dispar atendiendo a las características singulares de cada persona.

Pero lo que es a nuestro juicio indiscutible, es que los riesgos psicosociales presentan una serie de características que se ven agravadas cuando se trata de trabajadores de edad, lo que por correlación produce unos efectos negativos de mayor calado tanto en la salud física, como mental de estas personas. Por esta razón, estimamos necesario puntualizar algunas de estas consecuencias con el objeto de apoyar la teoría que venimos manteniendo en este trabajo.

En el caso del estrés laboral, podemos indicar que este trastorno provoca más absentismo laboral entre el colectivo de trabajadores maduros que cualquier otro motivo[8]. De igual forma, resulta cada vez más evidente que es un factor que afecta a la capacidad y el deseo de los mayores de no continuar con su vida laboral, pero esta misma consecuencia se manifiesta en la negación de acudir a su puesto de trabajo, ya que un elevado nivel de estrés les provoca ergofobia.

Además de estas consecuencias, en el caso del *burnout*, estas personas disminuyen su productividad laboral de una forma inusual al mismo tiempo que soportan una notable sensación de fracaso y frustración porque su trabajo no les satisface.

Estos tipos de violencia hace que estas personas admitan involuntariamente que quien falla en el sistema son ellos, lo cual les hace sentirse avergonzados y débiles, y por estos motivos desarrollan un mecanismo de defensa como es el autoaislamiento tanto laboral, como social y familiar que lamentablemente en demasiadas ocasiones conlleva a la exclusión social de estas personas.

6. CONCLUSIONES

Los riesgos psicosociales podemos calificarlos como particulares en cuanto que no pueden compararse con ningún otro riesgo derivado del trabajo, como por ejemplo los referidos a instalaciones o a equipos de trabajo, puesto que estos últimos sí que se recogen de forma específica y concreta en la legislación, por lo que su regulación no entraña tantas lagunas normativas, que es uno de los grandes problemas de los riesgos psicosociales.

---

8 Se estima que entre el 50 y el 60% del absentismo laboral se debe a las consecuencias psicológicas del estrés, que se ha convertido en una de las enfermedades más comunes de los trabajadores. De hecho, 8 de cada 10 trabajadores lo consideran uno de los mayores riesgos laborales, y los empresarios lo consideran una carga importante para la productividad laboral.

En relación con los pronunciamientos legales, podemos afirmar que sería interesante una nueva redacción de algunos preceptos normativos con la finalidad de que estuviesen en concomitancia con el nuevo orden laboral. Pero lo que a nuestro entender no debería tener carácter facultativo, sino preceptivo es la formulación de determinados dictados reglamentarios de carácter específico sobre los riesgos laborales a los que están expuestos los trabajadores maduros, haciendo especial referencia a los riesgos psicosociales.

De hecho, resulta paradójico que el colectivo de trabajadores de edad, el cual está catalogado como un colectivo vulnerable en nuestro ordenamiento jurídico adolezca de esta legislación propia, como ocurre con otros colectivos clasificados como vulnerables.

Pero de igual forma, es también obvio que la doctrina afecta al tema presenta una disparidad de criterios que hacen difícil su compresión y ejecución, por lo que entendemos necesario una serie de modificaciones conceptuales que permitan comprender con claridad cada uno de estos riesgos.

Pero al margen de estas apreciaciones sobre distintos aspectos conceptuales y legales, es evidente que estamos viviendo una transformación en las relaciones laborales, lo cual lleva de suyo la aparición de nuevos riesgos psicosociales, los cuales no están tan íntimamente ligados como cabría esperar al modo de organización del trabajo, las condiciones de empleo o al estilo de gestión, sino los que se derivan de los nuevos procesos, tecnologías, cambios sociales u organizativos.

De ahí que estos riesgos emergentes sean los que más afecten a los trabajadores maduros, puesto que tanto las exigencias laborales actuales, las cuales implican un mayor grado de intensidad a la hora de realizar el trabajo, como las nuevas formas de contratación laboral, caracterizadas por la aparición de contratos de trabajo más precarios y la inseguridad de mantener el empleo, hacen que este colectivo sobre el que pesa el estigma de la edad como causa de su supuesta falta de competencia, se convierta en uno de los principales damnificados de este tipo de riesgos, lo que da como resultado la discriminación, el aislamiento y en demasiadas ocasiones, la exclusión social.

REFERENCIAS BIBLIOGRÁFICAS

BUTLER, R. (1969). "Ageism: Another form of bigotry". *The Gerontolist, 9.*

DIRECTIVA 2000/78/CE del Consejo, de 27 de noviembre de 2000, relativa al establecimiento de un marco general para la igualdad de trato en el empleo y la ocupación.

GARCÍA FERNÁNDEZ-ABASCAL, E. Y MARTÍN DÍAZ, M.D. (2010). "Estrés positivo y afecto positivo". *Crítica, Año 60, 968.*

GONZÁLEZ-TRIJUEQUE, D. Y GRAÑA, J. (2007). "El acoso psicológico en el lugar de trabajo: análisis descriptivo en una muestra de trabajadores". *Revista de Psicopatología Clínica Legal y Forense, 7.*

LÓPEZ CABRERA, A. (2015). "Riesgos psicosociales derivados de la precariedad laboral en la CAV: posibles líneas de actuación". *Lan Harremanak, 32.*

MARTÍN-DAZA, F; PÉREZ-BILBAO, J. Y LÓPEZ, A. (1998). "*Nota técnica preventiva (NTP) 476. El hostigamiento psicológico en el trabajo: mobbing".* Instituto Nacional de Seguridad e Higiene en el Trabajo.

MARTÍNEZ. D, DOMÍNGUEZ. R, VÁZQUEZ. D, NÚÑEZ. H. (2016). "*Análisis de las consecuencias de la actividad laboral para la salud en las y los Trabajadores Mayores (55+)".* Secretaria de Salud Laboral y Medio Ambiente UGT-CEC.

MASLACH, C. (2003). "Job burnout: New directions in research and intervention". *Current Directions in Psychological Science, 12.*

MCGRATH, J. E. (1976). "Stress and behaviour in organizations". En M.D. Dunnette. (Ed.), *Handbook of Industrial and Organizational Psychology.* Rand McNally.

MONTORO RODRÍGUEZ, J. (1998). "Actitudes hacia las personas mayores y discriminación basada en la edad". *Revista multidisciplinar de gerontología, 8,* (1).

MORENO JIMÉNEZ. B. (2011). "Factores y riesgos laborales psicosociales: conceptualización, historia y cambios actuales". *Medicina y seguridad del trabajo, 57* (1).

O`BRIEN, G. E. (1998). "El estrés laboral como factor determinante de la salud". En J. Buendía (Ed.), *Estrés Laboral y Salud.* Biblioteca Nueva.

ORGANIZACIÓN INTERNACIONAL DEL TRABAJO. (1958). Convenio 111 sobre discriminación en el empleo y la ocupación.

ORGANIZACIÓN INTERNACIONAL DEL TRABAJO. (1980). Recomendación 162 sobre los trabajadores de edad.

ORGANIZACIÓN MUNDIAL DE LA SALUD. (2021). "*Informe mundial sobre el edadismo" – Resumen.*

PEDRAJAS MORENO, A. (1994). "El contrato de aprendizaje". *Relaciones Laborales 1.*

PIÑUEL Y ZABALA. I. (2001). "*Mobbing: cómo sobrevivir al acoso psicológico en el trabajo".* Sal Terrae.

ROLDÁN CONESA, J. Mª. (2022). "Trabajadores maduros: la era digital y la edad como motivos de discriminación social y laboral". *Trabajo, Persona, Derecho, Mercado, 5.*

SÁNCHEZ-URÁN AZAÑA, Y. (2001). "Trabajadores de edad avanzada: empleo y protección social", *Revista del Ministerio de Trabajo y Asuntos Sociales, 33.*

SIERRA HERNAIZ, E. (2021). "Delimitación del concepto de riesgo psicosocial en el trabajo". *FORO: Revista de Derecho, 35.*

YÁÑEZ, R., ARENAS, M. Y RIPOLL, M. (2010). "El impacto de las relaciones interpersonales en la satisfacción laboral general". *Liberabit. Revista de Psicología, 16* (2).

La investigación para la definición de modelos y metodologías de estudio de la promoción de la salud y calidad de vida en el trabajo

CARLOS PÉREZ VALLEJO
Universidad Francisco de Vitoria - Madrid
Carlos.perez@ufv.es

Resumen. La Organización Mundial de la Salud(OMS), traslada a las empresas en parte la responsabilidad de la promoción de la salud de su capital humano como parte interesada en la búsqueda de su salud.

Los factores del trabajo con repercusión en la Calidad de Vida en el Trabajo (CVL) son numerosos y variados, por lo que es considerada un concepto multidimensional que requiere de pluralismo metodológico o combinar diversos enfoques de análisis para evaluar de manera integrada y sistemática todas las facetas que aglutina la vida en el trabajo.

Para el estudio de la CVL nos basamos en el modelo teórico de entornos saludables que propone la OMS que consiste en la agrupación holística en 4 áreas de influencia los aspectos de seguridad y salud relacionados con el ambiente físico de trabajo; el bienestar y los factores psicosociales; los recursos personales de salud; y la responsabilidad social de la organización.

Para operativizar el modelo teórico de la OMS tras su estudio se propone un modelo operativo basado en los modelos demandas-recursos-efectos en los que se integran los aspectos y dimensiones relacionados con las 4 áreas del modelo OMS, que nos permita determinar los factores de intervención necesarios para influir sobre el estado de salud de los trabajadores y también de la organización de manera global, para mejorar su eficiencia, productividad y competitividad.

El objetivo general de la investigación es analizar y determinar los principales factores de intervención para la promoción de la salud y calidad de vida en el trabajo como elementos necesarios para conseguir empresas cada vez más saludables.

En conclusión, las empresas que buscan conseguir el status de organización segura, saludable, productiva y sostenible deben combinar la implantación de programas de promoción de la salud con niveles altos de cultura preventiva para garantizar la seguridad y salud de los trabajadores.

Palabras Clave: Investigación; metodologías; promoción de la salud; calidad de vida en el trabajo.

1. INTRODUCCIÓN

En la Declaración de Seúl sobre seguridad y salud en el trabajo (2008), se determina que un entorno de trabajo saludable y seguro es un derecho fundamental. Numerosos estudios demuestran que las empresas que realizan acciones de promoción y protección de la salud de sus trabajadores son también de las empresas más competitivas y sostenibles a largo plazo, que además presentan las mejores tasas de fidelización de empleados(Pérez Vallejo, 2020).

La OMS comunica en su Web, que “La buena salud es un recurso necesario para el desarrollo social, económico y personal, además una dimensión de la calidad de vida.” Del mismo modo “la promoción de la salud requiere una acción coordinada de todas las partes interesadas: los gobiernos, la administración sanitaria, de las empresas y la industria en todos los sectores sociales y económicos, las autoridades locales y de los medios de comunicación”. Además, todas las personas en todos sus ámbitos bien como individuos, familias o comunidades deben estar involucradas. Los profesionales sociales y de la salud tienen la responsabilidad de interceder y actuar por los diferentes intereses de la sociedad para la búsqueda de los mejores estados de salud” (OMS, 2020).

La OMS, traslada en gran medida a las empresas la responsabilidad de la promoción de la salud como parte interesada en la garantía de la salud para su capital humano lo que repercute en la sociedad de la que recibe a sus trabajadores y en la que desarrolla su actividad, como una forma de devolverle en parte lo que de ella recibe(Pérez Vallejo, 2020).

El INSST desde 1996 promueve reiteradamente la gestión de la salud en el trabajo más allá del mero cumplimiento de la normativa de prevención de riesgos laborales. En su web dispone de un espacio, que favorece el intercambio de conocimientos e información a nivel nacional y europeo, para desarrollar una comunidad virtual por la mejora de la salud de los trabajadores y por extensión de la población en general, en línea con las iniciativas de la Red Europea de Promoción de la Salud en el Trabajo (ENWHP): "Trabajadores sanos en empresas saludables".

La ENWHP definió en 1996, la Promoción de la Salud en el Lugar de Trabajo (PST), como "aunar los esfuerzos de las empresas, los trabajadores y la sociedad para mejorar la salud y el bienestar de las personas en el lugar de trabajo, combinando distintas actividades dirigidas a la mejora de la organización y de las condiciones de trabajo, promover la participación activa y fomentar el desarrollo individual".

Desde hace unos años, se están multiplicado las intervenciones y programas de promoción de la salud en las empresas, constatando evidencias claras del impacto positivo de las acciones adoptadas sobre la salud y calidad de vida de los trabajadores que participan, y sobre la competitividad, la productividad y la sostenibilidad de las empresas(UGT/Salud Laboral, 2013)

La calidad de vida en el trabajo es un concepto multidimensional por los numerosos y diversos factores del trabajo que pueden tener repercusión en la salud de los trabajadores por lo que las metodologías de estudio deben incluir una variedad compleja de dimensiones que lo aglutinen(Granados, 2014), en aspectos ambientales, organizacionales, sociolaborales e individuales(O. Almarsh, 2015; Rani & Scholar, 2015; Segurado T. & Agulló T., 2002a; Vega & Sigo, 2013; Yadav & Khanna, 2014). Del mismo modo, resulta necesario intervenir en los distintos factores que la integran para poder garantizar unas condiciones de trabajo adecuadas para los trabajadores, que si están satisfechos y comprometidos con su trabajo serán más productivos y fieles a la empresa(Rani & Scholar, 2015).

No disponemos de una única metodología para evaluar la CVL, por ello debemos decantarnos por el pluralismo metodológico y combinar diferentes niveles y focos de análisis que permitan una valoración sistemática e integrada de todas las áreas que componen la vida en el trabajo. Los métodos más objetivos pretenden realizar una valoración objetiva de la CVL recopilando información cuantitativa considerando variables derivadas de las condiciones físicas del trabajo (seguridad, higiene, temperatura, ruido, agentes químicos…), del modelo de organización (horario, turnos, retribución, participación, formación…) y de los trabajadores (productividad, fatiga, carga física…). Los métodos subjetivos evalúan la CVL percibida en base a los datos cualitativos obteniendo las opiniones y juicios que los trabajadores facilitan acerca de su entorno de trabajo, considerando variables individuales (motivación, satisfacción, compromiso, y actitudes) (Segurado T. & Agulló T., 2002b) (Rani & Scholar, 2015)

La CVL es un fenómeno complejo y heterogéneo que requiere la aplicación integrada de metodologías basadas en la cohesión entre: la naturaleza objeto de estudio (multidimensional e interactivo), el método (objetivo-subjetivo), y la finalidad (globalidad o especificidad). Debemos recordar que las claves para abordar el análisis de los fenómenos complejos y plurales como la CVL requiere reconocer todos los aspectos de su naturaleza multidimensional (globalidad), interactiva (psicosocial), sistémica (holística e integradora) e histórica (contextualizada) (Rani & Scholar, 2015) .

2. MARCO TEÓRICO

Marisa Salanova, apunta en su libro "Psicología de la Salud Ocupacional": que la salud ocupacional integral necesita de un modelo interdisciplinar y multicausal que incorpore todos los elementos relacionados con la salud de los trabajadores, para ello se requiere crear un puente sólido entre la psicología de la salud ocupacional, la dirección de Recursos Humanos, y los servicios de prevención integrando las políticas de prevención de riesgos laborales con los programas de promoción de la salud en el lugar de trabajo(Salanova, 2009).

2.1. MODELO TEÓRICO

La OMS considera que los entornos de trabajo saludables se integran holísticamente en 4 áreas de influencia de los aspectos de salud y seguridad relativos al ambiente físico del trabajo; los factores psicosociales y el bienestar; los recursos personales de salud; y la responsabilidad social empresarial. Se trata de un modelo conceptual que proporciona un marco de referencia de los conceptos que definen un entorno de trabajo saludable(Pérez Vallejo, 2020).

Aunque el modelo propuesto por la OMS es un modelo conceptual, la OMS mediante varias publicaciones y guías lo desarrolla con objeto de ofrecer orientaciones prácticas para su implantación y considera que es un modelo que ofrece un marco flexible y adaptable a cualquier país, cultura, organización o lugar de trabajo(OMS, 2010). Esta flexibilidad y adaptabilidad nos permite diseñar o utilizar distintas prácticas o herramientas adaptadas al país u organización sobre la que realicemos la promoción de hábitos saludables en el entorno de trabajo.

Para adaptar el modelo conceptual de la OMS a un determinado país, cultura u organización se considera la definición de un modelo operativo que aborde la evaluación y análisis de la situación de origen para la aplicación de las orientaciones prácticas que propone el modelo de la OMS y desarrollar programas de intervención para mejorar la situación existente y dirigirse a la situación deseada.

2.2. MODELO OPERATIVO

Para definir nuestro modelo operativo, se utiliza el enfoque investigación-acción utilizado en psicología social aplicando la investigación para concretar los resultados en la empresa y retroalimentar desde los resultados la teoría de su aplicación(Salanova, 2009).

Partir de un adecuado modelo teórico para la investigación facilita una adecuada comprensión del fenómeno objeto de estudio, y permite la fundamentación de la metodología diseñada y las hipótesis de trabajo. La teoría proporciona el valor añadido esencial para elaborar un adecuado mapa de estudio, para canalizar los desarrollos de la investigación, y generar acciones de intervención sobre la evidencia empírica en lugar de la mera especulación, que nos proporcionen resultados aplicables en la práctica apoyados en teorías validas y confiables(Salanova, 2009).

El fundamento de nuestro modelo operativo integrador, interdisciplinar y multicausal se basa en los modelos muy utilizados en salud psicosocial, de demandas-recursos que explican cómo los desequilibrios entre los recursos tanto personales como laborales y las demandas laborales producen efectos en la salud del trabajador(Pérez Vallejo, 2020).

El modelo propuesto: Global Care (ver figura 1) utiliza como base los modelos demandas-recursos indicados que consideran como condiciones del trabajo a las demandas y recursos que tienen efectos o consecuencias en la salud del trabajador y la empresa. El modelo se completa con las estrategias de intervención que al actuar sobre los efectos permiten alcanzar a la empresa el status de organización saludable, productiva y sostenible, en el marco de una mejora continua que genera recursos nuevos al sistema.

El modelo teórico operativo Global Care propuesto se fundamenta en el modelo de la OMS que establece que para disponer de espacios de trabajo que protejan, promuevan y apoyen el completo bienestar físico, mental y social de los trabajadores, la organización debe actuar en las cuatro “avenidas de influencia” en las que la dirección de la empresa en colaboración con los trabajadores, puede influir en el estado de salud tanto de los empleados, como de la empresa en su conjunto, mejorando su productividad, eficiencia y competitividad (Pérez Vallejo, 2020).

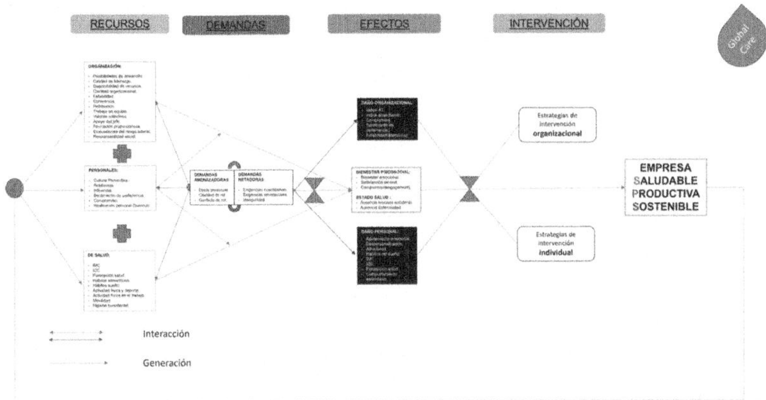

Figura 1. Modelo teórico Global Care. Imagen: autor

La evaluación y las intervenciones definidas en el modelo Global Care utilizan dimensiones y variables correspondientes a las cuatro avenidas de influencia definidas en el modelo OMS, relacionadas con el entorno físico del trabajo, acciones en el entorno psicosocial, promoción de la salud en el trabajo e intervención responsable de la empresa en la comunidad.

Se consideran como **factores del entorno físico del trabajo** los recursos de los lugares de trabajo que pueden identificarse mediante diagnósticos o medición humanos o electrónicos en los lugares de trabajo, las instalaciones, equipos de trabajo, agentes físicos o biológicos productos químicos, condiciones ambientales, los materiales, las máquinas y procesos realizados o presentes en el lugar de trabajo, y que pueden ser origen de riesgos de accidente y enfermedades profesionales(OMS, 2010).

Para llevar a cabo actuaciones sobre los factores del entorno físico del trabajo debemos conocer los accidentes y enfermedades ocurridos, el absentismo en la empresa, estudiando la seguridad técnica y organizativamente, siendo la generación de cultura de seguridad una prioridad para las empresas(Germán et al., 2011).

El nivel de cultura preventiva puede ser medida con metodologías como , NOSACQ-50 (Kines, Pete; Lappalainen, Mikkelsen, Pousette, Tharaldsen, Tomasson, 2012), el HMRI (Her Majesty's Railway Inspectorate) (Foulkes et al., 2005) o DUPONT (Van Westhuyzen, 2010), mientras que para medir la eficacia de las acciones en seguridad podemos recurrir al análisis de indicadores como los índices de accidentes, resultados de auditorías de seguridad, observaciones planeadas, grado en que se cumplen las normas de seguridad, participación de los interesados en seguridad(Nadhim et al., 2018).

En el área de los **aspectos psicosociales** se consideran aquellos que afectan al bienestar físico y emocional de los trabajadores relativos a la organización del trabajo, la cultura organizacional, los valores, las creencias, las actitudes y las prácticas propias de la empresa/organización. Con atención especial a los estresores del espacio de trabajo, como causa de estrés emocional a los empleados(OMS, 2010).

Los efectos por exposición a los riesgos psicosociales son modulados por las características individuales y personalidad de la persona, pero la exposición a periodos prolongados de estrés, por desgaste acaba derivando en problemas de salud mental y física, trastornos de la conducta y mentales como el agotamiento (burnout), la ansiedad, la apatía y la depresión o incluso en enfermedades cardiovasculares, trastornos gastrointestinales, respiratorios o problemas musculoesqueléticos (EU-OSHA, 2020) (Alastruey & Etxebarria, 2013) (Forastieri, 2016) (Molinero Ruiz et al., 2014), e incluso deterioro del sistema inmunológico(Segura et al., 2007). La metodología de evaluación psicosocial elegida deberá permitirnos la identificación de los factores de riesgo psicosocial que pudieran estar presentes en el espacio de trabajo.

En función de lo que queramos evaluar y conocer, de las condiciones de trabajo a analizar, de los objetivos perseguidos, del colectivo sobre el que se aplique, de las personas que participen en el estudio, de las hipótesis de investigación planteadas, etc, elegiremos la técnica o técnicas de investigación y la metodología a aplicar en los estudios de factores psicosociales. Sin olvidar que las herramientas seleccionadas deben estar validadas a la realidad de la población objeto y disponer de las correspondientes pruebas de confiabilidad y validación(Instituto Nacional de Seguridad e Higiene en el Trabajo (INSHT), 2003).

En el modelo Global Care propuesto se consideran los aspectos psicosociales siguientes, que se relacionan en la triada Recursos-Efectos-Demandas determinada por el modelo.

Dimensiones psicosociales/ Factores de riesgo psicosocial

- Factores de riesgo psicosocial: Exigencias cuantitativas. Exigencias cualitativas. Claridad de rol. Conflicto de rol, Conciliación. Inseguridad. Liderazgo. Formación y desarrollo, Influencia. Previsibilidad. Apoyo social. Sentimiento de grupo. Sentido de trabajo. Reconocimiento del logro.
- Clima organizacional: Claridad organizacional. Trabajo en equipo. Estabilidad. Retribución. Coherencia. Sentimiento de pertenencia. Valores colectivos. Disponibilidad de recursos. Engagement. Apoyo jefe.

- Resiliencia: Competencia. Control presión. Adaptación al cambio. Positividad.
- Burnout: Agotamiento. Realización personal. Despersonalización.
- Bienestar emocional: Relaciones sociales. Percepción de control. Sentimiento de vida. Autonomía. Vitalidad. Percepción de control. Subjetivo cognitivo. Auto-aceptación. Afecto positivo. Afecto negativo. Crecimiento personal. Crecimiento personal. Autonomía.
- Satisfacción laboral: Satisfacción laboral percibida.

Los **recursos personales de salud** son los proporcionados por la empresa a los trabajadores en el lugar de trabajo para la mejora de la salud mediante la adopción de hábitos saludables en forma de información, aporte de recursos, generando oportunidades, facilitando flexibilidad, etc como apoyo para sumarse o mantener los esfuerzos realizados por los trabajadores en la mejora y mantenimiento de estilos de vida saludables, así como para apoyar y monitorizar de manera constante su salud física y mental (OMS, 2010).

A nivel internacional no se conocen normativas que establezcan la obligatoriedad por las empresas de proporcionar recursos personales de salud a los empleados(OMS, 2010), aunque si se han llevado a cabo numerosas iniciativas desarrollando programas de promoción de la salud por parte de organismos oficiales internacionales, europeos y españoles, que promueven que de forma voluntaria las empresas y trabajadores actúen y realicen la promoción y puesta en marcha de buenas prácticas, iniciativas y programas saludables. Por otro lado, la norma ISO 45001:2018, establece la responsabilidad de las empresas en la protección de la salud física y mental de los trabajadores, aportando lugares de trabajo seguros y saludables sin embargo, no considera la aportación de recursos personales de salud.

Desde el punto de vista de la salud pública, las empresas son el contexto idóneo para la promoción de acciones de mejora de la salud individual y colectiva hacia el conjunto de la sociedad, con una posibilidad de impacto estimada de hasta el 65% de la población adulta (trabajadores y sus familias). El puesto de trabajo puede servir de lanzadera desde la que se puede llegar a otros segmentos de población que están fuera de otras políticas de salud y del entorno de trabajo(Ibermutuamur, n.d.)(Herruzo Caro et al., 2017)(OIT (Organizacion Internacional del Trabajo), 2012).

Las áreas más significativas de los factores de intervención que incluyen los programas de promoción de la salud en las empresas consideradas saludables por la promoción de hábitos saludables a través de recursos personales de salud (Ibermutuamur, n.d.)(UGT-CEC, 2019)(OMS, 2010c)(INSST, 2020) incluyen al menos los siguientes aspectos:

Dimensiones recursos personales/ Aspectos de recursos personales de salud

- Hábitos alimentación: Tipos de alimentos. Dietas. Agua. Condimentos. Técnicas de cocinado. Dulces y azucares. Suplementos. Grasas y aceites. Cantidad y distribución de la comida.
- Actividad física: Sedentarismo. Tiempo dedicación deporte. Actividad física en el trabajo. Intensidad deporte. Lugar práctica.
- Hábitos del sueño: Percepción calidad del sueño. Eficacia sueño. Despertares. Medicamentos. Latencia del sueño. Disfunción diurna. Cantidad de horas de sueño.
- Higiene bucodental: Visita al dentista. Limpieza dental. Azucares y otros hábitos.
- Adicciones: Tabaco. Alcohol. Medicamentos. Drogas Café y cafeína. Juego. Internet. redes sociales. Móvil. Trabajo.

- Aficiones: Tiempo libre. Afición favorita.
- Movilidad: Medio y tiempo de desplazamiento.

Las empresas desarrollan su actividad en el entorno de una comunidad, afectando y siendo afectadas por el contexto de la propia comunidad, y del mismo modo los trabajadores que viven en la comunidad ven afectada su salud por el entorno físico y social de su comunidad. **La participación de la empresa en la comunidad** incluye los recursos, conocimientos y actividades que la empresa genera para la comunidad en la que opera y que tienen efectos sobre la salud mental o física, el bienestar o la seguridad de los trabajadores y sus familias(OMS, 2010).

La normativa no obliga a la participación de la empresa en la comunidad por lo que es voluntaria y se considera un valor añadido. Estas acciones suelen encontrarse enmarcadas en las actividades de "Responsabilidad Social Empresarial o Corporativa" (RSC o RSE) que incluyen aspectos de compromiso empresarial con elementos esenciales como la seguridad y salud, la protección medioambiental, buenas prácticas de gestión de los recursos humanos, protección al consumidor, ética empresarial, desarrollo de la comunidad y derechos de las partes interesadas(OMS, 2010).

Toda actuación que realice la empresa debe ser socialmente responsable, para que sea aceptada por el entorno social y sistema del que forma parte; teniendo en cuenta que la imagen de la compañía es consecuencia directa de su conducta socialmente adoptada y de sus actos (García Guardia & Llorente Barroso, 2009). La RSC tiene una componente interna y otra componente externa.

La Responsabilidad social en su dimensión interna en las empresas incluye las prácticas socialmente responsables que afectan a los trabajadores y consideran aspectos de gestión de los recursos humanos, la seguridad y la salud, la gestión del cambio organizacional, por otro lado, considera la gestión respetuosa con el medio ambiente en la utilización sostenible de los recursos naturales utilizados en la producción (Comisión de las comunidades europeas, 2001).

La Responsabilidad social de las empresas en su dimensión externa: comprende a trabajadores y accionistas, socios comerciales y proveedores, consumidores, autoridades públicas y ONG en el entorno de las comunidades locales y el medio ambiente. En los entornos globalizados de las compañías multinacionales y los sistemas productivos internacionales, la responsabilidad social de las empresas trasciende de las fronteras nacionales y europeas(Comisión de las comunidades europeas, 2001)

2.3. MATERIAL Y MÉTODOS

- Las principales metodologías de referencia utilizadas en el modelo Global Care son:
- Escala DUPON y NOSACQ50 de cultura preventiva.
- Encuesta ECO IV de clima organizacional.
- Escala Utrecht de Engagement en el Trabajo.
- Método Istas21 (CoPsoQ), batería MC-UB, aspectos psicosociales.
- MBI-GS (Maslach Burnout inventory),
- Escala CD-RISC, Pemberton Happiness Index, cuestionario basal
- Estudio unidad de investigación en salud laboral UPF y escala Sergas, encuesta de salud de la Comunidad de Valencia (2000-2001), cuestionario ESVISAUN,
- Índice de calidad de sueño de Pittsburgh,
- Cuestionario de la Organización Mundial de la Salud sobre Actividad Física (GPAQ), cuestionario internacional

de actividad física (IPAQ), encuesta nacional de salud de España (2017).

- Ítem habituales para la recogida de datos sociodemográficos y laborales de los participantes en el estudio.

2.4. RESULTADOS

Tras la investigación se realiza el análisis de los resultados con la intención de demostrar la validez y consistencia del modelo propuesto para precisar los factores de intervención organizacionales e individuales para la CVL y promoción de la salud, mediante técnicas de análisis de los datos como la correlación, la regresión, la mediación y la moderación.

Las correlaciones estudiadas entre las distintas variables determinan la fuerza y tipo de relación como podemos ver en las tablas 1,1 y 1,2 de análisis de las correlaciones entre distintas dimensiones de los aspectos psicosociales y la calidad de vida laboral relacionadas con la cultura preventiva.

En el entramado de relación se observan relaciones de elevada intensidad con la cultura preventiva como el clima organizacional (r=.669), en intensidades medias como el engagement (r=.441) o la satisfacción (r=.408), o intensidades bajas como el bienestar (r=.340), resiliencia (r=.302), percepción de salud (r=.192), calidad de alimentación (r=.152), presentando relación inversa de baja intensidad cuando hay problemas de sueño (r=-.163) o burnout (r:-.375). (Pérez Vallejo, 2020)

	1	2	3	4	5	6	7	8	9	10	11
1. Cultura preventiva											
2. Clima organizacional	.669*										
3. Engagement	.441*	.552*									
4. Bienestar global	.340*	.346*	.478*								
5. Satisfacción trabajo	.408*	.223*	.723*	.450*							
6. Resiliencia	.302*	.271*	.454*	.599*	.412*						
7. Percepción salud	.192*	.223*	.276*	.470*	.273*	.343*					
8. Problemas sueño	-.163*	-.224*	-.244*	-.337*	-.202*	-.239*	-.328*				
9. Calidad alimentación	.152*	.108*	.143*	.290*	.109*	.232*	.316*	-.243*			
10. Burnout agotamiento	-.375*	-.568*	-.650*	-.476*	-.605*	-.339*	-.328*	.347*	-.124*		
11. Deporte	**	**	**	,138*	**	,111*	,259*	**	.223*	**	
* p < .01 ** p > .01											

Tabla 1.1: Correlaciones entre dimensiones más relevantes de CVL relacionadas con la cultura preventiva. Autor

En la tabla 1.2 se analizan las correlaciones entre variables de los factores psicosociales en relación con la cultura preventiva. Se observan relaciones de elevada intensidad de la cultura preventiva con la formación y desarrollo (r=.560), con el liderazgo (r=.557), con la previsibilidad (r=.603), con el apoyo social (r=.575), sin embargo presenta relación inversa de media y baja intensidad con el conflicto de rol (r=-.371) y la inseguridad (r=-.247), el resto intensidades medio-bajas. (Pérez Vallejo, 2020)

	1	2	3	4	5	6	7	8
1. Cultura preventiva								
2. Formación y desarrollo	.560*							
3. Liderazgo	.557*	.629*						
4. Claridad de rol	.483*	.538	.586**					
5. Conflicto de rol	-.371*	-.346	-.503*	-.355				
6. Inseguridad	-.247*	-150.	-.215*	-.161	.223			
7. Previsibilidad	.603*	.524	.606	.543	-.366	-.281		
8. Apoyo social	.575*	.577	.811*	.528	-.399	-.186	.606	
9. Estima-reconocimiento	.493*	.535	.703*	-.449	-.381	-.245	.536	.621
* p < .01								

Tabla 1.2 Correlaciones entre dimensiones más relevantes de aspectos psicosociales relacionados con la cultura preventiva. Autor

Tras analizar las correlaciones se realizó el análisis de regresión lineal múltiple para explicar la relación entre variables y obtener una predicción de los valores de la variable explicada a partir de los valores de las variables explicativas.

La tabla 2 presenta el análisis de regresión jerárquica de las variables explicativas incluidas en el modelo que explican el 51,2 %

de la variabilidad de la cultura preventiva, siendo R^2 = ,447 para el paso 1; R^2 = ,475 para el paso 2; R^2 = ,494 para el paso 3; R^2 = ,501 para el paso 4; R^2 = ,505 para el paso 5; R^2 = ,508 para el paso 6; R^2 = ,512 para el paso 7. El índice de ajuste para todos los modelos fue significativo (rango F=175,790 - 952,008). (Pérez Vallejo, 2020)

En el modelo todas las variables explicativas resultaron significativas, así el clima organizacional (β = ,271 , t=4,974), la formación y desarrollo (β = ,202 , t=7,138); la previsibilidad (β = ,202 , t=6,418); el bienestar (β = ,080 , t= 3,603); el apoyo social (β = ,176 , t= 4,612); el liderazgo (β = -,173, t= - 3,794); la coherencia (β = ,119 , t= 3,228). (Pérez Vallejo, 2020)

Variable explicada: Cultura preventiva				**MODELO**				
Variables explicativas:	**Por pasos**			**B**	**SE B**	**β**	**t**	**Sig.**
	Modelo:	**R2**	**F**					
a.- Clima organizacional	1: a	,447	952,008*	,025	,005	,271	4,974	,000
b.- Formación y desarrollo	2: a, b	,475	531,476*	,014	,002	,202	7,138	,000
c.- Previsibilidad	3: a, b, c	,494	382,834*	,011	,002	,202	6,418	,000
d.- Bienestar	4: a, b, c, d	,501	295,049*	,096	,027	,080	3,603	,000
e.- Apoyo social	5: a, b, c, d, e	,505	239,007*	,011	,002	,176	4,612	,000
f.- Liderazgo	6: a, b, c, d, e, f	,508	201,729*	-,011	,003	-,173	-3,794	,000
g.- Coherencia	7: a, b, c, d, e, f	,512	175,790*	,008	,002	,119	3,228	,001
* p < .01								

Tabla 2 Análisis de regresión lineal múltiple de la Cultura Preventiva. Autor

Determinada la presunción causal entre la variable independiente y la variable de respuesta, se considera el papel de terceras variables en la relación causal, mediante el análisis de las variables moderadoras y mediadoras para establecer el papel de terceras variables en la relación entre variables independientes y explicadas.

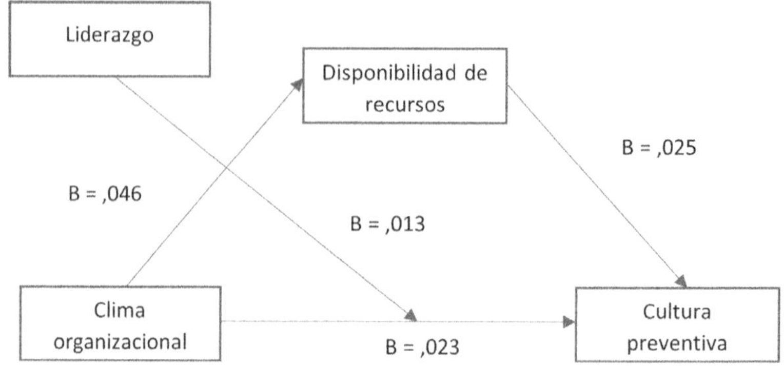

Figura 2. Análisis de regresión lineal múltiple de la Cultura Preventiva. Autor

El modelo de mediación moderada cuyos resultados se presentan en la figura 2, observamos que se produce un efecto directo significativo del clima organizacional en la cultura preventiva (B = ,046, p <0.01, IC 95%: ,0346 a ,0575) y un efecto directo significativo al disponer de recursos sobre la cultura preventiva (B = ,025, p <0.01, IC 95%: ,0205 a ,0298).

De igual modo, los efectos indirectos del clima organizacional en la cultura preventiva al contar con recursos fueron significativos (B = ,023, p <0.01, IC 95%: ,0187 a ,0277). (Pérez Vallejo, 2020)

En el modelo de moderación, el efecto de moderación del liderazgo en la relación entre el clima organizacional y la cultura preventiva fue significativo (B = -,0002, p <0.01, IC 95%: -,0003 a -,0001). Así mismo, la calidad del liderazgo tuvo un efecto de moderación significativo en la cultura preventiva en trabajadores con bajo nivel de calidad de liderazgo (B = ,039, p <0.01, IC 95%: ,0305 a ,0481); en niveles medios (B = ,034, p <0.01, IC 95%: ,0257 a ,0420) y altos (B = ,029, p <0.01, IC 95%: ,0203 a ,0379) (Pérez Vallejo, 2020)

3. CONCLUSIONES

Del análisis de los resultados de este estudio según las tablas 1.1 y 1,2 podemos decir que la cultura preventiva presenta fuertes niveles de correlación con factores psicosociales como el desarrollo, el apoyo social, la previsibilidad, la formación, el liderazgo y el clima organizacional y niveles moderados de correlación con aspectos como el engagement, reconocimiento, la satisfacción , la claridad de rol, y niveles bajos con los problemas de sueño, la calidad de la alimentación y la percepción de la salud.

El análisis de regresión jerárquica según la tabla 2 determina que el conjunto de las variables explicativas(liderazgo, formación y desarrollo, clima organizacional, bienestar, previsibilidad, coherencia y apoyo social) explican el 51,2 % de la variabilidad de la cultura preventiva, siendo significativo el índice de ajuste para todos los modelos.

En la figura 2 observamos los resultados del modelo de mediación moderada, de cómo se produce un efecto directo significativo del clima organizacional en la cultura preventiva y un efecto directo significativo el disponer de recursos sobre la cultura preventiva.

Del mismo, al disponer de recursos los efectos indirectos del clima organizacional en la cultura preventiva son significativos.

Por otro lado, el efecto de moderación del liderazgo en la relación entre el clima organizacional y la cultura preventiva fue significativo. Así mismo, la calidad del liderazgo tuvo un efecto de moderación significativo en la cultura preventiva de los trabajadores.

La gestión de la seguridad y salud no puede considerarse como una disciplina aislada, y por ello debemos construir un sólido puente que integre en los programas de promoción de la salud, la gestión de la seguridad y salud (Salanova, 2009), tal como confirman los resultados de este estudio, existe una fuerte relación entre los niveles de cultura preventiva con los factores psicosociales, el clima organizacional, el sentimiento de pertenencia a la organización, el liderazgo, sin olvidar que no resulta ético ni genera motivación ni compromiso, el imponer el cumplimiento de las medidas de prevención si no se promueven y potencian otros aspectos de la calidad de vida en el trabajo como los factores psicosociales o el clima organizacional (Pérez Vallejo, 2020).

El modelo operativo propuesto en este estudio de investigación resulta un avance más hacía una metodología integral de evaluación y medición para la intervención en la promoción de la salud.

Podemos afirmar que el modelo teórico operativo propuesto permite la aplicación práctica del modelo teórico de la OMS, al utilizar como toda la base teórica de referencia el modelo de la OMS, permitiendo un buen ajuste al mismo.

A partir de este modelo operativo podemos medir las distintas dimensiones relacionadas con la CVL y la promoción de la salud para establecer planes y estrategias de intervención que permitan a las empresas ser cada vez más saludables. Por tanto, este modelo operativo puede servir de base para el diseño de un sistema de identificación y evaluación de factores de riesgo en la empresa saludable.

4. REFERENCIAS

Alastruey, J., & Etxebarria, M. (2013). Guía De Introducción a Los Riesgos Psicosociales Organizativos. *Instituto Vasco de Seguridad y Salud Laborales.*, 1–17.

Ato, M., & Vallejo, G. (2011). Redalyc Los efectos de terceras variables en la investigación psicológica Introducción Una vez establecida una relación que se asume causal entre. *Anales de Psicología, 27*(2), 550–561.

Comisión de las comunidades europeas. (2001). Libro verde. Fomentar un marco europeo para la responsabilidad social de las empresas. In *Libro verde* (Vol. 121).

EU-OSHA. (2020). *Agencia Europea para la Seguridad y la Salud en el trabajo.* https://osha.europa.eu/es/themes/psychosocial-risks-and-stress

Forastieri, V. (2016). Prevención de riesgos psicosociales y estrés laboral. In *Boletín internacional de investigación sindical* (Vol. 8, Issues 1–2, pp. 11–37). Organización Internacional del Trabajo.

Foulkes, J., Stapley, N., Laroya, S., Bowling, K., & Dickinson, C. (2005a). Development and validation of the HMRI safety culture inspection model and toolkit. *Contemporary Ergonomics 2005*, 603–607.

García Guardia, M. L., & Llorente Barroso, C. (2009). La Responsabilidad Social Corporativa: una estrategia para conseguir imagen y reputación. *Revista ICONO14 Revista Científica de Comunicación y Tecnologías Emergentes*, 7(2), 95–124. https://doi.org/10.7195/ri14.v7i2.319

Germán, S., Navajas, J., & Silla, I. (2011a). *Informes Técnicos Ciemat. El Uso de Cuestionarios en Estudios de Cultura de Seguridad en Organizaciones de Alta Fiabilidad. Revisión de la Literatura y una Aplicación en el Sector Nuclear Español.*

Granados, I. (2014). Calidad de vida laboral: historia, dimensiones y beneficios. *Revista de Investigación En Psicología, 14*(2), 209. https://doi.org/10.15381/rinvp.v14i2.2109

Herruzo Caro, B., Martín García, J. J., Molina Recio, G., Romero Saldaña, M., Sanz Pérez, J. J., & Moreno Rojas, R. (2017). Promoción de la salud en el lugar de trabajo. Hábitos de vida saludable y factores de riesgo cardiovascular en trabajadores de ámbito sanitario en atención primaria. *Revista de La Asociación Española de Especialistas En Medicina Del Trabajo, 26*(1), 9–21.

Ibermutuamur. (n.d.). *Guía para la implantación de un Modelo de Empresa Saludable.* https://doi.org/10.1016/j.compmedimag.2007.02.002

IberMutuamur. (2014). *Buenas prácticas para mejorar la cultura preventiva en las empresas.*

INSST. (2020). https://www.insst.es/. Instituto Nacional de Seguridad y Salud En El Trabajo.

Instituto Nacional de Seguridad e Higiene en el Trabajo (INSHT). (2003). NTP 702: El proceso de evaluación de los factores psicosociales. *NTP 702: El Proceso de Evaluación de Los Factores Psicosociales,* 8.

Kines, Pete; Lappalainen, Mikkelsen, Pousette, Tharaldsen, TÃ³masson, T. (2012). *Nordic occupational safety climate questionnaire.* 0–8.

Molinero Ruiz, E., Moreno Saenz, N., Llorens Serrano, C., & Moncada Lluis, S. (2014). *Método Istas21 (CoPsoq). Versión 2* (A. y S. (ISTAS) Instituto Sindical de Trabajo, Ed.). Paralelo Edición, S.A.

Nadhim, E. A., Hon, C., Xia, B., Stewart, I., & Fang, D. (2018). Investigating the relationships between safety climate and safety performance indicators in retrofitting works. *Construction Economics and Building, 18*(2), 110–129. https://doi.org/10.5130/AJCEB.v18i2.5994

O. Almarsh, S. (2015). A Measurement Scale for Evaluating Quality of Work Life: Conceptualization and Empirical Validation. *Trends in Applied Sciences Research, 10*(3), 143–156. https://doi.org/10.3923/tasr.2015.143.156

OIT (Organizacion Internacional del Trabajo). (2012). *Un enfoque integral para mejorar la alimentación y nutrición en el trabajo.*

OMS. (2010). Ambientes de Trabajo Saludables: un modelo para la acción. *Revista de Biomecánica, 45*(3), 1–26. https://doi.org/10.4321/S0465-546X2007000400012

OMS. (2010). Entornos Laborales Saludables: Fundamentos y Modelo de la OMS : Contextualización, Prácticas y Literatura de Apoyo. In *Biblioteca de la OMS.*

OMS. (2020). *Organización mundial de la salud.*

Pérez Vallejo, C. (2020). *Factores de Intervención Para La Promoción de La Salud y Calidad de Vida En El Trabajo En La Empresa Saludable.*

Rani, K., & Scholar, D. (2015). *ISSN : 2321-1784 International Journal in Management and Social Science (Impact Factor- 4 . 358) International Journal in Management and Social Science ISSN : 2321-1784 International Journal in Management and Social Science (Impact Factor- 4 . 358) In. 03*(06), 452–467.

Salanova, M. E. B. E. C. M. del L. J. F. E. G. (2009a). *Psicología de la salud ocupacional* (Sintesis, Ed.). Editorial Sintesis.

Secretaria de Política Sindical de UGT de Cataluña/Salud Laboral. (2013). *Cuaderno de prevención: Promoción de la salud en el trabajo.*

Segura, M. S., García, R. M. G., Padrón, Y. C., & Abraham, C. M. (2007). Estrés y sistema inmune. *Revista Cubana de Hematología, Inmunología y Hemoterapia.*

Segurado T., A., & Agulló T., E. (2002). Calidad de vida laboral: Hacia un enfoque integrador desde la Psicología Social. *Psicothema, 14*(4), 828–836.

UGT-CEC, S. de S. L. y M. A. (2019). *Hábitos de vida saludable en el entorno laboral.*

Van Westhuyzen, J. (2010). Relative culture strength - A key to sustainable world-class safety performance. *Society of Petroleum Engineers - 14th Abu Dhabi International Petroleum Exhibition and Conference 2010, ADIPEC 2010, 2,* 1164–1173. https://doi.org/10.2118/137700-ms

Vega, C., & Sigo, M. (2013). Factores psicosociales, stress y su relación con el desempeño: comparación entre centros de salud. *Salud de Los Trabajadores, 21*(2), 111–128.

Yadav, R., & Khanna, A. (2014). Literature Review on Quality of Work Life and Their Dimensions. *IOSR Journal of Humanities and Social Science, 19*(9), 71–80. https://doi.org/10.9790/0837-19957180

"Too-much-of-a-good-thing" y "too-little-of-a-bad-thing": la importancia de la dosis en el control de riesgos psicosociales en el trabajo

MARÍA-JOSÉ FONCUBIERTA-RODRÍGUEZ
Universidad de Cádiz
mariajose.foncubierta@uca.es

MAGDALENA HOLGADO-HERRERO
Universidad de Cádiz
magdalena.holgado@uca.es

DARA HERNÁNDEZ-ROQUE
Universidad de Cádiz
dara.hernandez@uca.es

Resumen. La literatura demuestra que el grado de felicidad del/a empleado/a incide en la aparición de determinados riesgos psicosociales: estrés, síndrome del quemado, fatiga psíquica, rotación laboral, etc. También confirma que la conflictividad perjudica a la felicidad, mientras que la capacidad de resiliencia la estimula.

Este trabajo se aplica al contexto educativo, uno de los de mayor posibilidad de riesgos psicosociales. El objetivo es analizar si se producen efectos de la resiliencia y el conflicto sobre la felicidad distintos a los que la literatura tradicionalmente ha mantenido, cuando ambos factores, resiliencia y conflicto no se encuentran en su dosis adecuada. Se diseña un cuestionario basado en las escalas: (a) de Oxford (2002) para felicidad; de Connor y Davidson (2003) para resiliencia; y de Jehn (1995) para conflicto.

Nuestros hallazgos confirman que demasiada resiliencia ("TMGT-effect") y demasiado poco conflicto ("TLBT-effect"), a diferencia de lo que podía esperarse, perjudican a la felicidad del individuo en el trabajo, haciendo aumentar su grado de estrés experimentado.

Este trabajo contribuye al conocimiento sobre el modo en que el conflicto vivido y la resiliencia personal afectan a la felicidad percibida y a los riesgos laborales. Pone el foco en la dosis como clave, demostrando que no son factores netamente positivos o negativos. En este sentido, tanto el propio profesorado como los gestores de los centros deben conocer cuál es el nivel adecuado, e intervenir y poner en marcha medidas de reducción/aumento de dichos factores, para alcanzar sus niveles óptimos. A la postre, la propia sociedad también se beneficia de este conocimiento, pues profesores más felices y saludables preparan mejor al alumnado, y los conciencia hacia sociedades más felices y saludables.

Palabras Clave: Felicidad en el Trabajo; Conflicto en el Trabajo; Resiliencia; Riesgos Psicosociales; "Too-Much-of-a-Good-Thing Effect".

1. INTRODUCCIÓN

Los factores psicosociales aluden a las circunstancias laborales concernientes con la organización, el puesto, la tarea, etc. Estos factores pueden beneficiar (factores psicosociales positivos o protectores) o perjudicar (factores de riesgo psicosociales) las condiciones laborales de los trabajadores (Cuadra et al., 2015; Gil-Monte, 2012). En el caso de que sean negativos se denominan factores de riesgo psicosociales, que pueden ser precursores de estrés laboral, o estresores que provocan daño psicológico, físico o social en los individuos (Gil-Monte, 2012). El conflicto en el trabajo parece resultar un proceso dinámico e indeseable entre las partes, que surge de los desacuerdos percibidos y la interferencia con los objetivos de las partes involucradas, lo que da como resultado reacciones emocionales negativas (Barki y Hartwick, 2001), pudiendo afrontarse éstas de manera muy diferente. Según Gil-Monte (2012) los riesgos psicosociales no siempre deterioran la salud de los trabajadores, dependiendo de las estrategias de afrontamiento que utilice el individuo podrá gestionar la situación laboral, o manejar las emociones para adaptarse a la situación. El efecto "Too-Little-of-a-Bad-Thing Effect" indica que demasiado poco de algo malo puede ser perjudicial en las relaciones interpersonales y en los estresores que derivan de éstas, en consecuencia, demasiado poco conflicto, podría volverse negativo, generando un efecto negativo en la felicidad individual del profesorado.

Algunas personas, siguen manteniendo su estado de bienestar y satisfacción a pesar de estar expuestos a estos intensos estresores y conflictos interpersonales (Pretsch et al., 2012; Rutter, 1987). A esta capacidad se le denomina resiliencia, y facilita la adaptación de manera positiva en el contexto de un riesgo o adversidad significativos (Ong et al., 2009), como puede ser la existencia de diversos estresores en el lugar de trabajo. Las personas resilientes evitan los efectos perjudiciales de los diversos estresores a los que se enfrentan (Lanz y Bruk-Lee, 2017; López-Núñez et al., 2020; Rabenu y Yaniv, 2017), son capaces de adaptarse de manera más eficaz (Sigal y Weinfeld, 2001) y se mantienen emocionalmente positivas ante un determinado estresor, alcanzando un mayor bienestar emocional (Fredrickson, 2004). Sin embargo, los antecedentes positivos pueden eventualmente volverse negativos si se llevan demasiado lejos. Esto se conoce como el efecto "Too-Much-of-a-Good-Thing Effect" (Pierce y Aguinis, 2013). Según esta teoría demasiada resiliencia, que es una capacidad psicológica positiva, podría volverse negativa y tener un efecto nocivo en la felicidad individual.

Conociendo lo anterior, el presente trabajo tiene como objetivo testar si la felicidad en el contexto laboral se ve perjudicada por los efectos de la resiliencia y el conflicto cuando ambos factores no se encuentran en su dosis adecuada.

2. MARCO CONCEPTUAL

Según Jares (1997), el conflicto es entendido como "un fenómeno de incompatibilidad entre personas o grupos" (p. 54). Los centros educativos deben hacer todo lo posible para intentar gestionar de manera adecuada (Pérez-Archundia y Gutiérrez-Méndez, 2016), los conflictos que surgen como consecuencia de las relaciones interpersonales entre el profesorado (Castiñeira, 2009; Fort y Plaza, 2015; Pérez-Archundia y Gutiérrez-Méndez, 2016). El conflicto interpersonal se puede considerar una fuente de estrés y por tanto un factor de riesgo psicosocial. El estrés crónico es uno de los daños psicosociales más incapacitantes y se le denomina síndrome de burnout (síndrome del quemado o desgaste profesional), éste es una respuesta prolongada a estresores emocionales e interpersonales crónicos en el trabajo y se explica a través de tres dimensiones: agotamiento, cinismo e ineficacia (Maslach et al., 2001). Las organizaciones son sistemas sociales, lo que implica que los individuos que pertenecen a ellas participan en actividades organizativas en pos de objetivos comunes que les llevan a interactuar personalmente (Blau y Scott, 1962; Etzioni, 1964; Ilies et al., 2011; Simon, 1976). Estas interacciones pueden tener efectos tanto positivos (Nezlek et al., 1983; Watson, 2000) como adversos, entre ellos los conflictos interpersonales, siendo estos últimos los que tienen un impacto más significativo en el bienestar de los empleados (Rook, 2001; Taylor, 1991), como consecuencia del estrés laboral que producen (Fox et al., 2001; Ilies et al., 2011; Karasek, 1979; Spector y Jex, 1998).

Existen numerosos estudios sobre las relaciones entre docentes y los conflictos que surgen entre ellos (Castiñeira, 2009; Fort y Plaza, 2015; Pérez-Archundia y Gutiérrez-Méndez, 2016). Se entiende por conflicto cualquier discrepancia real o percibida entre los miembros de un equipo (De Church et al., 2013; De Dreu y Weingart, 2003; Foncubierta-Rodríguez et al., 2021; Losada-Otálora et al., 2020). El conflicto interpersonal puede darse entre individuos que interactúan entre sí por razones funcionales (interacciones relacionadas con roles o derivadas de relaciones formales) o entre individuos que interactúan entre sí voluntariamente (interacciones sociales o derivadas de relaciones informales) (Fullwood et al., 2013). El conflicto interpersonal se diferencia de otras interacciones negativas, como el bullying, que se caracteriza por ser una interacción social negativa unidireccional que se prolonga en el tiempo de forma continuada y en la que una de las partes se encuentra indefensa (Duffy et al., 2002; Einarsen, 1999; Ilies et al., 2011; Leymann, 1996), debido a un desequilibrio de poder (Losada-Otálora et al., 2020; Samnani y Singh, 2012).

Sin embargo, el conflicto interpersonal se caracteriza por ser un fenómeno bidireccional, ya que las partes implicadas en el conflicto pueden estar al mismo nivel y capacidad (De Wit et al., 2012); se produce de forma esporádica, no es continuo en el tiempo; y no hay intención de hacer daño a la otra parte implicada (Baillien et al., 2017). Por tanto, el conflicto interpersonal en el trabajo hace referencia a las malas relaciones experimentadas con otras personas en el lugar de trabajo, que desencadenan una experiencia desagradable (Dijkstra et al., 2011), con connotaciones negativas para los empleados, que pueden derivar en comportamientos hostiles, agresiones físicas, verbales o psicológicas (Ilies et al., 2011; Keenan y Newton, 1985; Losada-Otálora et al., 2020; Sliter et al., 2011). El conflicto interpersonal se considera desde hace tiempo un estresor laboral (Fox et al., 2001; Karasek, 1979; Keenan y Newton, 1985; Spector et al., 1988). Esto se explica según la teoría del Modelo de Exigencias-Control de Karasek (1979), que afirma que las exigencias del trabajo, los conflictos u otros estresores colocan al individuo en una situación estresante y que, si el individuo no tiene la capacidad de hacer frente a los estresores, puede provocar un aumento del estrés, la tensión, la angustia y la ansiedad. El conflicto interpersonal en el trabajo se asocia con una menor satisfacción o bienestar laboral, un menor compromiso organizacional y mayores intenciones de rotación (Fox et al., 2001; Frone, 2000; Ilies et al., 2011; Losada-Otálora et al., 2020; Penney y Spector, 2005; Spector y Jex, 1998).

El término felicidad ha sido estudiado según diferentes disciplinas tales como la filosofía, la psicología, la psiquiatría, etc. (Moccia, 2016). En la actualidad, en la literatura se utiliza el concepto de bienestar subjetivo como sinónimo de felicidad.

Cuando se hace referencia a este término, se alude a la evaluación afectiva y cognitiva que los individuos hacen acerca de su vida (Diener, 1994, 2000). Estas evaluaciones incluyen reacciones emocionales ante eventos, estados de ánimo y juicios que han desarrollado acerca de la satisfacción con su vida y que experimentan en diferentes ámbitos como el trabajo, el matrimonio, y la vida social (Diener et al., 2003). De acuerdo con este punto de vista, se dice que el bienestar psicológico se da si una persona experimenta emociones positivas frecuentes, como alegría y felicidad, y emociones negativas poco frecuentes, como la tristeza y la ira (Bakker y Oerlemans, 2011; Diener y Larsen, 1993) y está asociada a unas relaciones sociales relativamente más sólidas (Pendse y Ruikar, 2013). Singh y Aggarwal (2018) y Pradhan et al. (2021) argumentan que la felicidad en el lugar de trabajo debe diferenciarse de la felicidad en la vida personal, fuera de este, debido a la contribución equitativa de las facetas humanas y organizativas a la hora de determinar el estado de la felicidad en el trabajo.

La felicidad en el trabajo es entendida por algunos autores, como la satisfacción o el placer que, a corto plazo, consigue un trabajador por el simple hecho de cumplir con sus tareas funcionales (Bandura y Lions, 2014). Otros, sin embargo, amplían este concepto, añadiendo a la satisfacción laboral otras múltiples variables, como el compromiso, la confianza, la naturaleza del propio puesto de trabajo, la cultura orientada al trabajo en equipo, la estructura y el desarrollo organizaciones o las propias políticas de recursos humanos (Fisher, 2010; Oswald et al., 2015; Ravina-Ripoll et al., 2019). La felicidad en el contexto laboral está influenciada por factores del propio contexto, factores organizacionales y características del entorno de trabajo, y por las interacciones del individuo con ellos (Bashir et al., 2019; González-Díaz et al., 2018). Pero, evidentemente, también lo está por factores personales, individuales (Hosie et al., 2019; Ravina et al., 2017; Zelenski et al., 2008). Por tanto, Singh y Aggarwal (2018) proponen medir la felicidad de una persona en el lugar de trabajo, mediante factores organizacionales (experiencias organizacionales) y factores personales (flujo y motivación intrínseca, sentimientos hacia el trabajo).

Según Foncubierta-Rodríguez et al. (2021) el conflicto hasta cierto punto puede ser beneficioso para el desempeño de la organización, puede generar que los empleados sean más innovadores y mejoren sus conocimientos y habilidades (De Wit et al., 2012; Humphrey et al., 2017). Concretamente, los conflictos interpersonales siguen una U invertida, en la que se demuestra que hasta un determinado nivel de conflicto es deseable y que no se deben evitar los conflictos interpersonales, ya que puede ser contraproducente (Puck y Pregernig, 2014). Esto se relaciona con el efecto "Too-Little-of-a-Bad-Thing Effect", es decir, demasiado poco de algo malo puede ser perjudicial en las relaciones interpersonales. Esto es, demasiado poco conflicto, podría volverse negativo, generando consecuencias desfavorables en la felicidad individual del profesorado.

Hipótesis 1: Un nivel demasiado bajo de conflicto perjudica la felicidad percibida en el trabajo por el/la profesor/a.

La resiliencia se define como la capacidad psicológica de recuperarse ante la adversidad, la incertidumbre, el conflicto, el fracaso, un cambio significativo (Luthans, 2002; Luthans et al., 2004; Masten y Reed, 2002). Las personas resilientes están mejor preparadas para enfrentar los desafíos y situaciones negativas, y manejan mejor las situaciones estresantes mientras se adaptan con éxito a los cambios. El estrés es un factor de riesgo psicosocial para el burnout o el agotamiento emocional, mientras que la resiliencia es un factor de protección contra el burnout (Lee et al., 2019; Mikolajczak et al., 2007). Es decir, el estrés incrementa el burnout o agotamiento emocional y la resiliencia es un recurso psicológico valioso contra el burnout o agotamiento emocional (Lee et al., 2019; Luthar et al., 2000;

Kapoulitsas y Corcoran, 2015; Strolin-Goltzman et al., 2016). Por tanto, una mayor resiliencia puede promover el bienestar de los individuos y disminuir el agotamiento emocional (Lebares et al., 2018; Lim y Yoon, 2014). Entrenar la resiliencia entre los empleados puede generar el desarrollo de habilidades para gestionar el estrés y el agotamiento emocional que éste puede provocar y mejorar sus niveles de felicidad o bienestar (Lee et al., 2019; Lim y Yoon, 2014; Nituica et al., 2021). Las personas resilientes pueden persistir en tiempos de dificultad al superar con mayor éxito los obstáculos (Ratten, 2020). La teoría de Fredrickson (2004), predice que los estados emocionales positivos que caracterizan a los individuos resilientes, conducen a una espiral ascendente de emociones positivas, entre ellas, la felicidad o bienestar. Además, evalúan las situaciones como menos estresantes (Hays-Grudo et al., 2021; Mandleco y Peery, 2000), lo que les conduce a un mayor nivel de felicidad (Bajaj et al., 2022; Kaiser-Greenland, 2010). Por tanto, la resiliencia es un antecedente importante del bienestar subjetivo y la felicidad (Bajaj et al., 2022; Burns et al., 2011; Lü et al., 2014; Mei et al., 2021).

En cuanto a la resiliencia docente, se conceptualiza como la capacidad de recuperación o el uso de la energía para alcanzar objetivos educativos, incluso en condiciones adversas (Castro et al., 2010), permitiendo a los profesores mantener su compromiso con la enseñanza, pese a las condiciones desafiantes de la labor, y realizar su trabajo con mayor eficacia y éxito (Beltman et al., 2011; Brunetti, 2006; Estaji y Rahimi, 2014; Gu y Day, 2007). Adicionalmente, Beltman (2015) propone que la resiliencia del profesorado conduce a una adaptación positiva, que se traduce en mayores niveles de bienestar y satisfacción laboral, y menores niveles de agotamiento. Es por ello, que el concepto de resiliencia ha recibido especial atención en el estudio del bienestar y felicidad de los profesores (Gu y Day, 2007; Gu, 2014).

Los antecedentes positivos pueden volverse negativos si se llevan demasiado lejos, este efecto se denomina "Too much of a good thing" (TMGT) (Pierce y Aguinis, 2013). Esto ocurre cuando una relación inicialmente positiva entre un antecedente y una variable de resultado deseable, como puede ser, un mayor desempeño, rendimiento, satisfacción laboral, bienestar o felicidad, se vuelve negativa cuando el antecedente originalmente beneficioso se lleva al exceso. Por tanto, el TMGT representa la curvilinealidad del antecedente positivo y ayuda a comprender, explicar y predecir en qué condiciones se crean los resultados deseables y cuando dejan de serlo. Pierce y Aguinis (2013) argumentan que todas las relaciones causales aparentemente positivas alcanzan un punto de inflexión en el cual dejan de ser positivas, lo que da como resultado un patrón de curvilinealidad que justifican según el "meta-theoretical principle". Adicionalmente, Busse et al. (2016) defienden que en el contexto de los estudios de variables o antecedentes que conducen a resultados deseables, la consideración de la curvilinealidad debe convertirse en la regla y no en la excepción (Luft y Shields, 2003; Pierce y Aguinis, 2013). Asimismo, Pierce y Aguinis (2013), destacan que no solo se debe explicar si una variable está relacionada con otra, sino los puntos precisos del continuo donde se relacionan de manera positiva o negativa, desarrollando siempre el TMGT. Además, sugieren que los niveles excesivamente altos de un determinado constructo pueden en realidad conformar un constructo diferente.

Aunque no existe investigación que relacione el exceso de resiliencia y la felicidad, sí que existen algunos estudios que vinculan el exceso de antecedentes positivos con un menor nivel de felicidad o bienestar personal. Algunos estudios sugieren que regular en exceso las cogniciones, las emociones y los comportamientos pueden tener un efecto negativo (Letzring et al., 2005; Tay y Diener, 2011; Wiese et al., 2018) en el bienestar o felicidad. Concretamente, algunas investigaciones han hallado que las personas con un autocontrol excesivo (Letzring et al., 2005; Wiese et al., 2018), altos niveles de escrupulosidad (Carter et al., 2016), excesivo control de la alimentación (Halse et al., 2007) tienen efectos negativos sobre el bienestar (Kitsantas et al., 2003). En esta misma línea, estar demasiado centrados en la consecución de metas y el excesivo autocontrol sobro el logro podría disminuir la felicidad personal (McGregor y Little, 1998). Asimismo, el estudio de Ho y Kuvaas (2020) muestran que la aplicación de determinadas prácticas de recursos humanos que son antecedentes de bienestar, satisfacción y felicidad (Takeuchi et al., 2009), implementadas a niveles extremadamente altos disminuyen e incluso se vuelven negativos, mostrando una relación curvilínea y disminuyendo los niveles de bienestar de los empleados.

Pierce y Aguinis (2013) ilustran cómo el efecto TMGT proporciona una explicación metateórica para una serie de resultados aparentemente desconcertantes en áreas clave del comportamiento organizacional. Además, según Chamorro-Premuzic y Lusk (2017) defiende que una resiliencia extrema puede conllevar efectos negativos, entre ellos, que los individuos persigan objetivos inalcanzables, pudiendo otorgar a dichos individuos un exceso de confianza y a un optimismo no realista. También puede generar que las personas sean demasiado tolerantes con la adversidad, lo que les puede conducir a soportar trabajos desmoralizantes, líderes inadecuados y entornos laborales excesivamente estresantes. Es decir, cuando la resiliencia se lleva demasiado lejos, puede provocar que los individuos persigan objetivos imposibles y se vuelvan innecesariamente tolerantes con circunstancias desagradables o contraproducentes.

Hipótesis 2: Un nivel demasiado alto de resiliencia perjudica la felicidad percibida en el trabajo por el/la profesor/a.

3. MATERIALES Y MÉTODOS

3.1. Materiales

Se diseña una encuesta, en la que, para la dimensión de Conflicto (en la encuesta tratada en positivo, es decir, valoración de una situación de paz social, o no conflicto en el colectivo de profesorado) se ha recurrido a la escala de Jehn (1995); para la Felicidad se usa la escala de Oxford (2002) y Fisher (2010); y para la Resiliencia la escala de Connor y Davidson (2003). El cuestionario (Tab. 1) se redacta en formato Google Form para facilitar el envío y la respuesta del profesorado. Para la valoración de cada uno de los ítems que componen las citadas dimensiones se solicita a la persona encuestada (profesor/a) que seleccione su opción de respuesta a cada cuestión, o ítem, a través de una escala de Likert. Para evitar la tendencia de las personas indecisas -o que no desean dar su opinión sobre una cuestión concreta- a marcar el nivel medio de la escala, se opta por cuatro optativas. Es decir, la escala se compone de cuatro valores, donde 1 es "Muy en Desacuerdo", 2 es "En desacuerdo", 3 es "De acuerdo", y 4 es "Muy de acuerdo". Esto es, se evita el término medio (3 en una escala de 5) que sería "Ni de acuerdo ni en desacuerdo".

Ítems Conflictividad
1. Entre los miembros de mi unidad de trabajo no existe fricción (conflicto manifestado)
2. Entre los miembros de mi unidad de trabajo no existe tensión (conflicto potencial)
3. Los conflictos de personalidad en mi unidad de trabajo no se hacen evidentes
4. Entre los miembros de mi unidad de trabajo no existen conflictos emocionales
5. En mi unidad de trabajo estamos de acuerdo sobre cuestiones relativas al trabajo que se realiza.
6. Es muy poco frecuente que existan conflictos de opinión en mi unidad de trabajo.
Ítems Felicidad
1. En mi trabajo me mantengo inspirado/a y trato de inspirar a otros también.
2. Me siento impulsado/a internamente a hacer grandes cosas en mi trabajo.
3. Cuando me pongo a hacer mi trabajo me olvido de todo lo demás.

4. Disfruto con lo que hago en el trabajo.
5. Sigo haciendo una tarea hasta que está perfectamente terminada.
6. Me siento muy cómodo/a a la hora de acercarme a mi jefe/jefa.
7. Mi organización proporciona toda la formación e información necesarias para completar el trabajo a tiempo
8. El proceso de toma de decisiones en mi centro es justo
9. Los principales líderes de mi centro tienen una visión y un enfoque claros.
10. Celebramos y nos alegramos mutuamente por el cumplimiento de los objetivos.
11. Mi centro dispone de directrices adecuadas para regular el comportamiento del equipo y el trabajo que requiere un esfuerzo colectivo.
12. Mi centro dispone de una interfaz adecuada que nos permita trabajar por una causa social.
13. Recibo suficiente reconocimiento por mis contribuciones.
14. No considero que la gente que está siempre cerca del/la jefe/a lo hagan para obtener beneficios personales.
15. Mi centro dispone de medidas suficientes como para sentirme seguro/a en la utilización de información en dispositivos digitales (ciberseguridad).
16. Mi centro dispone de medidas suficientes como para no temer la falta de privacidad de mis datos en el uso de dispositivos digitales.
17. Me siento seguro/a en mi centro en cuanto a que mi trabajo no podría ser automatizado o "robotizado".
Ítems Resiliencia
1. No me siento estresado/a en el trabajo.
2. No me desanimo fácilmente por los fracasos.
3. No me rindo, aunque parezca que ya no haya esperanza.
4. Normalmente consigo alcanzar mis metas.
5. Estoy orgulloso/a de mis logros.
6. Me gustan los desafíos.
7. Pienso en mí como una persona fuerte.
8. Trabajo para conseguir mis metas.
9. Tengo relaciones cercanas y estables con los demás.
10. Puedo manejar cualquier situación posible
11. Sé adaptarme a los cambios.

12. Mis éxitos pasados me dan fuerza para enfrentarme a nuevos retos.
13. Después de una dificultad suelo "volver a la carga".

Tabla 1. Ítems del cuestionario

3.2. Método

Los datos son depurados como paso previo al análisis estadístico. El análisis empírico se desarrolla en dos etapas: (1) calcular las dimensiones Conflicto, Resiliencia y Felicidad, para poder operar con ellas. A este fin, se lleva a cabo un estudio de fiabilidad y de reducción de los ítems mediante Análisis Factorial Exploratorio (AFE) y su posterior Análisis Factorial Confirmatorio (AFC); y (2) contraste de hipótesis: se aplica regresión lineal jerárquica. Las variables sociodemográficas de Sexo, Edad, Nivel educativo impartido, y Años de Experiencia se toman como variables de control. El tratamiento de los datos estadísticos se lleva a cabo con el software IBM SPSS 29.0.0.

4. RESULTADOS

La muestra, compuesta por 101 profesores de Educación Infantil, Primaria y Secundaria y Bachillerato, de entre 20 y 65 años de edad.

4.1. Primera fase: determinación de factores dimensionales

Utilizando Alfa de Cronbach, se ha procedido a no incluirlo los ítems cuya eliminación pueda aumentarlo. Ocurre con el ítem OLVIDO para la de Felicidad; y con el relativo al estrés para la de Resiliencia. Para el Anális Factorial Exploratorio se aplica el método Varimax (resultados en Tab. 2).

Un solo factor representa a las dimensiones Resiliencia y Conflicto. Felicidad en el Trabajo está representada por dos factores, compuestos por ítems que se refieren a la opinión del/a profesor/a sobre cuestiones de procedimientos y organizativas del centro en el primer factor, y por sus opiniones sobre sus propias capacidades personales, en el caso del segundo factor (Tabla 3). Por tanto, se diferencia entre dos tipos de Felicidad, la Felicidad Procesual y la Felicidad Personal, en línea con lo señalado por autores como Hosie et al. (2019), Bashir et al. (2019), y Singh y Aggarwal (2018), entre otros. El análisis se realiza con el componente Felicidad Personal. Dado lo reducido del tamaño de la muestra y el hecho de usar escala Likert, para conocer la bondad del ajuste de estos factores mediante el Análisis Factorial Confirmatorio se aplica el método de los Mínimos Cuadrados (Unweighted Least Squares, ULS), que confirma un buen ajuste de todos los factores (Tabachnick y Fidell, 2007).

Resiliencia		**Felicidad**			**Conflicto**	
	Factor		Factor	Factor		Factor
	1		1	2		1
ESPERANZA	0,518	INSPIRAR		0,863	CONFMANI	0,893
CONSIGOMETAS	0,808	IMPULSADO		0,804	CONFPOTEN	0,898
LOGROS	0,827	DISFRUTO		0,849	COFEVIDEN	0,804
DESAFIOS	0,754	SIGO		0,665	CONFEMOC	0,87
FORTALEZA	0,775	COMODO	0,515	0,585	CONFOPINI	0,805
TRABMETAS	0,864	FORINFORM	0,551	0,536		
RELCERCANAS	0,722	PROCDECJUST	0,764			
MANEJOSIT	0,741	VISIONCLARA	0,829	0,317		
ADAPTACIÓN	0,82	CELEBOBJET	0,65	0,458		
NUEVRETOS	0,888	DIRECTRICES	0,832			
VOLVCARGA	0,887	CAUSOCIAL	0,641	0,365		
		RECONOC	0,777	0,316		
		CERCAJEFAT	0,687	0,342		
		SEGURDIG	0,807			

		PRIVACDIG	0,709			
		NOAUTOMATIZ	0,55	0,431		
Alfa de Cronbach: 0,933. KMO: 0,928. P.esferic.Bartlett: <0,001. Autovalor: 6,839. Varianza acumul.: 62,2%.		Alfa de Cronbach: 0,947. KMO: 0,895. P.esferic.Bartlett: <0,001. Autovalor 1: 8,946. Autovalor 2: 1,45. Varianza acumul.: 65,0%.			Alfa de Cronbach: 0,908. KMO: 0,856. P.esferic.Bartlett: <0,001. Autovalor: 3,655. Varianza acumul.: 73,1%.	

Tabla 2: Parámetros del Análisis Factorial Exploratorio

4.2. *Segunda fase: análisis de los modelos*

Se mide la influencia de las variables de control, de la dimensión Resiliencia, y de la cuadrática de esta (Tabla 3).

Variable	**Modelo 1**		**Modelo 2**		**Modelo 3**	
	Correlac.	B (desv.)	Correlac.	B (desv.)	Correlac.	B (desv.)
Constante		(0.738)		(0.521)		(0.531)
Sexo	0.117	0.098 (0.255)		0.048 (0.180)		0.046 (0.177)
Edad	-0.013	0.053 (0.182)		0.099 (0.129)		0.070 (0.128)
Nivel educativo	-0.064	0.050 (0.092)		-0.114 (0.065)		-0.153 (0.066)
Antigüedad	-0.071	-0.109 (0.276)		-0.109 (0.194)		-0.110 (0.171)
Resiliencia			0.705***	0.710 (0.071)		0.576 (0.096)

Variable	Modelo 1		Modelo 2		Modelo 3	
	Correlac.	B (desv.)	Correlac.	B (desv.)	Correlac.	B (desv.)
Resiliencia^2					-0.553***	-0.203 (0.045)
R^2	-0.019		0.495		0.511	
Durbin-W.	1.569		1.957		2.019	
Overall F	0.708		98.681***		4.156*	

Tabla 3. Modelo regresión jerárquica: Resiliencia → Felicidad Personal.

Se comprueba que: (1) las variables sociodemográficas de control no son significativas; (2) la Resiliencia afecta significativa y positivamente a la Felicidad Personal con un coeficiente del 70,5%; (3) que cuando se introduce el término cuadrático de la Resiliencia, el signo del coeficiente cambia a negativo, afectándola significativamente en un -55,3%; (4) que a medida que se han introducido estas variables, no sólo ha ido mejorando R^2, sino el valor de F (test F o de Fisher) y el test o indicador de Durbin-Watson, reforzando progresivamente la relación. Con estas tres variables introducidas la varianza total del modelo representa más del 50% de la variación de la Felicidad Personal.

Variable	Modelo 1		Modelo 2		Modelo 3	
	Correlac.	B (desv.)	Correlac.	B (desv.)	Correlac.	B (desv.)
Constante		(0.738)		(0.710)		(0.767)
Sexo	0.117	0.098 (0.255)		0.090 (0.246)		0.089 (0.244)
Edad	-0.013	0.053 (0.182)		0.025 (0.176)		0.020 (0.175)
Nivel educativo	-0.064	0.050 (0.092)		-0.059 (0.089)		-0.078 (0.089)

Variable	Modelo 1		Modelo 2		Modelo 3	
	Correlac.	B (desv.)	Correlac.	B (desv.)	Correlac.	B (desv.)
Antigüedad	-0.071	-0.109 (0.276)		-0.078 (0.267)		-0.130 (0.277)
NoConflicto			0.292**	0.288 (0.098)		0.253 (0.100)
NoConflicto^2					-0.157*	-0.150 (0.118)
R^2	-0.019		0.056		0.066	
Durbin-W.	1.804		1.920		1.920	
Overall F	0.532		2.196		2.175*	

Tabla 4. Modelo regresión jerárquica: NoConflicto → Felicidad Personal.

Puede comprobarse que: (1) las variables sociodemográficas de control no son significativas; (2) que el NoConflicto afecta significativa y positivamente a la Felicidad Personal con un coeficiente del 29,2%; (3) que cuando se introduce el término cuadrático del NoConflicto, el signo del coeficiente cambia a negativo, afectándola significativa, y negativamente, en un -15,7%; (4) que a medida que se han introducido estas variables ha ido mejorando R^2; el valor de F se ha vuelto significativo, y el indicador de Durbin-Watson también ha crecido.

5. DISCUSIÓN Y CONCLUSIONES

Se observa que se cumplen ambas hipótesis, la relativa a un nivel de Conflicto demasiado escaso (H1) y la correspondiente a la Resiliencia demasiado elevada (H2).

En un principio, la Felicidad Personal presenta medias para las diferentes categorías de Resiliencia no similares, con un nivel de error inferior al 0,001% Parece seguir una relación directa, positiva y lineal. No obstante, en esta relación se produce un punto de inflexión. Se da un nivel de Resiliencia en el que la felicidad personal deja de crecer, como lo había hecho hasta entonces, y comienza a disminuir. Se cumple, por tanto, el efecto TMGT (Pierce y Aguinis, 2013). Esto es, la relación entre ambas Resiliencia y Felicidad Personal no sería una relación lineal y positiva, sino que tendría un perfil curvilíneo, en forma de U invertida. Se puede concluir que para el componente personal de la Felicidad en el Trabajo parece que la Resiliencia actúa de forma similar a aquellos antecedentes individuales de la Psicología Positiva que, llevados al extremo, pueden conducir a efectos adversos para la persona.

La bibliografía sobre esta relación es escasa, como se ha mencionado al principio de este artículo, por lo que existen un vacío importante para poder corroborar la razón de este hallazgo en la literatura. Un elevado nivel de Resiliencia podría dotar a la persona trabajadora de recursos, como la confianza en sí misma o el excesivo optimismo, por los que se plantee pelear para el logro de objetivos que, en realidad, son inalcanzables. Esto haría que esa persona se sintiera frustrada al comprobar que tales propósitos nunca llegan (Chamorro-Premuzic y Lusk, 2017). Se trataría de la denominada "tiranía del optimismo", un impulso social que obliga al individuo a mantener siempre un alto nivel de optimismo sin tener en cuenta su singularidad, su contexto y sus circunstancias (Von Bergen y Bandow, 2011). Sus efectos pueden resultar perjudiciales para el bienestar de quien lo sufre (Lomas e Ivtzan, 2016).

En cuanto al conflicto, el hallazgo coincide con las conclusiones de ciertos estudios (Foncubierta- Rodríguez et al., 2021; Humphrey et al., 2017; Puck y Pregernig, 2014): su relación con la felicidad no sería de tipo lineal negativa, sino una curvilínea, en forma de U invertida (Kreitner and Kinicki, 1997; Jehn, 1995).

De cara a trabajos futuros, sería necesario analizar si en otras muestras, otros colectivos, u otros momentos cronológicos, se cumplen las dos hipótesis expuestas. También si las reflexiones realizadas por las autoras en este trabajo se confirman como razones de la disminución de la felicidad personal del profesorado ante una Resiliencia demasiada elevada o un conflicto prácticamente inexistente.

El presente trabajo se ha desarrollado en el territorio español de la comarca del Campo de Gibraltar. Por tanto, sería conveniente también realizar estudios similares en otros territorios con características diferentes para determinar si se confirman los resultados, y, en caso contrario, analizar la influencia de las diferencias culturales (Joshanloo, 2014). A esta limitación, el presente trabajo suma el riesgo de sesgo provocado por ser una encuesta autocomplementada.

Pero pese a ellas, esta investigación tiene importantes implicaciones teóricas y prácticas:

1. A nivel teórico, este trabajo contribuye a cubrir parte de ese vacío crítico sobre el efecto TMGT y el efecto TLBT. También amplía la literatura sobre tres factores que se están convirtiendo en clave en la investigación actual sobre aptitudes y reacciones personales, recursos humanos y gestión de organizaciones: la resiliencia, el conflicto y la felicidad. Su importancia se ha visto incrementado con la declaración de la ONU sobre los Objetivos de Desarrollo Sostenible, ODS, especialmente en lo que respecta al ODS-8 "Trabajo Decente y Crecimiento Económico", y al ODS-3, "Buena Salud y Bienestar".
2. En cuanto a las implicaciones prácticas, nuestros hallazgos pueden resultar útiles para varios colectivos.
    - 2.1. Directores y gerentes de centros educativos: para aplicar políticas de personal y decidir cómo dirigirlo en pro de los objetivos de la organización, haciéndoles conocer mejor las interrelaciones entre las tres dimensiones estudiadas.

2.2. El profesorado; tendrá mayor conocimiento sobre cómo puede afectar el exceso de resiliencia y el defecto de conflictividad a su felicidad personal.

2.3. Investigadores/as: dada la escasez de literatura, este trabajo puede ser muy útil y estimular a nuestros colegas investigadores/as a trabajar en esta dirección.

2.4. Sociedad: puede verse beneficiada, ya que un profesorado satisfecho con su trabajo es más productivo y transmite y forma mejor a sus estudiantes (Kim y Lee, 2019; Ock, 2021; Segovia-Quesada et al., 2020).

6. REFERENCIAS BIBLIOGRÁFICAS

Baillien, E., Escartín, J., Gross, C., & Zapf, D. (2017). Towards a conceptual and empirical differentiation between workplace bullying and interpersonal conflicto. European Journal of Work and Organizational Psychology, 26(6), 870-881.

Bajaj, B., Khoury, B., & Sengupta, S. (2022). Resilience and Stress as Mediators in the Relationship of Mindfulness and Happiness. Frontiers in Psychology, 13(771263), 1-10.

Bakker, A. B., & Oerlemans, W. G. M. (2011). Subjective well-being in organizations. In K.Cameron & G. Spreitzer (Eds.), The Oxford handbook of positive organizational scholarship (pp. 178–189). New York, NY: Oxford University Press.

Bandura, R. P., & Lyons, P. R. (2014). The art and science of job satisfaction. Human Resource Management International Digest, 22(7), 32-35.

Barki, H., & Hartwick, J. (2001). Interpersonal Conflict and its management in information system development. MIS Quarterly, 25(2), 195-228.

Bashir, M., Saleem, A., & Ahmed, F. (2019). Akhuwat: Measuring Success for a Non-profit Organization. Asian Journal of Management Cases, 16(1), 100-112.

Beltman, S. (2015). Teacher professional resilience: Thriving not just surviving. Learning to teach in the secondary school, 20-38.

Beltman, S., Mansfield, C., & Price, A. (2011). Thriving not just surviving: A review of research on teacher resilience. Educational Research Review, 6(3), 185-207.

Blau, P. M., & Scott, W. R. (1962). Formal organizations: A comparative approach. San Francisco: Chandler.

Brunetti, G. J. (2006). Resilience under fire: Perspectives on the work of experienced, inner city high school teachers in the United States. Teaching and Teacher Education, 22(7), 812-825.

Burns, R. A., Anstey, K. J., & Windsor, T. D. (2011). Subjective well-being mediates the effects of resilience and mastery on depression and anxiety in a large community sample of young and middle-aged adults. Australian and New Zealand Journal of Psychiatry, 45(3), 240-248.

Busse, C., Mahlendorf, M. D., & Bode, C. (2016). The ABC for studying the too-much-of-a-good-thing effect: A competitive mediation framework linking antecedents, benefits, and costs. Organizational Research Methods, 19(1), 131-153.

Castiñeira, A. (2009). Les fonts del lideratge social. Barcelona. Editorial Mediterránea.

Castro, A. J., Kelly, J., & Shih, M. (2010). Resilience strategies for new teachers in high-needs areas. Teaching and Teacher Education, 26(3), 622-629.

Chamorro-Premuzic, T., & Lusk, D. (2017). The dark side of resilience. Harvard Business Review, 16.

Connor, K. M., & Davidson, J. R. (2003). Development of a new resilience scale: The Connor-Davidson resilience scale (CD-RISC). Depression and Anxiety, 18(2), 76-82.

Cuadra Martínez, D. J., Jorquera Gutiérrez, R. Á., & Pérez Cea, M. A. (2015). Las teorías subjetivas del profesor acerca de su salud laboral: implicancias en la promoción de la salud preventiva en el trabajo docente. Ciencia & Trabajo, 17(52), 1-6

De Church, L.A., Mesmer-Magnus, J.R., & Doty, D. (2013). Moving beyond relationship and task conflict: toward a process state perspective. Journal of Applied Psychology, 98(4), 559-578.

De Dreu, C.K.W., & Weingart, L.R. (2003). Task versus relationship conflict, team performance and team member satisfaction: a meta-analysis. Journal of Applied Psychology, 88(4), 741-749.

Diener, E. (1994). Assessing subjective well-being: Progress and opportunities. Social Indicators Research, 31, 103-157.

Diener, E. (2000). Subjective well-being: The science of happiness and a proposal for a national index. American Psychologist, 55(1), 34-43.

Diener, E., & Larsen, R. J. (1993). The experience of emotional well-being. In M. Lewis & J. M. Haviland (Eds.), Handbook of emotions. New York, NY: Guilford Press.

Diener, E., Oishi, S., & Lucas, R. E. (2003). Personality, culture, and subjective well-being: Emotional and cognitive evaluations of life. Annual Review of Psychology, 54(1), 403-425.

Dijkstra, M.T.M., Beersma, B. & Evers, A. (2011). Reducing conflict-related employee strain: the benefits of an internal locus of control and a problem-solving conflict management strategy. Work & Stress, 25(2), 167-184.

Duffy, M. K., Ganster, D. C., & Pagon, M. (2002). Social undermining in the workplace. The Academy of Management Journal, 45, 331-351.

Einarsen, S. (1999). The nature and causes of bullying at work. International Journal of Manpower, 20(1/2), 16-27.

Estaji, M., & Rahimi, A. (2014). Examining the ESP teachers' perception of Resilience. Procedia Social and Behavioral Sciences, 98, 453-457.

Etzioni, A. (1964). Modern organizations. Englewood Cliffs, NJ: Prentice Hall

Fisher, C. D. (2010). Happiness at Work. International Journal of Management Reviews, 12(4), 384-412.

Foncubierta-Rodríguez, M.J., Martín-Alcázar, F., & Perea-Vicente, J.L. (2021). Conflict and performance in research teams: how principal investigator can influence this relationship. R&D Management (online).

Fort, J. T., & Plaza, Y. M. (2015). Malestar en la escuela. Conflictos entre profesores. Educar, 51(1), 169-188.

Fox, S., Spector, P. E., & Miles, D. (2001). Counterproductive work behavior (CWB) in response to job stressors and organizational justice: Some mediator and moderator tests for autonomy and emotions. Journal of Vocational Behavior, 59(3), 291-309.

Fredrickson, B. L. (2004). The broaden and build theory of positive emotions. Philosophical transactions of the royal society of London. Series B: Biological Sciences, 359(1449), 1367-1377.

Frone, M. R. (2000). Interpersonal conflict at work and psychological outcomes: Testing a model among youngworkers. Journal of Occupational Health Psychology, 5(2), 246-255.

Fullwood, R., Rowley, J., & Delbridge, R. (2013). Knowledge sharing amongst academics in UK universities. Journal of Knowledge Management, 17(1), 123-136.

Gil-Monte, P. R. (2012). Riesgos psicosociales en el trabajo y salud ocupacional. Revista Peruana de Medicina Experimental y Salud pública, 29(2), 237-241.

González-Díaz, J., Ochoa-Dearco, E., & Cardona-Arbeláez, D. (2018). Modelo conceptual de Gerencia de la Felicidad. Orbis: Revista de Ciencias Humanas, 14(41), 17-32.

Gu, Q. (2014). The role of relational resilience in teachers' career-long commitment and effectiveness. Teachers and Teaching: Theory and Practice, 20(5), 502-529.

Gu, Q., & Day, C. (2007). Teachers resilience: A necessary condition for effectiveness. Teaching and Teacher Education, 23(8), 1302-1316.

Halse, C., Honey, A., & Boughtwood, D. (2007). The paradox of virtue: (Re)thinking deviance, anorexia, and schooling. Gender and Education, 19(2), 219-235.

Hays-Grudo, J., Morris, A. S., Beasley, L., Ciciolla, L., Shreffler, K., & Croff, J. (2021). Integrating and synthesizing adversity and resilience knowledge and action: The ICARE model. American Psychologist, 76(2), 203-215.

Ho, H., & Kuvaas, B. (2020). Human resource management systems, employee well-being, and firm performance from the mutual gains and critical perspectives: The well-being paradox. Human Resource Management, 59(3), 235-253.

Hosie, P., Sharma, P., & Kingshott. R. P. J. (2019). Happy-performing managers thesis Testing the mediating role of job-related affective outcomes on the impact of role stressors on contextual performance. International Journal of Manpower, 40(2), 356-372.

Humphrey, S.E., Aime, F., Cushenbery, L., Hill, A.D., & Fairchild, J. (2017). Team conflict dynamics: implications of a dyadic view of Conflict for team performance. Organizational Behavior and Human Decision Processes, 142, 58-70.

Ilies, R., Johnson, M. D., Judge, T. A., & Keeney, J. (2011). A within-individual study of interpersonal conflict as a work stressor: Dispositional and situational moderators. Journal of Organizational Behavior, 32(1), 44-64.

Jares, X. R. (1997). El lugar del conflicto en la organización. Revista Iberoamericana de Educación, 15, 53-73.

Jehn, K. A. (1995). A multimethod examination of the benefits and detriments of intragroup Conflict. Administrative Science Quarterly, 40(2), 256-282.

Joshanloo, M. (2014). Eastern Conceptualizations of Happiness: Fundamental Differences with Western Views. Journal of Happiness Studies, 15(2), 475-493.

Kapoulitsas, M., & Corcoran, T. (2015). Compassion fatigue and resilience: A qualitative analysis of social work practice. Qualitative Social Work, 14(1), 86-101.

Karasek, R. A. (1979). Job demands, job decision latitude, and mental strain: Implications for job redesign. Administrative Science Quarterly, 24, 285-308.

Keenan, A. & Newton, T.J. (1985). Stressful events, stressors and psychological strains in young professional engineers. Journal of Organizational Behavior, 6(2), 151-156.

Kim, E.-S., y Lee, M.-A. (2019). The Effects of Teacher's Sense of Efficacy on Happiness from Childcare Teacher: Interactional Medium Effect and Regulating Result of Job Stress between Teacher and Children. Journal of Convergence for Information Technology, 9 (9), 147–157.

Kitsantas, A., Gilligan, T. D., & Kamata, A. (2003). College women with eating disorders: Self-regulation, life satisfaction, and positive/negative affect. The Journal of Psychology, 137, 381-395.

Kreitner, R. and Kinicki, A. (1997). Comportamiento de las organizaciones. Madrid: McGraw-Hill.

Lanz, J. J., & Bruk-Lee, V. (2017). Resilience as a moderator of the indirect effects of conflict and workload on job outcomes among nurses. Journal of Advanced Nursing, 73(12), 2973-2986.

Lebares, C. C., Guvva, E. V., Ascher, N. L., O'Sullivan, P. S., Harris, H. W., & Epel, E. S. (2018). Burnout and stress among US surgery residents: psychological distress and resilience. Journal of the American College of Surgeons, 226(1), 80-90.

Leymann, H. (1996). The content and development of mobbing at work. European Journal of Work and Organizational Psychology, 5(2), 165-184.

Lim, J. S., & Yoon, M. S. (2014). Moderating effects of ego-resilience, social support on the relationship between secondary traumatic stress and job satisfaction among mental health social workers. Mental Health Social Work, 42(1), 31-60.

López-Núñez, M. I., Díaz-Morales, J. F., & Aparicio-García, M. E. (2021). Individual differences, personality, social, family and work variables on mental health during COVID-19 outbreak in Spain. Personality and Individual Differences, 172(110562), 1-6.

Losada-Otálora, M., Peña-García, N. & Sánchez, I.D. (2020). Interpersonal conflict at work and knowledge hiding in service organizations: the mediator role of employee well-being. International Journal of Quality and Service Sciences, 13(1), 63-90.

Lü, W., Wang, Z., Liu, Y., & Zhang, H. (2014). Resilience as a mediator between extraversion, neuroticism and happiness, PA and NA. Personality and Individual Differences, 63, 128-133.

Luthans, F. (2002). Positive organizational behavior: Developing and managing psychological strengths. Academy of Management Perspectives, 16(1), 57-72.

Luthans, F., Luthans, K.W., & Luthans, B.C. (2004). Positive psychological capital: Beyond human and social capital. Business Horizons, 47(1), 45-50.

Luthar, S. S., Cicchetti, D., & Becker, B. (2000). The construct of resilience: A critical evaluation and guidelines for future work. Child Development, 71(3), 543-562.

Lee, S.H. (2019). Effects of biophilic design on consumer responses in the lodging industry. International Journal of Hospitality Management, 83, 141-150.

Letzring, T.D., Block, J., & Funder, D.C. (2005). Ego-control and ego-resiliency: Generalization of self- report scales based on personality descriptions from acquaintances, clinicians, and the self. Journal of Research in Personality, 39(4), 395-422.

Lomas, T., and Ivtzan, I. (2016). Second Wave Positive Psychology: Exploring the Positive-Negative Dialectics of Wellbeing. Journal of Happiness Studies, 17(4), 1753-1768.

Luft, J., & Shields, M. D. (2003). Mapping management accounting: graphics and guidelines for theory-consistent empirical research. Accounting, Organizations and Society, 28(2-3), 169-249.

Maslach, C., Schaufeli, W. B., & Leiter, M. P. (2001). Job burnout. Annual Review of Psychology, 52(1), 397-422.

Masten, A. S., & Reed, M. G. J. (2002). Resilience in development. Handbook of Positive Psychology.

Mandleco, B. L., & Peery J. C. (2000). An organizational framework for conceptualizing resilience in children. Journal of Child and Adolescent Psychiatric Nursing, 13(3), 99-112.

McGregor, I., & Little, B. R. (1998). Personal projects, happiness, and meaning: On doing well and being yourself. Journal of Personality and Social Psychology, 74(4), 494-512.

Mei, S. T. L., Ni, A. O. Z., Sivaguru, S. A., & Cong, C. W. (2021). Social Support, Resilience, and Happiness in Response To COVID-19. Journal of Cognitive Sciences and Human Development, 7(1), 134-144.

Mikolajczak, M., Menil, C., & Luminet, O. (2007). Explaining the protective effect of trait emotional intelligence regarding occupational stress: Exploration of emotional labour processes. Journal of Research in Personality, 41(5), 1107-1117.

Moccia, S. (2016). Felicidad en el trabajo. Papeles del Psicólogo, 37(2), 143-151.

Nezlek, J. B., Wheeler, L., & Reis, H. T. (1983). Studies of social participation. New Directions for Methodology of Social and Behavioral Sciences, 15, 57-73.

Nituica, C., Bota, O. A., & Blebea, J. (2021). Specialty differences in resident resilience and burnout-A national survey. The American Journal of Surgery, 222(2), 319-328.

Ock, S.S. (2021). The Effects of the Happiness According to Childhood Teachers' Teaching Efficacy and Teacher Professionalism. The Journal of Humanities and Social Science, 12(6), 2589-2602.

Ong, A. D., Bergeman, C. S., & Boker, S. M. (2009). Resilience comes of age: Defining features in later adulthood. Journal of Personality, 77(6), 1777-1804.

Oswald, A. J., Proto, E., & Sgroi, D. (2015). Happiness and Productivity. Journal of Labor Economics, 33(4), 789-822.

Pendse, M., & Ruikar, S. (2013). The Relation between Happiness, Resilience and Quality of Work Life and Effectiveness of a Web-Based Intervention at Workplace. Journal of Psychosocial Research, 8(2), 189-197.

Penney, L. M., & Spector, P. E. (2005). Job stress, incivility, and counterproductive work behavior (CWB): The moderating role of negative affectivity. Journal of Organizational Behavior, 26(7), 777-796.

Pérez-Archundia, E., & Gutiérrez-Méndez, D. (2016). El conflicto en las instituciones escolares. Ra Ximhai, 12(3), 163-180.

Pierce, J. R., & Aguinis, H. (2013). The too-much-of-a-good-thing effect in Management. Journal of Management, 39(2), 313-338.

Pradhan, R. K., Jandu, K., Panda, M., Hati, L., & Mallick, M. (2021). In pursuit of Happiness at work: exploring the role of psychological capital and coping in managing COVID-19 stress among Indian employees. Journal of Asia Business Studies, Vol. ahead-of-print No. ahead-of-print.

Pretsch, J., Flunger, B., & Schmitt, M. (2012). Resilience predicts Well-being in teachers but not in non-teaching employees. Social Psychology of Education: An International Journal, 15(3), 321-336.

Puck, J., & Pregernig, U. (2014). The effect of task conflict and cooperation on performance of teams: Are the results similar for different task types? European Management Journal, 32(6), 870-878.

Rabenu, E., & Yaniv, E. (2017). Psychological resources and strategies to cope with stress at work. International Journal of Psychological Research, 10(2), 8-15.

Ratten, V. (2020). Coronavirus (Covid-19) and entrepreneurship: cultural, lifestyle and societal changes. Journal of Entrepreneurship in Emerging Economies, 13(4), 747-761.

Ravina-Ripoll, R., Marchena Domínguez, J., & Montañes Del Rio, M. Á. (2019). Happiness Management en la época de la Industria 4.0. RETOS. Revista de Ciencias de la Administración y Economía, 9(18), 189-202.

Rook, K. S. (2001). Emotional health and positive versus negative social exchanges: A daily diary analysis. Applied Developmental Science, 5(2), 86-97.

Rutter, M. (1987). Psychosocial Resilience and protective mechanisms. American Journal of Orthopsychiatry, 57(3), 316-331.

Samnani, A.-K., & Singh, P. (2012). 20 Years of workplace bullying research: a review of the antecedents and consequences of bullying in the workplace. Aggression and Violent Behavior, 17(6), 581-589.

Segovia-Quesada, S., Fuster-Guillen, D., Ocaña-Fernández, Y. (2020). Resilience of the teacher in the learning in rural schools in Peru. Revista Electrónica Educare, 24 (2), 1-26.

Sigal, J. J., & Weinfeld, M. (2001). Do children cope better than adults with potentially traumatic stress? A 40-year follow-up of Holocaust survivors. Psychiatry: Interpersonal & Biological Processes, 64(1), 69-80.

Simon, H. (1976). Administrative behavior (3rd ed.). New York: The Free Press.

Singh, S., & Aggarwal, Y. (2018). Happiness at work scale: Construction and psychometric validation of a measure using mixed method approach. Journal of Happiness Studies, 19(5), 1439-1463.

Sliter, M.T., Pui, S.Y., Sliter, K., & Jex, S.M. (2011). The differential effects of interpersonal conflict from customers and coworkers: trait anger as a moderator. Journal of Occupational Health Psychology, 16(4), 424-440.

Spector, P. E., & Jex, S. M. (1998). Development of four self-report measures of job stressors and strain: Interpersonal conflict at work scale, organizational constraints scale, quantitative workload inventory, and physical symptoms inventory. Journal of Occupational Health Psychology, 3(4), 356-367.

Strolin-Goltzman, J., Kollar, S., Shea, K., Walcott, C., & Ward, S. (2016). Building a landscape of resilience after workplace violence in public child welfare. Children and Youth Services Review, 71, 250-256.

Tabachnick, B. G., & Fidell, L. S. (2007). Experimental designs using ANOVA (Vol. 724). Belmont, CA: Thomson/Brooks/Cole.

Takeuchi, R., Chen, G., & Lepak, D. P. (2009). Through the Looking glass of a social system: Cross-level effects of high-performance work systems on employees' attitudes. Personnel Psychology, 62(1), 1-29.

Tay, L., & Diener, E. (2011). Needs and subjective well-being around the world. Journal of personality and social psychology, 101(2), 354-365.

Taylor, S. E. (1991). The asymmetrical impact of positive and negative events: The mobilization-minimization hypothesis. Psychological Bulletin, 110(1), 67-85.

Von Bergen, C.W., and Bandow, D. (2011). The tyranny of optimism. Proceedings of the Academy of Business Disciplines 13th Annual Conference, Ft. Myers Beach, Florida, November 10-12, p.12.

Watson, D. (2000). Mood and temperament. New York: Guilford Press.

Wiese, C. W., Tay, L., Duckworth, A. L., D'Mello, S., Kuykendall, L., Hofmann, W., ... & Vohs, K. D. (2018). Too much of a good thing? Exploring the inverted-U relationship between self-control and happiness. Journal of Personality, 86(3), 380-396.

El plan de seguridad y salud como herramienta frente a la exposición a agentes químicos en obra

EDUARDO SIMAL CARRETERO
Universidad Politécnica de Valencia
edsicar@doctor.upv.es

Resumen. El elevado peso específico que el sector de la construcción tiene sobre la economía española lleva asociada la aparición de un número importante de casos de daños para la salud de los trabajadores del sector, en forma de accidentes de trabajo y enfermedades profesionales, especialmente entre los trabajadores implicados directamente en la ejecución de la obra.

En el presente capítulo analizamos la incidencia de las enfermedades profesionales relacionadas con la presencia y utilización de sustancias químicas en el sector de la construcción español a partir de los informes anuales publicados por el Observatorio de las contingencias profesionales de la Seguridad Social en el periodo 2010-2021, demostrada su importante incidencia estudiaremos el tratamiento que recibe la exposición a sustancias químicas en la documentación preventiva de obra a partir de un considerable número de planes de seguridad y salud de obras de construcción ejecutadas en los últimos años por las principales empresas constructoras españolas.

Nuestro trabajo pone de manifiesto la elevada incidencia de las enfermedades profesionales derivadas de la exposición a agentes químicos en obra y cómo la efectividad de los planes de seguridad y salud de obra destinados a evitar o reducir los daños para la salud que pudieran derivarse de la exposición, se encuentra seriamente comprometida por la falta de criterios comunes en cuanto a contenido, estructura y metodología de evaluación, además de ser técnicamente mejorables.

Los resultados obtenidos invitan a la reflexión y proponen una mayor implicación de administraciones, patronales y responsables de seguridad y salud para la mejora de la gestión preventiva en obra de construcción a fin de reducir la incidencia de enfermedades profesionales, en especial las relacionadas con la exposición a agentes químicos entre los trabajadores del sector.

Palabras Clave: Plan de seguridad y salud; Enfermedades profesionales; Obra de construcción; Agentes químicos; Gestión preventiva.

1. INTRODUCCIÓN

Es más que sabido el elevado peso específico que el sector de la construcción tiene sobre la economía española, dicha contribución queda reflejada en los datos del Instituto Nacional de Estadística (INE) (Fig. 1). Como puede observarse en el gráfico, el Valor Añadido Bruto de este sector ha sufrido una gran volatilidad en los últimos años, alcanzando un valor máximo por encima del 12% en 2006, posteriormente acusó una fuerte contracción hasta el 5,6% de 2021, doblando, aun así, la aportación del sector de la Agricultura, ganadería, silvicultura y pesca (Instituto Nacional de Estadística, 2023).

En consonancia con su relevancia en términos de contribución al Producto Interior Bruto (PIB) español, es igualmente destacable la incidencia de los daños para la salud sufridos por los trabajadores del sector de la construcción español, aunque son los accidentes de trabajo los que causan una mayor alarma social como consecuencia de su gravedad y mejor conocimiento de las consecuencias a corto plazo, lo que se ha traducido en que la seguridad en obra, como disciplina preventiva destinada a prevenir estos accidentes de trabajo, haya adquirido mayor preponderancia que la prevención de otros daños para la salud de los trabajadores del sector como son las enfermedades profesionales (EEPP) ocasionadas por el trabajo en la obra.

En este capítulo nos marcamos el objetivo de ampliar el conocimiento de las EEPP de los trabajadores del sector de la construcción español, en particular acometemos el estudio de las consecuencias que para la salud de los trabajadores de obra tiene la exposición a agentes químicos y cómo dichos daños para la salud son contemplados en la documentación básica para gestión preventiva de obra, el Plan de Seguridad y Salud.

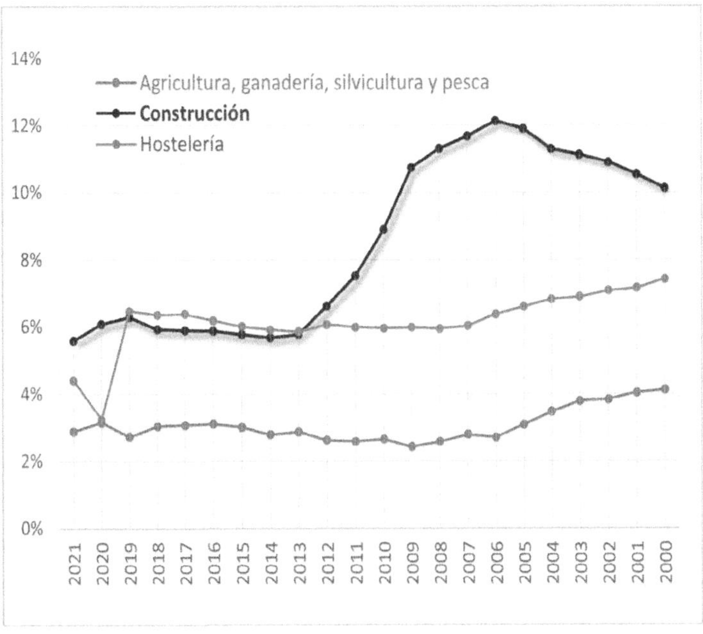

Fig. 1. Evolución del Valor Añadido Bruto para varios sectores productivos españoles.

2. MARCO CONCEPTUAL

El concepto Enfermedad Profesional se define en el Art. 157 del Real Decreto Legislativo 8/2015, de 30 de octubre, por el que se aprueba el texto refundido de la Ley General de la Seguridad Social como "la contraída a consecuencia del trabajo ejecutado por cuenta ajena en las actividades que se especifiquen en el cuadro que se apruebe por las disposiciones de aplicación y desarrollo de esta ley, y que esté provocada por la acción de los elementos o sustancias que en dicho cuadro se indiquen para cada enfermedad profesional". El cuadro al que hace referencia la definición anterior fue establecido por Real Decreto 1299/2006, de 10 de noviembre, por el que se aprueba el cuadro de enfermedades profesionales en el sistema de la Seguridad Social y se establecen criterios para su notificación y registro. A raíz de la implantación del cuadro de enfermedades profesionales nace el Observatorio de las enfermedades profesionales dando lugar a dos sistemas de comunicación:

1. Sistema de comunicación de enfermedades profesionales de la Seguridad Social (CEPROSS), el cual tiene por objeto poner a disposición de los interesados una serie coherente y ordenada de datos sobre patologías sufridas por los trabajadores que están incluidas en el cuadro de enfermedades profesionales.

2. Sistema de comunicación de patologías no traumáticas de la Seguridad Social (PANOTRATSS), el cual está diseñado para comunicar las enfermedades no incluidas en la lista de enfermedades profesionales establecido por el Real Decreto 1299/2006 que contraiga el trabajador con motivo de su trabajo, siempre que se pruebe que la enfermedad tuvo por causa la ejecución de este. También contempla las patologías, padecidas con anterioridad, que se agraven como consecuencia de la lesión constitutiva de un accidente de trabajo.

Con anterioridad, el Real Decreto 1627/1997, de 24 de octubre, por el que se establecen disposiciones mínimas de seguridad y de salud en las obras de construcción, erigió en su Guía de aplicación al Plan de Seguridad y Salud en el trabajo de las obras de construcción, en relación con los puestos de trabajo de la obra, como el instrumento básico de ordenación de las actividades, de identificación y, en su caso, evaluación de los riesgos y planificación de la actividad preventiva y donde quedarían reflejadas las medidas preventivas necesarias para controlar los riesgos existentes en la obra, podemos considerar por tanto al Plan de Seguridad y Salud de obra como la herramienta básica de la prevención de riesgos laborales en obra, de forma que su estudio nos permite alcanzar conclusiones sobre cuál es el tratamiento que recibe un determinado riesgo presente en obra, siendo en esta ocasión la exposición a agentes químicos en los trabajos de obra, el riesgo sobre el que centremos nuestro interés.

3. METODOLOGÍA

Se ha realizado el análisis de la evolución del número de partes de EEPP en el sector de la construcción español en el periodo comprendido entre los años 2010 y 2021, hemos utilizado para ello los informes anuales publicados por el Observatorio de las contingencias profesionales de la Seguridad Social, concretamente los informes de enfermedades profesionales (CEPROSS) y de enfermedades causadas o agravadas por el trabajo (PANOTRATASS).

Utilizando la información recogida en dichos informes hemos estudiado la evolución del número de partes de enfermedades profesionales causadas por el trabajo y hayan tenido como agente causante la exposición a agentes químicos. Específicamente, a fin de poner el foco sobre las enfermedades ocasionadas por el trabajo en obra, hemos utilizado los datos que en los informes anuales del Observatorio de las contingencias profesionales de la Seguridad Social correspondieran con un CNAE[9] perteneciente al sector de la construcción, a saber: CNAE 41: Construcción de edificios, CNAE 42: Ingeniería civil y CNAE 43: Actividades de construcción especializada.

Por otro lado, hemos recopilado un número considerable de planes de seguridad y salud (PSS) de obras de construc-

---

9 Código Nacional de Actividad Económica, se trata de un código numérico por el que se clasifican en España las actividades económicas.

ción ejecutadas por las principales empresas constructoras españolas en los últimos años. Estos planes han servido como instrumento para el estudio del tratamiento que recibe la exposición a agentes químicos en obra de construcción, en particular hemos estudiado de qué forma se identifican los riesgos relacionados con la exposición a sustancias químicas en cada etapa de la ejecución de la obra, la evaluación realizada de dichos riesgos y la propuesta de medidas preventivas destinadas a controlarlos, prestando especial atención a la tipología de las medidas preventivas propuestas.

4. RESULTADOS

4.1. Evolución de la incidencia de enfermedades profesionales en el sector de la construcción español entre 2010 y 2021.

Los informes anuales del Observatorio de enfermedades profesionales (CEPROSS) y de enfermedades causadas o agravadas por el trabajo (PANOTRATSS) publicados en el periodo comprendido entre los años 2010 y 2021 (Observatorio de enfermedades profesionales y de enfermedades causadas o agravadas por el trabajo, 2022), reflejan que el número de total de partes con baja comunicados correspondientes al sector de la construcción ascendió a 8.192 casos, lo que supone un 7,2% del total de partes comunicados con baja laboral para este mismo periodo.

Introduciendo un punto de vista de género, observamos que, del total de partes comunicados correspondientes al sector de la construcción, el 97,9% corresponde a hombres y el 2,1% restante corresponde a mujeres. La diferencia existente en el número de casos por razón de sexo se debe a la histórica desigualdad existente entre hombres y mujeres en la ocupación en este sector, ya que, tal como afirma Román, Infante y Traverso (2011), se trata de un sector que tradicionalmente ha estado fuertemente masculinizado y culturalmente relacionado con la fortaleza física y, según la educación/formación recibida hasta ahora en nuestra sociedad, relacionado con el hombre. Esta desigualdad en la ocupación por razón de sexo queda reflejada en los datos de participación en el sector, a saber, hasta 1990 el porcentaje de mujeres ocupadas en el sector no alcanzaba el 3%, con posterioridad se ha producido una incorporación paulatina de mujeres al sector hasta alcanzar un 9,6% en 2021 (Instituto Nacional de Estadística, 2023). La desigualdad existente en la ocupación podría dar a entender que mujeres y hombres compiten por los mismos puestos de trabajo y son desempeñados finalmente por hombres gracias a su mejor preparación, pero esto no se ajusta a la realidad, prácticamente las tres cuartas partes de los hombres que se dedican a la construcción no han superado los estudios de educación secundaria de segunda etapa y tan sólo un 10,6% ha obtenido una titulación de educación superior o doctorado, por el contrario más de las tres cuartas partes de la mujeres del sector cuentan con estudios de educación secundaria de segunda etapa, educación superior o doctorado (Perea, Onsalo y Cortés, 2011).

El análisis combinado de la tasa de ocupación femenina en el sector y la tasa de incidencia de EEPP encontradas en mujeres, revela que la exposición es, en términos relativos, mucho menor que la ocupación, por ejemplo en 2021 la tasa de ocupación ascendió como hemos visto al 9,6% mientras que tan solo el 1,5% de los partes de EEPP comunicados con baja correspondieron a mujeres, de esta diferencia podemos deducir que las mujeres ocupan en mayor proporción puestos de los denominados *de cuello blanco* alejados de los trabajos de obra donde se concentran la mayoría de los riesgos propios de este sector. A diferencia de lo que ocurre con la ocupación femenina, los datos de ocupación masculina en el sector efectivamente tienen una influencia clara en la evolución del número de casos de EEPP producidos (Fig. 2), en este caso la dependencia es evidente, cualquier aumento o descenso en los valores de ocupación va invariablemente acompañado de una variación en el mismo sentido en el número de casos de EEPP existiendo una correlación estadísticamente significativa entre ambas variables (Simal, 2022).

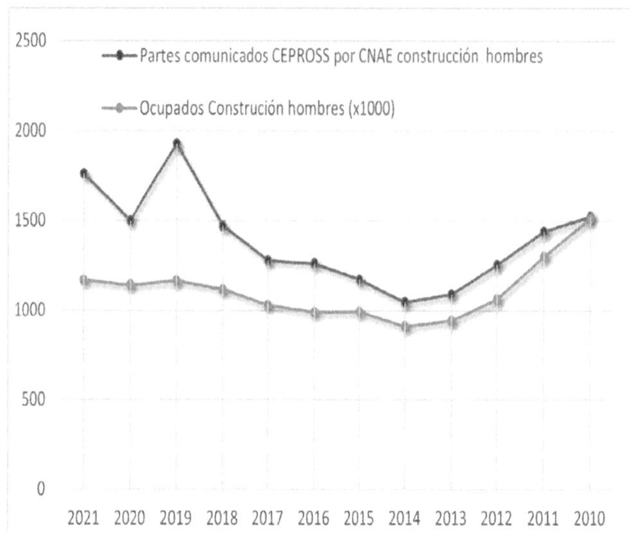

Fig. 2. Partes de EEPP comunicados y ocupación masculina 2010-2021

Un análisis en profundidad del origen de las EEPP ocurridas en el periodo en estudio en el sector de la construcción utilizando datos de número de partes comunicados totales para los códigos correspondientes al sector de la construcción según CNAE, revela, tal como se recoge en la Tabla 1 un total de 17.115 casos, de los que el CNAE 43: Actividades de construcción especializada, es el que acumula un número mayor de partes comunicados, incluyéndose en este CNAE trabajos de demolición, preparación de terrenos, perforaciones y sondeos, instalaciones eléctricas, fontanería, instalaciones de sistemas de calefacción y aire acondicionado, otras instalaciones en obras de construcción, revocamiento, instalación de carpintería, revestimiento de suelos y paredes, pintura y acristalamiento, otros acabados de edificios, construcción de cubiertas y otras.

Año	Construcción de edificios	Ingeniería Civil	Actividades de construcción especializada
2010	618	130	824
2011	537	101	832
2012	457	103	721
2013	400	99	619
2014	350	72	653
2015	384	59	750
2016	423	75	783
2017	450	61	796
2018	540	68	898
2019	708	87	1186
2020	556	63	914
2021	592	65	1141

Tabla 1. Número de partes de EEPP comunicados para CNAE construcción

Una vez recogido el número total de casos, analizamos a continuación la distribución de partes de EEPP relacionados con la exposición a sustancias o agentes tóxicos o cancerígenos, atendiendo a los códigos de enfermedad utilizados en los informes anuales del Observatorio de las contingencias profesionales de la Seguridad Social durante el periodo en estudio. Se enumeran seguidamente el número total de casos y su distribución para cada uno de los códigos de enfermedad:

1. Enfermedades profesionales causadas por agentes químicos. Han sido comunicados 452 casos con la siguiente distribución respecto al origen atribuido: metales 51,5%, epóxidos 21,2%, isocianatos 4,6%, alcoholes y fenoles 4,6%.

2. Enfermedades profesionales por inhalación de sustancias y agentes no comprendidas en otros apartados. Han sido comunicados 313 casos con la siguiente distribución respecto al origen atribuido: polvo de sílice libre 50,2%, sustancias de bajo peso molecular (metales y sus sales,

polvos de maderas, productos farmacéuticos, sustancias químico-plásticas, aditivos, etc.) 18,8%, sustancias de alto peso molecular (sustancias de origen vegetal, animal, microorganismos, y sustancias enzimáticas de origen vegetal, animal y/o de microorganismos) 3,1% y polvos de amianto (asbesto) 11,8%.

3. Enfermedades profesionales de la piel causadas por sustancias y agentes no comprendidos en alguno de los otros apartados. Han sido comunicados 433 casos con la siguiente distribución respecto al origen atribuido: sustancias de bajo peso molecular por debajo de los 1000 daltons (metales y sus sales, polvos de maderas, productos farmacéuticos, sustancias químico plásticas, aditivos, disolventes, conservantes, catalizadores, perfumes, adhesivos, acrilatos, resinas de bajo peso molecular, formaldehídos y derivados, etc.) 62,8%, agentes y sustancias de alto peso molecular, por encima de los 1000 daltons, (sustancias de origen vegetal, animal, microorganismos, y sustancias enzimáticas de origen vegetal, animal y/o de microorganismos) 33% y las sustancias fotosensibilizantes exógenas 3,5%.
4. Enfermedades profesionales causadas por agentes carcinógenos. Han sido comunicados 45 casos teniendo como principal agente causante el amianto que provocó el 71,1% de los casos.

4.2. Estudio del tratamiento de la exposición a agentes químicos en los Planes de Seguridad y Salud de obra de construcción.

A través del estudio de un número considerable de PSS de obra de construcción se han recopilado y analizado distintas formas de abordar la identificación de los riesgos presentes en obra, su evaluación y posterior propuesta de medidas preventivas o correctoras. Se han encontrado grandes diferencias entre empresas constructoras, cada empresa constructora utiliza una sistemática propia en cuanto a estructura del documento, identificación y evaluación de riesgos y propuesta de medidas preventivas, que repite invariablemente en todos sus PSS. El análisis nos ha permitido determinar que cada constructora elabora sus PSS a partir de formatos modelo o plantillas propios, siendo éstos lo suficientemente versátiles para adaptarse a las particularidades de las diferentes obras en las que participa, de forma que para la redacción del PSS el firmante va añadiendo o eliminando entidades o unidades de información que se corresponden con fases de obra, maquinaria, equipos móviles, herramientas, etc. sobre un documento básico, siendo cada entidad individual replicada de forma idéntica en las diferentes obras, independiente de sus características intrínsecas, es decir, se asume que durante una fase de obra, durante el uso de una máquina, medio auxiliar o herramienta el trabajador estará expuesto en cualquier ocasión a los mismo riegos.

Aparcando cuestiones relacionadas con la estructura y centrándonos en la identificación, evaluación y prevención de los riesgos propios de la obra, se enumeran a continuación lo que, en nuestra opinión, son defectos graves en cuanto a contenido encontrados en los PSS estudiados. El primero y más importante es la ausencia de identificación de los riesgos existentes por fase de obra o equipo de trabajo o maquinaria, en estos casos, el autor del PSS, únicamente describe los trabajos a realizar e incluye normas de procedimiento genéricas sin mencionar riesgos que se pretende evitar y causas que los generan; el segundo error identificado en orden de importancia consiste en el empleo de más de una sistemática para la identificación, evaluación y propuesta de medidas preventivas, esto es, para algunas entidades se identifican y evalúan los riesgos mientras que en otras solamente se identifican riesgos sin asignarles probabilidad y posibles consecuencias lo que genera confusión en el lector; como tercer error hemos detectado la presencia de incorrecciones en la terminología empleada para la definición de riesgos, no siendo ésta, en la mayoría de los PSS estudiados, coincidente con la propuesta por el Instituto Nacional de Seguridad y Salud en el Trabajo (INSST), órgano técnico de la Administración española referencia en materia preventiva; como cuarto error identificamos el uso incorrecto de referencias a normativa como a capítulos derogados de la Ordenanza General de Seguridad e Higiene en el Trabajo de 1971; el quinto consiste en errores de concepto en la evaluación de riesgos al mezclar riesgos, causas y consecuencias del riesgo; y como sexto y último error de consideración hemos detectado la falta de tratamiento de la posible presencia en obra de personal que por sus características personales o estado biológico conocido, incluidos aquellos que tuvieran reconocida la situación de discapacidad física, psíquica o sensorial, pudieran ser considerado especialmente sensible a los riesgos derivados del trabajo, tal y como se establece en el artículo 25.1 de la Ley 31/95 de prevención de riesgos laborales.

En cuanto a deficiencias relacionadas con la prevención de la exposición a agentes químicos en obra, queremos destacar, en primer lugar, la falta de uniformidad en la definición del riesgo, a saber, a diferencia de la terminología utilizada en la Enciclopedia de la OIT en su capítulo 93 dedicado a la construcción, donde se utiliza un único término: exposición a sustancias químicas (OIT, 2023) y de lo que ocurre en el R.D. 1627/97 por el que se establecen las disposiciones mínimas de seguridad y de salud en las obras de construcción, donde se utilizan los términos: agentes químicos, sustancias tóxicas o nocivas y sustancias peligrosas, en los PSS estudiados hemos encontrado que la exposición a agentes químicos puede ser denominada de 58 formas distintas, siendo los utilizados con mayor frecuencia los recogidos en la Tabla 2. En cuanto a la identificación del riesgo químico nos hemos encontrado con errores de gravedad como la falta de identificación de los riesgos relacionados con la exposición a agentes químicos en fases o equipos en los este riesgo es evidente como por ejemplo durante el movimiento de tierras, durante trabajos de aislamiento e impermeabilización, en trabajos de carpintería, encofrados, acristalamientos, fontanería, etc., hemos encontrado también aspectos a mejorar como incorrecciones en la identificación del riesgo, ausencia o falta de concreción en la propuesta de medidas preventivas y equipos de protección individual (EPI) y, por último, falta de previsión de posibles situaciones de emergencia relacionadas con la presencia y utilización en obra de sustancias químicas peligrosas.

Término empleado para la identificación del riesgo químico	Frecuencia
Exposición a polvo	914
Contacto con sustancias causticas, corrosivas o irritantes	1141
Dermatitis por cementos	721
Exposición a sustancias nocivas o tóxicas	619
Inhalación, ingestión y contactos consustancias peligrosas	653
Los derivados de la emanación de gases tóxicos del motor	750
Los derivados de la inhalación de vapores, humos y gases metálicos	783
Exposición a contaminantes químicos	796
Intoxicación	898
Intoxicación por respirar vapores	1186

Tabla 2. Términos empleados para la identificación de la exposición a agentes o sustancias químicas.

A fin de llevar a cabo un análisis estructurado de la información obtenida de los PSS recopilados en cuanto a la identificación de los riesgos relacionados con la exposición a agentes químicos en obra, su evaluación y posterior propuesta de medidas preventivas, hemos agrupado las fases de obra en lo que hemos denominado como Etapas Básicas de Ejecución de la Obra (EBEO) y que enumeramos a continuación:

1. Preparación del terreno: Abarca trabajos de vallado perimetral, sondeos, desmontaje y demolición, replanteo, movimiento de tierras, consolidación y asentamiento del terreno.

2. Cimentación, estructura y encofrado: Abarca trabajos de cimentación, encofrados, ferrallado, hormigonado, ejecución de estructuras metálicas, colocación de escolleras y muros de contención, y chorreado de estructuras.
3. Cerramientos, revestimientos e interiores: Abarca trabajos de cerramientos exteriores, divisiones interiores, cubiertas, albañilería, revestimientos, trasdosados, falsos techos, trabajos con placas de yeso laminado, pintura, aislamientos e impermeabilizaciones, carpintería metálica y cerrajería, carpintería de madera, solados y alicatados, enfoscados, enlucidos y proyectados, montaje de vidrios, fontanería y saneamientos.
4. Ejecución de instalaciones: Abarca instalaciones en general, redes de saneamiento, abastecimiento y pluviales e instalación de ascensores.
5. Acabados: Abarca trabajos de jardinería e integración ambiental, limpieza y terminación de obra, reposición de servicios y acabados en general.
6. Urbanización: Abarca trabajos de urbanización interior y exterior, ejecución de cunetas, firmes y pavimentos, drenajes, señalización horizontal y vertical, pintura de carreteras, montaje de paneles acústicos y captafaros.

Una vez estructurada la información se ha observado que el riesgo identificado mayor número de veces es el riesgo de exposición a polvo (n=131), seguido de la exposición a sustancias causticas, corrosivas o irritantes (n=124) y exposición a cemento (n=80), éste último podría ser contemplado en el grupo anterior pero prácticamente siempre se estudia por separado.

El análisis por separado de cada una de las EBEO definidas refleja que durante la Preparación del terreno el riesgo identificado con mayor frecuencia es el de la exposición a polvo (n=47), en la etapa de Cimentación, estructura y encofrado se identifica principalmente el contacto con cemento (n=35) y con sustancias causticas y corrosivas (n=20), en la etapa de Cerramientos, revestimientos e interiores se identifica igualmente con mayor frecuencia el contacto con sustancias causticas y corrosivas (n=52), además de la exposición a polvo (n=40) y la exposición a contaminantes químicos en general (n=27), en la etapa de Ejecución de instalaciones se identifica en mayor número la exposición a sustancias nocivas o tóxicas (n=15), a polvo (n=14) y a vapores y humos metálicos (n=9), en la etapa de Acabados se identifica con mayor frecuencia la exposición a polvo (n=9) y la exposición a sustancias nocivas o tóxicas (n=7), y, por último, en la etapa de Urbanización el riesgo identificado con mayor frecuencia es la exposición a sustancias causticas (n=19), exposición a sustancias corrosivas o irritantes (n=12), a sustancias nocivas o tóxicas (n=11) y a polvo (n=10).

En resumen, para las EBEO en las que hemos estructurado la ejecución de la obra de construcción los riesgos relacionados con la exposición a agentes químicos presentes que aparecen de forma recurrente en todas las etapas son los relacionados con la exposición a polvo, el contacto con sustancias causticas, corrosivas o irritantes, la exposición a cemento, la exposición a sustancias nocivas o tóxicas y la exposición a contaminantes químicos.

Una vez identificados los riesgos se procede al análisis de las medidas preventivas y EPI propuestos para su control. Así, en los PSS analizados hemos encontrado que las medidas preventivas propuestas con mayor frecuencia son las medidas de tipo técnico (n=123), es decir, medidas que requieren de la implicación directa de la contrata ejecutante en cuanto a la dotación en obra de medios materiales para la eliminación o reducción de los riesgos relacionados con la aplicación de sustancias peligrosas o la exposición a contaminantes químicos generados durante la tarea, las medidas técnicas son seguidas en frecuencia por el uso de EPI (n=106), normas en el uso para las sustancias empleadas en la tarea o indicaciones para que el trabajador use los productos de acuerdo a las instrucciones recogidas en las Fichas de Seguridad Química (FDS) (n=100) y medidas de tipo operativo (n=100), tratándose éstas últimas de normas o instrucciones sobre la forma de realizar la tarea, como por ejemplo trabajar con ventilación natural o situarse a sotavento durante la aplicación de una sustancia o cuando se genere un contaminante.

Del análisis de las medidas preventivas propuestas para cada una de las EBEO propuestas se desprende que en la etapa de Preparación del terreno se proponen fundamentalmente medidas técnicas (n=39) en este caso consistentes, en su mayoría, en el regado de tajos, viales y cargas, el EPI propuesto con mayor frecuencia en esta etapa está igualmente relacionado con la exposición a polvo siendo la mascarilla contra partículas (n=22); en la etapa de Cimentación, estructura y encofrados se propone fundamentalmente el uso de protección individual (n=18), en particular guantes de protección frente a agresivos químicos (n=25), y la aplicación de medidas técnicas (n=14), consistentes, al igual que en la etapa anterior, en el regado de tajos, viales y cargas, esto último resulta llamativo dado que la exposición a polvo no es uno de los riesgos identificados con mayor frecuencia; en la etapa de Cerramientos, revestimientos e interiores encontramos una mayor variabilidad en las medidas propuestas debido a la diversidad de trabajos englobados en la misma, destacan, por este orden, normas de uso para los productos químicos propios de los trabajos (n=41) y medidas operativas (n=39), en esta etapa también se proponen con gran frecuencia el uso de EPI (n=37), principalmente mascarillas contra partículas (n=54) y guantes de seguridad frente a agresivos químicos (n=42); en la etapa de Ejecución de instalaciones, las medidas preventivas se dirigen principalmente al uso de EPI (n=16), principalmente guantes de seguridad frente a agresivos químicos (n=26) y normas de uso de las sustancias empleadas conforme a lo establecido en sus FDS (n=14); en la etapa de Acabados las medidas preventivas se dirigen principalmente a la utilización de las sustancias propias de esta etapa de acuerdo a las instrucciones del fabricante (n=11) y al uso de

EPI (n=9), en concreto, guantes de seguridad frente a agresivos químicos (n=9) y mascarillas contra partículas (n=7); en la etapa de Urbanización las medidas preventivas propuestas frente a los agentes químicos propios de esta fase son, en su mayoría, medidas técnicas (n=25), igual que en el caso de etapas anteriores dirigidas a evitar la generación de polvo (trabajos por vía húmeda y el regado de tajos, viales y cargas) y normas de uso de las sustancias empleadas conforme a lo establecido en sus FDS (n=19), los EPI propuestos con mayor frecuencia en esta última etapa son los guantes de seguridad frente a químicos (n=15) y las mascarillas contra partículas (n=14).

Llegados a este punto conviene llamar la atención sobre el hecho de que en los PSS analizados en rara ocasión se especifica la eficacia necesaria o tipología de las mascarillas, recordemos que podemos encontrar en el mercado filtros de baja, media o alta eficacia así como filtros específicos para un determinado agente químico, del mismo modo cuando se habla de forma genérica en los PSS de guantes contra agresivos mecánicos no se especifica en ningún caso la composición de los guantes (látex, butilo, nitrilo, etc.), lo que sin duda puede generar una falsa sensación de seguridad en el trabajador agravando en algunos casos las consecuencias de la exposición.

3. CONCLUSIONES

Los informes anuales publicados por el Observatorio de las contingencias profesionales de la Seguridad Social en el periodo 2010-2021 ponen de relieve la importante incidencia de las EEPP entre los trabajadores del sector de la construcción español. En consonancia con la importancia del sector, en términos de actividad económica, el número de partes con baja comunicados para el sector de la construcción durante el mismo periodo supera el 7% del total, de los cuales, el 98% corresponde a hombres, lo que pone, sin lugar a dudas, de manifiesto la mayor exposición de los varones a los riesgos del sector relacionados con la aparición de EEPP. Entre las actividades asociadas a este sector son las correspondientes a Actividades de construcción especializada las que acumulan un mayor número de partes comunicados, cerca del 60%. De igual forma, los datos relacionados con la exposición a sustancias nocivas o tóxicas ha revelado que los principales agentes causantes son los metales, los epóxidos, el polvo de sílice libre y las sustancias de bajo peso molecular por debajo de los 1000 daltons (metales y sus sales, polvos de maderas, productos farmacéuticos, sustancias químico plásticas, aditivos, disolventes, conservantes, catalizadores, perfumes, adhesivos, acrilatos, resinas de bajo peso molecular, formaldehídos y derivados, etc.)

Una vez conocida la importante incidencia de EEPP y cuáles son los principales agentes causantes, se ha recurrido al estudio de la documentación de obra, concretamente se ha estudiado el contenido de los PSS como herramienta básica de la gestión preventiva y control de riesgos laborales existentes en obra, a fin de determinar de qué forma las empresas contratistas proponen hacer frente a la exposición a contaminantes químicos en obra, de esta forma se ha podido determinar qué sustancias son identificadas y qué medidas preventivas son propuestas con mayor frecuencia por las empresas contratistas.

En cuanto a las sustancias causantes de riesgo químico, son las sustancias causticas, corrosivas o irritantes (identificadas en conjunto), el polvo y las sustancias nocivas o tóxicas las identificadas con mayor frecuencia en los PSS. Frente a la exposición a las sustancias anteriores, las medidas preventivas mayoritariamente propuestas son medidas de tipo técnico destinadas a evitar la generación de polvo, medidas operativas relacionadas con la correcta ventilación y normas de uso de los productos empleados conforme a sus FDS,

El estudio en profundidad de la identificación y evaluación de riesgo realizada, así como la propuesta de medidas preventivas, pone seriamente en entredicho la correcta protección de los trabajadores frente al riesgo químico, dado que hemos encontrado errores graves de identificación, de evaluación y en la propuesta de medidas preventivas.

La final alcanzada es que la información estadística recopilada y el estudio del contenido de los PSS hacen recomendable una reflexión por parte de las administraciones con responsabilidad en la materia, de las empresas constructoras, de los técnicos de seguridad y salud como redactores de los PSS y de las empresas promotoras como validadoras de dichos planes a través de su Coordinador de Seguridad y Salud en fase de ejecución, con objeto de mejorar el contenido de los PSS, sería recomendable establecer una estructura y contenido para el documento así como metodologías comunes de identificación de los riesgos en general y de los agentes químicos en particular que propicien una evaluación más eficaz y la propuesta de medidas preventivas concretas, específicas y adecuadas al riesgo a proteger.

5. REFERENCIAS

Observatorio de enfermedades profesionales y de enfermedades causadas o agravadas por el trabajo (2022). *Informes Anuales 2010-2021. Ministerio de la Presidencia, Relaciones con las Cortes y Memoria Democrática.* Recuperado de https://cpage.mpr.gob.es/producto/observatorio-de-enfermedades-profesionales-cepross-y-las-enfermedades-causadas-o-agravadas-por-el-trabajo-panotrass-informe-anual-2/

Instituto Nacional de Estadística (2023). *Encuesta de población activa. Ocupados por sexo y rama de actividad. Valores absolutos y porcentajes respecto del total de cada sexo.* Recuperado de https://www.ine.es/

Instituto Nacional de Estadística (2023). *Contabilidad nacional anual de España: agregados por rama de actividad. Resultados. Valor Añadido Bruto.* Recuperado de https://www.ine.es/

Organización Internacional del Trabajo. *Enciclopedia de Salud y Seguridad en el Trabajo. Capítulo 93 Construcción.* Recuperado a 06/10/23 de https://www.insst.es/tomo-iii

Perea, M. I., Onsalo, M. R., y Cortés, J. T. (2011). *La educación universitaria: Un factor de empleabilidad y estabilidad laboral de la mujer en el sector de la construcción.* Revista iberoamericana de educación, 56(4), 2.

Román, M. L., Infante, M. M., y Traverso, J. (2011). *La educación universitaria: un factor de empleabilidad y estabilidad laboral de la mujer en el sector de la construcción.* Revista Iberoamericana de Educación, 56 (4), 1-11.

Simal, E. (2022). Efectos de la normativa en materia preventiva sobre los daños para la salud de los trabajadores «El caso del sector de la construcción español». Gestión de la seguridad y la salud en el trabajo, 4(2(5)), 10-14.

Eduardo Simal Carretero. Es licenciado en ciencias químicas por la Universidad de Alcalá de Henares y máster en prevención de riesgos laborales por la Universidad Francisco de Vitoria. En el ámbito profesional trabaja desde hace más de veinte años como técnico superior en prevención de riesgos laborales con amplia experiencia en la gestión de la prevención de riesgos laborales en obra de construcción, ha simultaneado su faceta profesional con la formación de profesionales en seguridad y salud de nivel superior desde el año 2006.

Entre sus publicaciones podemos distinguir las siguientes:

- III Congreso Iberoamericano GSST (2021). Análisis de la incidencia de accidentes de trabajo y enfermedades profesionales en el sector de la construcción. El caso español;
- IV Congreso Iberoamericano GSST (2022). Impactos y desafíos para la generación de una cultura de Seguridad y Salud laboral;
- Work: A Journal of Prevention, Assessment & Rehabilitation (2023). Exposure to chemical agents in the Spanish construction sector: A risk assumed and accepted by workers.

El papel de la gestión de los recursos humanos en los ODS: análisis de sus efectos en el bienestar y el crecimiento económico

WALLA JARRAR
Universidad de Cádiz. Doctoranda
jarrarwala8@gmail.com

JESÚS BARRENA-MARTÍNEZ
Universidad de Cádiz
jesus.barrena@uca.es

MARÍA-JOSÉ FONCUBIERTA-RODRÍGUEZ
Universidad de Cádiz
mariajose.foncubierta@uca.es

Resumen. Actualmente, la capacidad de la organización para lograr el desarrollo sostenible es obligatoria para competir en el mercado global, así como para preservar el impacto de las empresas en nuestro planeta. Para ello, es necesario mantener una plantilla competente y motivada, a través de actuaciones de Gestión de Recursos Humanos (GRH).

Este trabajo persigue como objetivo el elaborar un modelo en el que: 1) se refleje cómo las actuaciones de desarrollo sostenible en la organización contribuyen en los Objetivos de Desarrollo Sostenible (ODS) de la Agenda 2030; especialmente en los objetivos; ODS 3 y ODS-8; 2) se ponga de manifiesto la importancia de la influencia del capital emocional (CE) en la sostenibilidad; 3) se conozca la influencia de los cambios en la organización en la sostenibilidad de la organización (Social, Económica y Medioambiental); y 4) se refleje el papel del capital humano en la organización y de las emociones como factores mediadores entre la estrategia de GRH y la Sostenibilidad Organizacional.

Se realiza un trabajo teórico para definir el modelo de investigación.

Palabras Clave: Políticas y prácticas de gestión de recursos humanos; Desarrollo sostenible; Emociones; Estrategia de gestión de recursos humanos.

1. INTRODUCCIÓN: EL MODELO

El modelo que exponen los investigadores pretende responder a varias cuestiones (Figura 1). En primer lugar, cuál es el papel de las políticas y prácticas de GRH en los factores internos y externos de la organización. En segundo lugar, se plantea cómo pueden influir las emociones en la estrategia de gestión de recursos humanos. En tercer lugar, se cuestiona de qué forma pueden influir los cambios en los factores internos y externos de la organización en las decisiones estratégicas sostenibles. Por último, se nuestra pregunta por la influencia de las emociones en el cambio hacia la sostenibilidad.

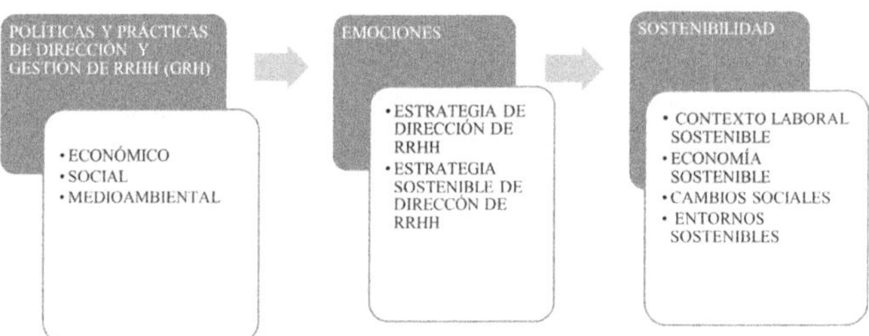

Fig. 1. Modelo: las emociones como mediadoras entre GRH y Sostenibilidad. Elaboración propia.

El modelo explica cómo las prácticas y políticas de GRH influyen en los Objetivos de Desarrollo Sostenible considerando las emociones como un mediador entre ellos. Ello implica que la GRH ha de considerar las tareas de RRHH, directivas y operativas, los Objetivos de Desarrollo Sostenible ODS como parte de la estrategia (Barnes, 1996).

El papel del departamento directivo en las empresas ayuda a la alta dirección a establecer una cultura empresarial continua y una buena comunicación vertical (Janson y Gunderson, 1994). Parte de las funciones de los directivos y supervisores consisten en seguir formando y capacitando a los empleados para que adquieran competencias continuas que les permitan adaptarse a los cambios de la organización (económicos, sociales y medioambientales) (Daily y Huang (2001). En este proceso se debe tener en cuenta la capacidad de aprendizaje y habilidades de los empleados, en pro del cumplimiento de la estrategia sostenible a través del trabajo que estos desarrollen (nivel operativo).

Por otra parte, las Naciones Unidas (Departamento de Información Pública de las Naciones Unidas, 2017) identificó la influencia de la Estrategia de Dirección de los Recursos Humanos (EDRH) de las organizaciones en el logro de algunos ODS específicos: ODS-3 (Salud y Bienestar), ODS-5 (Igualdad de género), ODS-8 (Trabajo decente y Crecimiento económico), ODS-10 (Reducción de la desigualdad), ODS-12 (Consumo y producción responsable), y ODS-17 (Implantación y revitalización de la alianza mundial para el cumplimiento de los ODS).

Además, las necesidades de evaluar e integrar los ODS en la estrategia organizativa consideran la conexión entre la estrategia de RRHH y los ODS como una manifestación de la actitud y responsabilidad humana para alcanzar estos objetivos (Aguinis y Glavas, 2012; Jackson et al., 2011; Pfeffer, 2010). En este proceso, Jackson et al. (2011,102) identifican cuestiones relevantes en el ámbito de la GRH: actitudes y comportamientos de los empleados en el lugar de trabajo relacionados con las preocupaciones medioambientales; estrategias y normativas de GRH que apoyan la sostenibilidad; y diferencias o similitudes en las prácticas de GRH verdes aplicadas en diversos países.

En la misma línea, la Agenda 2030 para el desarrollo sostenible (ONU) explica los tres factores generales que deben tenerse en cuenta en el desarrollo: el desarrollo económico, el desarrollo social y los cambios ambientales.

Con base en ello, el presente trabajo se centra en dos ODS concretos, el tercero y el octavo de la definición de la Agenda 2030: ODS-3 «Garantizar una vida sana y promover el bienestar para todos en todas las edades», una sociedad sana es una fuerza de trabajo sana; y el ODS-8 «Promover el crecimiento económico sostenible, inclusivo y sostenible, el empleo pleno y productivo y el trabajo decente para todos».

Por otra parte, el Departamento de Recursos Humanos de la organización debe tener en cuenta la importancia de estos objetivos, ya que entre los roles de la gestión de recursos humanos se encuentran la protección de la seguridad, la salud y la satisfacción de los empleados. De esto también ha de ocuparse la estrategia de la organización. Esto significa que la estrategia sostenible de la GRH puede contribuir a los cambios económicos, sociales y medioambientales a través de estas atenciones y sensaciones de los empleados. Los empleados aumentarán su rendimiento para la empresa mediante un *esfuerzo sostenible,* ambas partes ganan.

2. MARCO TEÓRICO

El interés por la gestión sostenible de los recursos humanos está aumentando entre académicos y profesionales en las últimas décadas (Ehnert, 2009, 2012; Kramar, 2014). En este sentido, la Agenda 2030 entiende el desarrollo sostenible en tres dimensiones: económica, social y ambiental. La definición común de sostenibilidad «satisfacer las necesidades de la generación presente sin comprometer la capacidad de la generación futura para satisfacer sus propias necesidades» ha sido publicada por la Comisión Mundial de las Naciones Unidas sobre el Medio Ambiente y el Desarrollo (Documentos de las Naciones Unidas, 1987, 41). La definición menciona la importancia del interés en la estrategia de la organización y sus metas futuras sus objetivos y la capacidad para alcanzar esos objetivos.

El interés importante de la Agenda es establecer una innovación sostenible y mejorar la calidad de vida y el bienestar individual de las personas y grupos, incluido el colectivo de los empleados. La sostenibilidad es definida por Ehnert et al. (2015, 90) como «la capacidad de la estrategia y la práctica de Recursos Humanos para obtener los objetivos internos y externos de la organización a largo plazo (social, económico y financiero)». Los autores señalan la influencia de la GRH en logro de dicha sostenibilidad.

Jabbour y Santos (2008, 2134) consideran que la GRH es necesaria para la sostenibilidad de la organización: «La GRH se considera la base potencial para el avance de la sostenibilidad en la organización; tanto la GRH como la sostenibilidad necesitan una planificación a largo plazo y determinación para inducir resultados económicos; promover el rendimiento sostenible es el nuevo paradigma de la GRH; y mejorar la eficacia de las prácticas de GRH satisfaciendo las necesidades de varios accionistas».

Ambas definiciones explican la correlación entre la GRH y los ODS en lo que respecta, en primer lugar, a la comprensión de los factores internos y externos de la organización; en segundo lugar, a los tres retos a los que se enfrenta la organización (cambios económicos, cambios medioambientales y cambios sociales) y; en tercer lugar, a los objetivos a largo plazo y la capacidad para alcanzarlos.

De este modo, las empresas han pasado de desempeñar únicamente un papel económico a desempeñar un papel complementario de carácter social y medioambiental, centrado en lograr una mejora de la calidad de vida y del bienestar de las personas y los grupos implicados en sus operaciones, a pesar de los cambios en el entorno y la economía (Scherer et al. 2013). La gestión sostenible de los recursos humanos contribuye a las capacidades de la empresa para adaptarse a este nuevo entorno, mejorando el rendimiento de los empleados y su vida laboral (Ehnert et al. 2016). En este contexto, la GRH tiene un papel como predictora sobre estos cambios.

El modelo expuesto explica la importancia del papel de la GRH y la influencia de las tareas de RRHH para gestionar la reducción de costes y el aumento de los beneficios. En este proceso, la mayoría de las organizaciones ponen en el centro de la estrategia la importancia de la sostenibilidad, tratando de garantizar un futuro común para la sociedad, al asumir responsabilidades no sólo económicas sino también sociales y ambientales, en la búsqueda del desarrollo de un comportamiento responsable y sostenible.

La estrategia empresarial ha de considerar los tres retos (económico, social y ambiental), para la consecución de la denominada *Triple Bottom Line* concepto introducido y desarrollado por John Elkington en su obra *The Triple Bottom Line: Does it All Add Up*, publicada por primera vez en 1994. Ello supone que la cuenta de resultados de la empresa, tradicionalmente de exclusivo carácter económico-financiero, se componga de tres cuentas (o tres líneas) de resultados, para reportar simultáneamente beneficios financieros, sociales y para el medio ambiente. Ello ha supuesto un cambio en el paradigma de dirección y gestión de la empresa, un cambio cultural. Se trata de un nuevo enfoque empresarial orientado conseguir una mejora en la calidad de vida y bienestar de las personas y colectivos implicados en sus operaciones (Scherer et al. 2013) (Figura 2).

Figura 2. Comportamiento sostenible y responsabilidades de las empresas. Elaboración propia

La importancia del interés de las empresas por la GRH sostenible se pone de manifiesto en la transformación de los objetivos estratégicos de GRH a corto plazo en objetivos estratégicos de GRH a largo plazo. Hoy las empresas saben que la capacidad de lograr la misión, visión y objetivos de la organización debe centrarse en la sostenibilidad. Y ello no se refleja sólo a nivel de la planificación estratégica, en las escalas superiores de la jerarquía. Dado que es una preocupación creciente, desde la perspectiva de la estrategia de la GRH, la contribución de dicha estrategia en todos los demás departamentos de la organización, en la práctica y en las políticas de las empresas, la GRH ha de mostrar la capacidad para gestionar y añadir el valor del desarrollo en la estrategia de otros departamentos de la organización (Delery & Doty, 1996).

Por otra parte, Bratton y Gold (2003: 7) explican el enfoque de la gestión estratégica en la gestión de recursos humanos como un «enfoque estratégico para la gestión de las relaciones laborales, que hace hincapié en que el aprovechamiento de las capacidades de las personas, y es fundamental para lograr una ventaja competitiva sostenible a través de un conjunto distintivo de políticas integradas de recursos humanos, programas y prácticas».

Una vez expuesta esta parte del modelo, considerando que las emociones juegan un papel relevante en el bienestar de las personas, este trabajo pretende integrar cómo las emociones pueden fomentar este procedimiento en la búsqueda de una GRH sostenible.

3. INFLUENCIA DEL CAPITAL EMOCIONAL EN LA SOSTENIBILIDAD

Múltiples estudios dan cuenta de la importancia del Capital Emocional en el desarrollo sostenible y en la organización empresarial (Goleman et al., 2013; Gunkel et al., 2016; Murphy & Tyler, 2008). En la misma línea, varios trabajos reflejan que las emociones pueden ser consideradas como variable de efecto en la Gestión de Recursos Humanos (HRM) (Barsade & Gibson, 2007; Farh, Seo, & Tesluk, 2012; Kaplan, Bradley, Luchman, & Haynes 2009; Labaki, Michael-Tsabari, & Zachary, 2013). Aunque es difícil medir la emoción de los empleados en la organización, la contribución de la emoción desde la cúpula directiva (macro) a otros departamentos (micro) de la organización explica los vínculos y la fuerza del compromiso y la lealtad de los empleados con sus organizaciones.

La emoción se define como «el sentimiento agregado de buena voluntad hacia la empresa y la forma en que opera, lo que representa un conjunto de activos basados en la emoción que la organización ha desarrollado a lo largo del tiempo con sus empleados» (Huy & Shiplov, 2012: 47). De acuerdo con dicha definición, la importancia del Capital Emocional se entiende como una clave para el éxito organizacional, más específicamente para su desarrollo sostenible.

Las actitudes y comportamientos de los empleados en sus puestos de trabajo expresan sus sentimientos y emociones respecto a su trabajo. Estas emociones inciden en la caracterización de un sistema de RRHH sostenible. En esta línea, empleados con un sentido de pertenencia a su organización y con un sentimiento de apoyo organizacional contribuyen al desarrollo de organizaciones cuya gestión se basa en la sostenibilidad (Kais & Mais, 2002).

El Capital Emocional, que se ve influenciado por los efectos de la GRH (políticas y prácticas), en este nuevo enfoque, impacta, a su vez, en la configuración de un espacio laboral sostenible, de desarrollo saludable de sus empleados, y, a través de ello, a la sostenibilidad social. La contribución del Capital Emocional en este proceso es, pues, ser un factor mediador para los objetivos de sostenibilidad de la organización, con una dimensión social final (Figura 3).

Los estudios sociales mencionan el papel de la GRH en los cambios hacia la *triple bottom line* que afronta una organización. También explican la importancia de las emociones de los empleados en esos cambios. Así, cuanto mayor sea el compromiso y la satisfacción de los empleados ante estos cambios, mejor adaptarán sus puestos de trabajo hacia la sostenibilidad de la organización (Gil-López et al., 2023)

Evidentemente, las emociones de los empleados pueden ser tanto una motivación como una frustración de sus expectativas en el trabajo. En este modelo, prestamos especial atención al logro de estas adaptaciones a través de la implantación de medidas de los ODS-8 y ODS-3. Es decir, a cómo actuaciones de la GRH de una organización orientadas hacia la salud (física y mental) y al bienestar de sus empleados, así como a establecer y mantener condiciones de trabajo decente, pueden aumentar las emociones positivas de los empleados, haciéndolos comprometerse más con los objetivos estratégicos sostenibles, contribuyendo, en definitiva, al logro de beneficios en las tres cuentas de resultados. Se trata de una estrategia *win-win*, en la que todas las partes ganan (Foncubierta-Rodríguez et al., 2022).

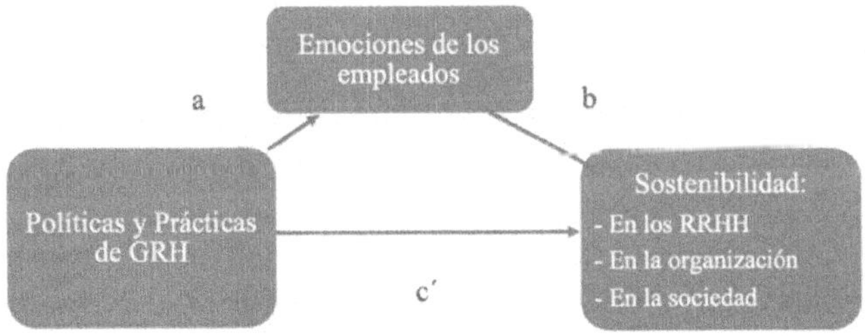

Fig.3. Rol mediador de las emociones de los empleados en la relación entre GRH y el logro de la Sostenibilidad

4. INFLUENCIA DE LAS EMOCIONES EN EL BIENESTAR, LA FELICIDAD Y LA SALUD DE LOS EMPLEADOS.

Las emociones, como Capital Humano, se consideran factores sociales para la sostenibilidad de la organización. El sentimiento de los empleados sobre la satisfacción y el compromiso con su trabajo explica sus resultados. Para Guest (1998) el compromiso emocional es el corazón de la organización.

En este sentido, cuanto mayor sea el interés por la salud de la organización, las buenas condiciones físicas y psicosociales del lugar de trabajo y el bienestar, mayor será la satisfacción y la felicidad de los empleados. Y estas emociones positivas influyen en su rendimiento y en su deseo de continuar en sus puestos de trabajo y crecer juntos.

La influencia del bienestar de los empleados en el trabajo ha suscitado un interés creciente en los últimos años. Tehrani et al. (2007) afirman que el bienestar en el contexto laboral está ganando terreno en la agenda empresarial a medida que son más los propietarios y gerentes de empresas que reconocen los beneficios y la contribución que puede aportar la introducción de políticas de salud y bienestar en el lugar de trabajo.

El ODS-3 menciona la «la buena salud y bienestar en todas las etapas de la vida». Este objetivo no sólo se limita solo a la atención de necesidades prioritarias, como la atención al cuidado y la salud de la infancia, a reducir la mortalidad y a evitar o sanar las enfermedades, sino que, llevado a su concepto pleno, tiene un alcance mayor. La estrategia de la organización que se ocupe de la salud de los empleados hace que estos se sientan seguros y, genera o incrementa en ellos lealtad a su trabajo. Esta motivación fomenta también el compromiso, el deseo de seguir aprendiendo y formándose para adoptar los cambios que la organización deba afrontar. Por ejemplo, entre las 13 metas y los 26 indicadores de alto nivel del ODS-3, que promueven la salud como prioridad de la organización, esta puede emprender una campaña de concienciación a los empleados para educarles en medidas saludables en el desarrollo de sus actividades laborales, pero también fuera de este contexto. La idea es que la salud de la plantilla es la salud de la empresa. Este podría entenderse como el lema de la empresa saludable (*healthy company*) actualmente.

A su vez, si la persona, como empleado/a, empieza a cuidar su salud, también el *status* de salud de la sociedad se incrementa. El cuidado de la salud y el bienestar en la población en general contribuye al desarrollo económico y social (Foro Económico Mundial, Pacto Mundial de las Naciones Unidas).

Por otra parte, el ODS-8 hace referencia al trabajo decente y el crecimiento económico. Entre las condiciones de un trabajo decente se hallan las que eviten los riesgos laborales de tipo psicosocial, y, superando esta fase, generen bienestar y felicidad. Aunque escasas aún, existen evidencias en la literatura sobre la relación positiva entre las políticas y prácticas de GRH y el bienestar de los empleados (Guest, 2002; Pfeffer, 2005; Purcell et al., 2003). Así, por ejemplo, las prácticas de gestión de recursos humanos referentes a la contratación, formación y desarrollo, flexibilidad horaria y recompensa se encuentran relacionadas con el bienestar de los empleados en (Purcell et al., 2003). El interés de la organización por el bienestar en el trabajo reside en que proporciona felicidad y la salud de los empleados (Peccei, 2004). De esta forma, quedan relacionadas la decisiones de GRH con el bienestar, a través de la emoción como sentimiento individual que los propios empleados vinculan a sus puestos de trabajo (Purcell et al., 2003; Paauwe, 2004). Armstrong y Baron (2005) sostienen que el bienestar, a través del empoderamiento del/a trabajador/a para expresar sus emociones, es el principal poder para la sostenibilidad de la organización.

La preocupación por el rendimiento, las actitudes las relaciones sociales, el compromiso y la satisfacción de los empleados es una función de las prácticas de gestión de recursos humanos, (Chartered Institute of Personnel Development, CIPD, 2007). Se genera confianza (o desconfianza) entre directivos y empleados a partir de la influencia de las prácticas de gestión de recursos humanos en los objetivos a largo plazo de la organización y el logro de la sostenibilidad de la organización.

La capacidad de influencia del nivel de bienestar, felicidad y satisfacción de los empleados en el desarrollo sostenible de la organización ha aumentado (Diener y Seligman, 2018; Stiglitz, Sen & Fitoussi, 2009; Warr, 2002). Tal es así, que las Naciones Unidas (ONU) y la Organización Mundial de la Salud (OMS) aceptaron la felicidad como una importante variable social que influye en la sostenibilidad de la organización.

La felicidad se define como «un estado subjetivo en el que las personas se sienten bien y funcionan bien» (Organización para la Cooperación y el Desarrollo Económicos (OCDE, 2013). Un amplio número de investigadores han hallado correlación entre la felicidad en los ámbitos económico, social y medioambiental de la sociedad y de las personas con la sostenibilidad (Diener y Seligman, 2018; Lyubomirsky, King y Diener, 2005). Una sociedad feliz significa una sociedad próspera y mejores relaciones sociales (Judge y Kammeyer-Mueller, 2011).

La riqueza socioemocional (*Socio-Emotional Wealth,* SEW) se ve influida por la dirección de los recursos humanos, y su práctica y proceso, esto es, por la GRH (Cruz et al., 2012; Deephouse & Jaskiewicz, 2013; Firfiray, Cruz, Neacsu, & Gómez-Mejía, 2018; Hedberg & Luchak, 2018). El logro de la SEW, como parte del Capital Emocional, actúa como factor mediador entre la GRH y los objetivos sostenibles a largo plazo de la empresa, la sostenibilidad de los recursos humanos (entre otras condiciones, en su bienestar y felicidad), e, indirectamente, en los cambios sociales.

5. CONCLUSIONES

El papel de la Gestión de los Recursos Humanos desde el principio es participar en la base económica y comprender la transformación de la misma para mejorar la condición empresarial. La estrategia de sostenibilidad económica, interna o externa, forma parte de la estrategia empresarial tradicionalmente. Sin embargo, desde los últimos años del S.XX, la empresa no piensa únicamente en una sostenibilidad económica, o económica-financiera, sino en un concepto más amplio, que contiene la sostenibilidad social y medioambiental. En este contexto, las personas pueden ser fuente de innovación para el futuro de la organización (Zhykharieva et al., 2020).

El propósito del artículo es considerar el logro de los Objetivos de Desarrollo Sostenible de la Agenda 2030 de la ONU, especialmente el ODS-3 «Salud y bienestar» y el ODS-8 «Trabajo decente y crecimiento económico», a través del papel de la Gestión de Recursos Humanos en la sostenibilidad, su influencia en las emociones de los empleados, y la de estas emociones en el desarrollo sostenible.

El documento transmite la preocupación por el aumento del Capital Humano de los trabajadores y la influencia de uno de sus componentes, las emociones, en el desarrollo sostenible. De hecho, las emociones parecen posicionarse como uno de los núcleos de la sostenibilidad de la organización.

Sostenemos que un mecanismo para el logro de la sostenibilidad es el establecimiento de un sistema de políticas y prácticas de GRH que, considerando el Capital Emocional, persiga beneficios para los empleados, la propia organización, y la sociedad donde esta se inserta. Esto es, que sea sostenible en su tres líneas o aspectos: sociales, económico-financieros y medioambientales (Ehnert, 2009a; Ehnert, 2009b; Osland et al., 1999; Taylor et al., 2012) .

Entre dichas políticas y prácticas de GRH cuestiones como los sistemas de afectación, de inserción, de retención del talento, de formación y capacitación – también en la concienciación hacia la salud física y mental- de flexibilidad, de compensación, pueden ser instrumentos válidos para aumentar el Capital Emocional de los empleados. Y para que, a su vez, este capital contribuya a la sostenibilidad de la organización, mediante cuestiones como la lealtad, el compromiso, la felicidad en el trabajo, y el reconocimiento de la empresa como saludable. Ello incrementará el rendimiento y la productividad de los trabajadores, y, por tanto, el beneficio de la empresa. Pero no se tratará solo un beneficio económico-financiero, sino que cumpliría con las otras dos líneas, la social y la de atención al entorno. De esta forma, la sostenibilidad se mantendría como objetivo a largo plazo, beneficiando a los colectivos o agentes afectados (*stakeholders*), tanto internos: accionistas y empleados, como externos, la sociedad.

REFERENCIAS

Aguinis, H., Glavas, A. (2012). What we know and don't know about corporate social responsibility: a review and research agenda. J. Manage. 38 (4), 932–968. https://doi.org/10.1177/0149206311436079

Armstrong, M. and Baron, A. (2005). Managing Performance: Performance Management in Action, CIPD, London.

Barnes, P.E. (1996). Green standards. B&E Rev. (October-December), 24–28.

Barrena-Martínez, J., López-Fernández, M., Romero-Fernández, P.M. (2011). Research proposal on the relationship between corporate social responsibility and strategic human resource management. International Journal of Management and Entrepreneurship Development, 10, 173–187.

Baptiste, N.R. (2008). Tightening the link between employee wellbeing at work and performance: A new dimension for HRM. Management Decision. https://doi.org/10.1108/00251740810854168

Bauman, Z. (2000.) Liquid Modernity. Polity Press, Cambridge, UK.

Boselie, P. and Dietz, G. (2003), "Commonalities and contradictions in research on human resource management and performance", paper presented at the Academy of Management Meeting, Seattle, August.

Bratton, J., & Gold, J. (2003). Human resource management: Theory and practice. New York, NY:Palgrave MacMillan.

Chartered Institute of Personnel Development (CIPD) (2007), Rewarding Work-The Vital Role of Line Managers, change agenda, CIPD, London.

Chia, A., Kern, M.L., Neville, B.A. (2020). CSR for Happiness: Corporate determinants of societal happiness as social responsibility. Business Ethics, the Environment & Responsibility. https://doi.org/10.1111/beer.12274

Cooper, C., Robertson, I. (2001). Well-Being in Organisations: A Reader for Students and Practitioners, John Wiley & Sons Limited, Chichester.

Currie, D. (2001). Managing Employee Well-Being, Chandos Publishing (Oxford) Limited, Oxford.

Daily, B., Huang, S. (2001). Achieving sustainability through attention to human resource factors in environmental management International. Journal of Operations and Production Management, 21 (12), 1539-1552. https://doi.org/10.1108/01443570110410892

Daniels, G. and French, S. (2006), Regulating Work-Life Balance, Centre for Industrial Relations, Keele University, Keele.

Delery, J. E., & Doty, D. H. (1996). Modes of theorizing in strategic human resource management: Tests of universalistic, contingency, and configurational performance predictions. Academy of Management Journal, 39(4), 802-835. http://doi.org/10.2307/256713

Diener, E. (2006). Guidelines for national indicators of subjective well-being and ill-being. Applied Research in Quality of Life, 1(2), 151-157. https://doi.org/10.1007/s11482-006-9007-x

Diener, E., & Seligman, M. E. (2018). Beyond money: Progress on an economy of well-being. Perspectives on Psychological Science, 13(2), 171–175. https://doi.org/10.1177/1745691616689467

Docherty,P., Forslin, J., Shani, A.B. Kira, M.(2002). Emerging works systems: from intensive to sustainable. In creating sustainable work system: emerging perspective and practices, 3-14. London: Routledge.

Ehnert, I.(2009a) conceptual model for sustainable HRM and a Paradox Framework. In sustainable human resource management, 163-181.

Ehnert, I., Harry, W. and Zink, K.J. (2014). Sustainability and HRM: An introduction to the field. In I. Ehnert, W. Harry, & K.J. Zink (Eds.), *Sustainability and Human Resource Management* CSR, Sustainability, Ethics & Governance, 3–32. Springer.

Foncubierta-Rodríguez, M.-J. (2022). Influence of the entrepreneur's personal values in business governance style and their relationship with happiness at work. Corporate Governance, 22 (3), 592-617. https://doi.org/10.1108/CG-05-2021-0197

Foncubierta-Rodríguez, M.-J., Ravina-Ripoll, R., & Popescu, C.R.. (2022). A New Leadership for a New Era. In A. Batisha (ed.) Practice, Progress, and Proficiency in Sustainability, 1-35. IGI Global.

Gil López, A.J., Rodrigo Moya, B., Morcillo Bellido, J., y Maeztu García de Galdiano, P. (2023). Liderazgo de servicio y bienestar laboralEl papel mediador del compromiso organizativo. En M.J. Foncubierta-Rodríguez (dir) *Trabajo decente. Hacia la dignidad y la realización de la persona trabajadora*, 131-152. Tirant lo Blanch, Valencia.

Guest, D. (1998). "Is the psychological contract worth taking seriously?", Journal of Organisational Behaviour, 19, 649-64.

Gunkel, M., Schlaegel, C., Taras, V. (2016). Cultural values, emotional intelligence, and conflict handling styles: A global study. Journal of World Business, 51(4), 568-585.

Huy, Q., Shiplov A. (2012). The key to social media success within the key to social media success within organizations. MIT Sloan Management Review, 54, 73–81.

Jackson, S.E., Renwick, D.W., Jabbour, C.J., Muller-Camen, M. (2011). State-of-the-art and future directions for Green human Resource management: introduction to the Special issue. Ger. J. Hum. Resour. Manage. 25 (2), 99–116. https://doi.org/10. 1177/239700221102500203

Jackson, S.E., Schuler, R., 1995. Understanding human resource management in the context of organizations and their environments. Annu. Rev. Psychol. 46 (1), 237–264.

Janson, R., Gunderson, R., 1994. The team approach to companywide change. In: Willig, J.T. (Ed.), Environmental TQM, 2nd ed. McGraw-Hill, New York, NY, 52–61.

Judge, T. A., & Kammeyer-Mueller, J. D. (2011). Happiness as a societal value. The Academy of Management Perspectives, 25(1), 30-41.

Kals, E., Maes, J. (2002). Sustainable development and emotions. In Psychology of sustainable development, 97-122. Springer, Boston, MA.

Korten, D.C., 2001. When Corporations Ruled the World. Barrett Koehler, San Francisco, CA.

Kramar, R. (2014). Beyond strategic human resource management: is sustainable human resource management the next approach? The International Journal of Human Resource Management, 25(8), 1069-1089.

Kramar, R. (2022). Sustainable human resource management: six defining characteristics. Asia Pacific Journal of Human Resources, 60(1), 146–170. https://doi.org/10.1111/1744-7941.12321

Locke, E.A. and Latham, G.P. (1990), A Theory of Goal-Setting and Task Performance, Prentice-Hall, Englewood Cliffs, NJ.

Lorren K. HaywoodI; Caradee Y. Wright (2019). Private sector contribution to SDG 3: Health and Well-being – a South African case study. South African Journal of Science, 115 (9-10). http://dx.doi.org/10.17159/sajs.2019/6452

Macdonald, LAC (2005), Wellness at Work: Protecting and Promoting Employee Well-being, Chartered Institute of Personnel and Development, London.

Peccei, R. (2004), Human Resource Management and the Search for the Happy Workplace, Erasmus Research Institute of Management, Rotterdam School of Management, Rotterdam School of Economics, Rotterdam.

Pfeffer, J. (2010). Building sustainable organizations: the human factor. Academy of Management Perspectives, 24 (1), 34-45. https://doi.org/10.2139/ssrn.1545977

Peiró, A. (2006). Happiness, satisfaction and socio-economic conditions: Some international evidence. *The Journal of Socio-Economics,* 35(2), 348-365. https://doi.org/10.1016/j.socec .2005.11.042

Rogers, R.W. (1995), "The psychological contract of trust: part I", Executive Development, 8 (1), 15-19.

Speth, J.G. (2010). Towards a new economy and a new politics. Solutions, 1 (5), 33-41. https://doi.org/10.1016/j.ecolecon.2011.01.018

Tanaka, S., Tokimatsu, K. (2020). Social Capital, Subjective Well-Being, and Happiness: Evidence from a Survey in Various European and Asian Countries to Address the Stiglitz Report. *Modern Economy,* 11(2), 322-348.

Tehrani, N., Humpage, S., Willmott, B., Haslam, I. (2007),What's Happening with Well-being at Work? Change Agenda, Chartered Institute of Personnel Development, London.

United Nations (2017). United Nations Global Compact progress report: Business solutions to sustainable development. https://doi.org/10.18356/bb7953d3-en

World Economic Forum (2018). Managing the risk and impact of future epidemics: Options for public-private Coooperation. . http://www3.weforum.org/docs/WEF_Managing_Risk_Epidemics_report_2015.pdf

Zhykharieva1, V., Vlasenko, O., Poznanska, I., Matviienko, M., Sokolova, M. (2021). The role of human resource management in the concept of sustainable enterprise development, E3S Web of Conferences 255(1), 01024. https://doi.org/10.1051/e3sconf/202125501024

Zhykharieva, V., Vlasenko, O., Sokolova, M. (2020). The Principles of Innovative Human Resource Management. Modern Economics, 21(2020), 89-94. https://doi.org/10.31521/modecon.V21(2020)-14

Trabajos con exposición al amianto

N. BALADÉS
Universidad de Cádiz
nuria.balades@uca.es

Resumen. Antes de conocerse los efectos cancerígenos del amianto, fue ampliamente usado en diversos sectores industriales y en la construcción. Factores como el bajo precio, la abundancia, su fácil procesamiento y sus excelentes propiedades térmicas y mecánicas contribuyeron a que su presencia llegara incluso hasta los hogares y las escuelas.

Con el término de amianto se designa a los silicatos fibrosos, compuestos que se pueden encontrar de forma aislada o combinado con cemento u otros aglutinantes, conocidos con el término de friable o no friable respectivamente. En cualquiera de los casos al ser manipulados las fibras que lo forman pueden desprenderse y ser inhaladas por los trabajadores y si la concentración de las mismas supera los valores límites durante la jornada laboral, los daños provocados a la salud pueden ser irreversibles.

Aunque la legislación española referente a la protección de los trabajadores frente a riesgos derivados de la exposición al amianto comenzó a finales de 1984, con la aprobación del Reglamento sobre trabajos con amianto, el uso, la producción, la fabricación y la comercialización de fibras de amianto, así como los productos que los contenía no fue prohibida hasta finales del 2001. Hoy en día, las disposiciones mínimas de seguridad y salud aplicables a los trabajos con riesgo de amianto están reguladas por el RD 396/2006, de 31 marzo. Dicha normativa establece, entre otros aspectos, los límites de exposición, la forma de evaluar y controlar las condiciones de trabajo, las medidas técnicas y organizativas para minimizar el riesgo, la formación e información que han de recibir los trabajadores y la vigilancia de la salud de los mismos, que se ha de prolongar incluso después de su jubilación. Los efectos de este contaminante químico son tan letales que las empresas que realizan trabajos de retirada de amianto han de estar inscritas en un registro especial y elaborar planes de trabajo que han de ser aprobados por la Autoridad Laboral competente, antes de comenzar dichos trabajos.

En este capítulo se expondrán los aspectos más significativos del Real Decreto, centrándose principalmente en los pasos para elaborar y tramitar los planes de trabajo con riesgo de amianto.

Palabras Clave: Amianto; Planes de trabajo; Seguridad y salud.

1. ANTECEDENTES

1.1 Clasificación y propiedades del amianto

Con el nombre de amianto o asbesto se designa a los silicatos fibrosos, minerales formados principalmente por silicio (Si), hidrógeno (H) y oxígeno (O), con trazas de otros elementos como el aluminio (Al), el hierro (Fe), el magnesio (Mg), el sodio (Na) o el calcio (Ca). En la naturaleza se encuentran presentes seis variedades distintas de amianto, cuyo aspecto, composición y clasificación en el registro internacional de sustancias químicas (CAS, del inglés *Chemical Abstract Service*), se muestra en la Fig.1. De todas las variedades sólo el crisolito o amianto blanco pertenece al grupo de las serpentinas, el resto pertenecen al grupo de los anfíboles. A nivel microscópico, el grupo mineralógico de las serpentinas ($Mg_3Si_2O_5(OH)_4$) se caracteriza por tener las fibras largas, flexibles y curvadas y los anfíboles por tener las fibras rectas y ser más peligrosos para la salud, por su naturaleza exfoliable.

Fig.1. Tipos de amianto según su clasificación CAS. Fuente: modificada de https://gestiondelamianto.com/.

Entre sus propiedades, el amianto destaca por su elevada resistencia mecánica, térmica y a la fricción/abrasión. Además, al no ser inflamable ni propagador del fuego es un material ignífugo y buen aislante térmico. Por otro lado, presenta una elevada resistencia química (frente ácidos y bases) y biológica (frente hongos, plagas y organismos). Estas excelentes propiedades unidas a su abundancia en rocas y minerales hicieron que su empleo se extendiera prácticamente a todos los sectores desde los albores de la historia. De hecho, hay vestigios prehistóricos de su empleo por el ser humano principalmente para la fabricación de mechas, velas, cerámicas, telas de embalsamar y sarcófagos. Aunque sus efectos nocivos ya se documentaron en la época de los griegos y romanos que los detectaron en los canteros que obtenían el mineral de las rocas, se siguió empleando de forma continuada y tras la revolución industrial su uso ya estaba presente prácticamente en todos los sectores: construcción, industria y bienes de servicio, empleándose en tuberías, tejados, depósitos, pastillas de freno, ropa ignifuga, aislantes o pinturas. Aunque en 1906 se redactó el primer documento médico que establecía la relación entre enfermedad y exposición a amianto, no se prohibió la utilización, producción y comercialización de productos que contuvieran amianto hasta principios del siglo XXI.

Hoy en día los productos manufacturados que contienen amianto se pueden presentar de dos formas diferentes, denominadas friables y no friables. La variedad friable engloba a aquellos productos en los que el amianto no está unido a aglutinantes como el cemento, las colas o las resinas, por lo que son desmenuzables y fáciles de separar manualmente. Esta variedad presenta mayor riesgo de asbestosis porque durante su manipulación se genera mayor cantidad de fibras. En cambio la variedad no friable, al encontrase las fibras unidas a aglutinantes, requieren para su manipulación del uso de herramientas, liberándose las fibras sólo durante esta etapa. Como actividades con riesgo de exposición a amianto se engloban tanto las tareas u operaciones que impliquen la manipulación de materiales que contengan amianto, como aquellas que se realicen en las proximidades de las actividades que sí impliquen manipulación, siempre que exista riesgo de liberación de fibras de amianto al ambiente. Entre las principales actividades de riesgo se encuentran la demolición, el desmantelamiento de elementos, maquinaria o utillaje, la retirada o mantenimiento de vehículos, instalaciones, estructuras o edificios, el transporte, tratamiento y destrucción de los residuos y los vertederos autorizados.

Aunque la vida útil de un producto o material que contiene amianto se considera finalizada cuando pueda liberar al ambiente fibras sin ser manipulado, el Parlamento Europeo publicó una resolución el 14 de marzo de 2013 sobre los riesgos para la salud en el lugar de trabajo relacionados con el amianto, considerando que los materiales con amianto poseen habitualmente un ciclo de vida de entre 30 y 50 años contando desde la fecha de fabricación del producto.

1.2 Efectos nocivos de la exposición al amianto

El riesgo que presenta el amianto para los trabajadores es su propia naturaleza fibrosa. Las fibras se caracterizan por la reacción entre su longitud y su diámetro (L/D), siendo perjudiciales cuando dicha relación es menor de 3 μm, en el caso del amianto la longitud de las fibras es mayor de 5 μm y su diámetro es menor de 3 μm, lo que representa una relación menor de 2 μm. Además, de su invisibilidad al ojo humano, estas fibras se desintegran lentamente y pueden ser trasportadas por aire y agua, lo que aumenta su peligrosidad. Durante la manipulación de compuestos de amianto las fibras desprendidas pueden llegar al organismo de los trabajadores, principalmente por vía respiratoria y alcanzar las vías aéreas inferiores. Una vez allí pueden dañar a los macrófagos (células especializadas en la detección, fagocitosis y destrucción de bacterias y otros organismos dañinos), a las células mesoteliales (células que recubren las cavidades serosas y los órganos internos), a los neumocitos (células especializadas que forman parte del sistema respiratorio) y a los fibroblastos (células que contribuye a la formación de tejido conectivo), provocando enfermedades irreversibles dependiendo de su concentración en el ambiente y del tiempo de exposición del trabajador a dicha concentración. El periodo de latencia de las enfermedades por exposición a fibras de amianto depende del tipo de enfermedad, pudiendo llegar incluso a los 50 años después de la exposición al contaminante. La **Fig. 2** muestra el tiempo estimado de manifestación de las distintas enfermedades tras el periodo de exposición a fibras de amianto, cuando se supera el límite de exposición establecido legalmente de forma continuada. Como se puede observar, dichas enfermedades pueden aparecer décadas después de haber estado en contacto con este contaminante.

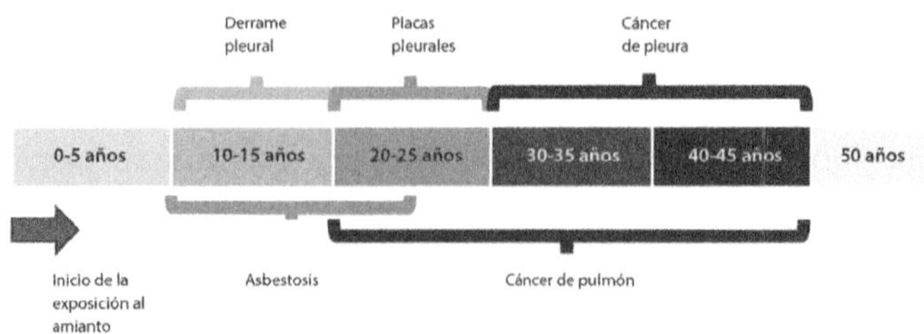

Fig. 2. Tiempo aproximado se aparición de las enfermedades derivadas de la exposición a fibras de amianto. Fuente: Modificado de https://gestiondelamianto.com

Los límites de exposición a agentes químicos, son publicados anualmente por el Instituto Nacional de Seguridad y Salud en el Trabajo (INSST). Estos límites de exposición profesional son valores de referencia para la evaluación y control de los riesgos inherentes a la exposición a los agentes químicos presentes en el lugar de trabajo, principalmente por vía inhalatoria. Para el caso de las variedades de amianto, estos valores expresados como valores límites ambientales de exposición diaria (VLA-ED), se expresan en fibras por centímetro cúbico (siendo de 0,1 fibras/cm^3 para todas las variedades de amianto). Los peligros (H) asociados a este contaminante son dos, H350 (Puede provocar cáncer) y H372 (Provoca daños en los órganos). El resumen de las enfermedades y los órganos afectados por la exposición a dosis superiores a la establecida por los VLA-ED, se resumen en la **Fig. 3.**

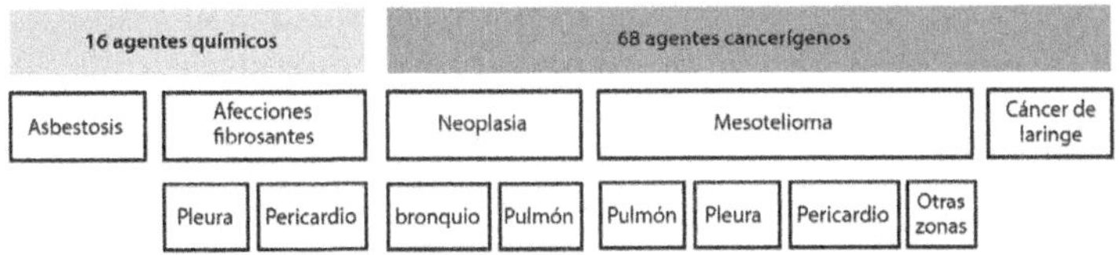

Fig. 3. Clasificación de la 84 enfermedades y órganos afectados por la exposición a fibras de amianto reconocidas como enfermedades profesionales en el RD 1299/2006. Fuente: Elaboración propia.

Según el Ministerio de Sanidad, Servicios Sociales e Igualdad, durante el período comprendido entre 1990 y 2006 se notificaron 70 daños a la salud causados por agentes carcinogénicos, de los cuales el 67,4% eran carcinomas de bronquio y pulmón por exposición al amianto, durante el periodo 2007-2014 se notificaron 398 y las neoplasias causadas por el amianto eran más de la mitad. Aunque no se dispone de estadísticas más recientes, los efectos de la exposición siguen presentes en la actualidad, llegándose a crear por ley un Fondo de Compensación para las Víctimas del Amianto (Ley 21/2022, de 19 de octubre). Este fondo pretende cubrir, tras diagnosticar y valorar cada caso particular, los daños y perjuicios resultantes de una exposición al amianto padecidos no sólo en ámbito laboral, sino también doméstico y ambiental en España.

1.3 Evolución de la normativa española

En España la normativa referente a este contaminante data del año 1984 con el Reglamento sobre trabajos con riesgo de amianto. No estaban recogidos en esta normativa los controles ambientales ni los médicos de los trabajos, esta obligación legal llegó tres años después con una Orden Ministerial (Orden de 7 de diciembre de 2001 por la que se modifica el anexo I del RD 1406/1989, de 10 de noviembre, por el que se imponen limitaciones a la comercialización y al uso de ciertas sustancias y preparados peligrosos). Hoy en día, como ya se ha comentado, los trabajos con riesgo de exposición al amianto están regidos por el RD 396/2006, de 31 de marzo, por el que se establecen las disposiciones mínimas de seguridad y salud aplicables a los trabajos con riesgo de exposición al amianto. Actualmente se tienen reconocidas 84 enfermedades profesionales derivadas de la exposición a las fibras de amianto (ver Fig.3). Dichas enfermedades están recogidas en el RD 1299/2006, de 10 de noviembre, por el que se aprueba el cuadro de enfermedades profesionales en el sistema de la Seguridad Social y se establecen criterios para su notificación y registro. La evolución de la normativa europea y española referente al amianto, se resume en la **Fig. 4**.

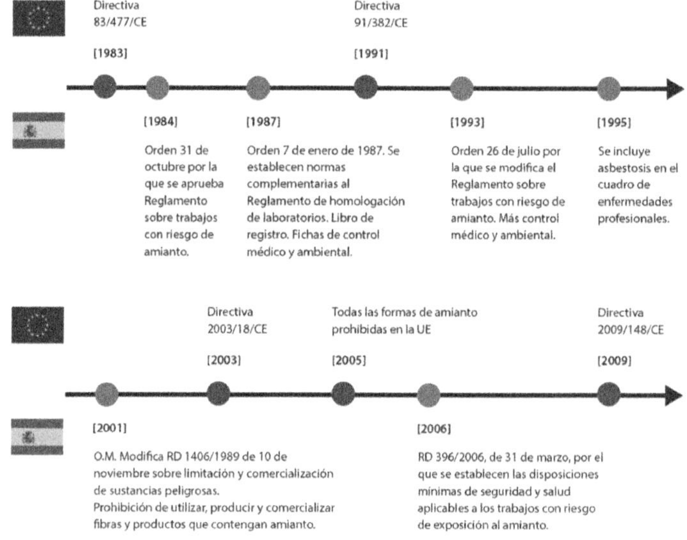

Fig. 4. Evolución de la normativa española y europea en relación al control de la exposición al amianto. Fuente: elaboración propia.

El camino hacia la eliminación de este contaminante de todos los países miembros de la Unión Europea (UE), comenzó con la Resolución del Parlamento Europeo, de 14 de marzo de 2013. En 2015, el Dictamen del Comité Económico y Social Europeo sobre Erradicar el amianto en la UE (2015/C 251/03) incitó a la Comisión Europea y a los Estados miembros a desarrollar planes de acción para llevar a cabo la eliminación segura del amianto, teniendo como fecha límite para la retirada de los centros públicos o de uso masivo el año 2028, y del todo territorio de la UE el año 2032. Como herramienta para la detección y diagnóstico se puede recurrir a la Norma UNE 171370-2:2021 Amianto. Parte 2: Localización y diagnóstico de amianto. Esta norma establece los procedimientos adecuados para localizar los materiales que contienen amianto principalmente en vehículos, infraestructuras, equipos e instalaciones, permitiendo valorar el riesgo potencial asociado a cada uno de ellos, establecer las prioridades de actuación y decidir sobre la necesidad y el tipo de medidas a ejecutar para su adecuada gestión. Dicha norma también permite indicar los casos en los que es necesario establecer un plan de control periódico de aquellos materiales con amianto que no se han retirado.

A nivel local, según establece la Ley 7/2022, de 8 de abril, de residuos y suelos contaminados para una economía circular, los ayuntamientos están obligados a realizar el censo de amianto, teniendo como plazo hasta el 2028 para identificar todos los edificios municipales de carácter público que contengan amianto, así como la elaboración de un calendario para la retirada del mismo.

Las empresas cuya actividad implique la exposición de los trabajadores a fibras de amianto, han de inscribirse en el Registro de Empresas con Riesgo por Amianto (RERA) de la comunidad donde se encuentran sus instalaciones principales. Por otro lado, independientemente del cumplimiento de los preceptos establecidos en la Ley 31/95 de 8 de noviembre, de prevención de Riesgos Laborales (LPRL), el RD 396/2006 establece obligaciones y derechos específicas para empresarios y trabajadores. Siendo obligación específica de los empresarios ser el responsable del lavado y descontaminación de la ropa de los trabajadores, así como de elaborar procedimientos de trabajo que eviten la generación y dispersión de las fibras, e incluir en las evaluaciones de riesgo la medición de la concentración de las fibras y comparación con el VLA-ED. Por otro lado, entre los derechos específicos de los trabajadores expuestos a amianto se encuentran los siguientes:

- No realizar horas extras.
- No superar 4h de trabajo con el equipo de protección individual (EPI) de vías respiratorias.
- No seguir trabajando si se supera el VLA-ED.
- Recibir formación específica.
- Ser informados y consultados a través de sus representantes.
- Seguir sometido a control médico preventivo al finalizar la actividad.

Además, para aquellos trabajos con riesgo de exposición al amianto que se engloben dentro de las actividades reconocidas como obras de construcción, les serán de aplicación también el RD 1627/1997, de 24 de octubre, por el que se establecen disposiciones mínimas de seguridad y de salud en las obras de construcción. Igualmente se tendrá en cuenta, cuando las circunstancias del trabajo requieran la coordinación de actividades empresariales, el art. 24 de la LPRL y el RD 171/2004, de 30 de enero, por el que se desarrolla dicho artículo. Por otro lado, al elaborar los planes de trabajo se ha de tener presente lo establecido en la Ley 7/2022, de 8 de abril, de residuos y suelos contaminados, en materia de gestión y eliminación de residuos peligrosos.

Las medidas de seguridad y salud de las actividades que presentan exposición al amianto se presentan a la Autoridad Laboral en forma de Planes de Trabajo, su contenido y tramitación según lo establecido en el RD 396/2006, se describe en el siguiente apartado.

2. PLANES DE TRABAJO CON EXPOSICIÓN A AMIANTO

El plan de trabajo es un documento donde se describe de forma detallada la acción que se va a ejecutar, la metodología a seguir y las medidas de prevención y protección necesarias para que el trabajo se realice en condiciones de mínima exposición posible, incluyendo las operaciones de limpieza final y descontaminación de la zona de trabajo.

La elaboración de los planes de trabajo, así como la aplicación efectiva de los mismos recae sobre el empresario. Estos planes se deben ser específicos y basarse en una evaluación de riesgos realizada antes del comienzo de la actividad, donde se debe escribir la metodología seguida para garantizar la seguridad y salud de los trabajadores expuestos al riesgo y han de ser aprobados por la Autoridad Laboral correspondiente al lugar de trabajo en el que vayan a realizarse tales actividades, en un periodo de 45 días.

En operaciones de corta duración o no programables, como mantenimiento y/o reparaciones de instalaciones que contienen amianto, se podrá elaborar un plan único de carácter general que incluya todas las actividades.

Por otro lado, la normativa española comprende una sería de actividades que pueden estar exentas del cumplimiento de determinados artículos: el artículo 11 (planes de trabajo), el artículo 16 (vigilancia de la salud de los trabajadores), el artículo 17 (obligación de inscripción en el RERA) y el artículo 18 (registro de datos y archivo de documentación). Dichas actividades han de cumplir demostradamente dos condiciones, que sean exposiciones esporádicas y que durante su realización no se supere el VLA-ED. Entre estas actividades se engloba a las siguientes:

- Actividades cortas y discontinuas de mantenimiento durante las cuales sólo se trabaje con materiales no friables.
- Trabajos de retirada sin deterioro de materiales no friables.

- Encapsulación y sellado de materiales en buen estado siempre que las operaciones no impliquen riesgo de liberación de fibras.
- Vigilancia y control del aire y en la toma de muestras para detectar la presencia de amianto en un material determinado, en situaciones puntuales.

2.1. Contenido y tramitación

Los principales bloques que componen un plan de trabajo son: la descripción del trabajo y las medidas preventivas destinadas a minimizar la exposición. El contenido básico de los planes de trabajo con riesgo de exposición al amianto, documentado con fotografías, se enumera a continuación:

- El objeto del plan.
- La ubicación del centro de trabajo.
- La naturaleza del trabajo a realizar, por ejemplo:
  - Reparaciones puntuales de tuberías, retirada de placas de fibrocemento de cubiertas exteriores o cortes de material de fibrocemento.
  - Reparación de tuberías de agua caliente o retirada del calorifugado con amianto.
  - Trabajos de mantenimiento en turbinas de central eléctricas o desmantelamiento de las instalaciones que contiene amianto como aislante.
  - Operaciones de reparación en estructuras metálicas ignifugadas o en su entorno, rehabilitación de edificios ignifugados con amianto.
  - Manipulación de placas de falso techo o suelos de PVC reforzados con amianto, retirada de materiales de amianto obsoletos.

- Tipo de material a intervenir.
  - Friable/no friable.
  - Tipo de amianto según la clasificación recogida en la **Fig.** 1
  - Forma de presentación (fibrocemento, textil, ...).
- La cantidad de material.
  - Unidades de volumen/peso, superficie, ...
- Las fechas previstas para la realización del trabajo.
  - Se indicará la fecha de inicio del trabajo prevista o estimada.
  - La fecha real se comunicará a la autoridad laboral una vez que el plan esté aprobado.
- El personal previsto para su realización.
- Los métodos empleados en la ejecución del trabajo.
- Las medidas técnicas y organizativas destinadas a:
  - Limitar la generación y dispersión de las fibras en el ambiente.
  - Disminuir la exposición trabajadores al riesgo de inhalación de las fibras.
  - Evitar la exposición a terceros durante la realización de las tareas.
- La forma de evaluar y controlar el ambiente de trabajo, incluyendo:
  - Equipos de muestreo empleados.
  - Procedimiento y condiciones del muestreo (estrategia).
  - El método de análisis de las fibras establecido.
- La descripción de los equipos de protección individual (EPI's) que estarán regidos por lo establecido en el RD

159/1995, de 3 de febrero, por el que se regulan las condiciones para la comercialización y libre circulación intracomunitaria de los equipos de protección individual.

- Los equipos de protección respiratoria para operaciones en interiores trabajarán a presión positiva con aporte de aire, previamente filtrado con filtros tipo P3. Para operaciones fuera de la zona de trabajo o en exteriores, como transporte de materiales o plastificado el uso de mascarillas autofiltrantes certificadas según norma UNE-EN143:2022. Equipos de protección respiratoria. Filtros contra partículas. Requisitos, ensayos, marcado.
- Trajes con capucha y sin bolsillos ni costuras, de material fácilmente lavable o de un solo uso y polainas, del tipo 5: Hermético frente a partículas.
- Las botas, las gafas, los guantes y demás EPI´s se seleccionarán en función de otros posibles riesgos derivados de la actividad, como caída de objetos, cortes o proyecciones.

- La descripción de las medidas colectiva y las herramientas a emplear por los trabajadores.
- La señalización empleada en la zona de trabajo.
- La descripción de las instalaciones sanitarias a colocar en el lugar de los trabajos.
- La formación e información de los trabajadores.
- La forma de eliminación de residuos generados.
  - Mediante telas/bolsas de plástico estancas.
- El control médico preventivo de los trabajadores.
- El nombre y acreditación (contraseña) del laboratorio que realiza el recuento de fibras.

- Los procedimientos de registro y archivo de la documentación de control, entre los que se incluyen:
  - Ficha de inscripción presentada en el registro de empresas con riesgo de amianto: RERA.
  - Plan de trabajo aprobado.
  - Fichas para el registro de datos de la evaluación de la exposición en los trabajos con amianto de los trabajadores.
  - Fichas para el registro de datos sobre la vigilancia sanitaria específica de los trabajadores.

En cuanto a los ANEXOS que acompañan al Plan se encuentran:

- Los certificados de formación e información de los trabajadores.
- Los certificados de aptitud médica para trabajos con exposición al amianto.
- La consulta e información al representante de los trabajadores.
- La formación específica del recurso preventivo. Figura que ha de estar presente mientras dure la actividad para verificar y garantizar el cumplimiento de las medidas establecidas en el plan.
- El concierto con el Servicio de Prevención Ajeno, si es el caso, o la constitución del Servicio de Prevención Propio o Mancomunado, que incluya la especialidad de Higiene Industrial.
- La homologación de EPI´s.
- El concierto con el gestor autorizado para la retirada de los residuos.
- Las características de los envases y la señalización empleada.
- La homologación de las herramientas y de los equipos móviles de trabajo.

- Las características la instalación sanitaria empleada.
- La ficha de datos de seguridad del surfactante empleado en los métodos húmedos.

Para tramitar los planes de amianto, se distingue básicamente entre los trabajos realizados en la Comunidad Autónoma (CA) donde la empresa está inscrita en el RERA y los trabajos realizados en una CA distinta a la de la inscripción. La única diferencia para la legalización de las actividades con riesgo de exposición al amianto en comunidades distintas a la de la inscripción, es aportar una copia de la inscripción en el RERA junto con plan de trabajo obligatorio. La propia Autoridad Laboral de la CA donde se realiza la actividad se encarga de enviar copia de la aprobación a la de la CA donde la empresa está inscrita y al INSST.

2.2 Instalaciones sanitarias

Las instalaciones sanitarias a colocar en las zonas donde se realizan los trabajos con riesgo de amianto recogidos en el plan de trabajo, constituirán una unidad de descontaminación que deberá ser acorde a la magnitud del trabajo a realizar y el número de trabajadores expuestos. Como mínimo, la normativa establece que constarán de tres compartimentos o módulos que garanticen la separación y aislamiento entre la zona contaminada o zona sucia y la zona libre de amianto o zona limpia a través de una zona intermedia, donde estarán localizadas las duchas. Dichas unidades estarán diseñadas para que el flujo de aire circule desde la zona limpia a la zona contaminada, con un caudal de aire recomendado entre 0,2 m/s y 0,5 m/s. Las puertas que comunican las unidades con el exterior serán rígidas y los compartimentos estará separados por puertas rígidas o cortinas de plástico.

El trabajador accederá desde el exterior a la zona limpia en la que se encuentra el vestuario donde se quitará toda la ropa de calle y se colocará tanto la ropa de trabajo como todos los

EPI´s necesarios para el desarrollo de su actividad, tras la comprobación de los mismos se dirigirá hacia la zona de trabajo.

El protocolo de descontaminación establecido en el plan debe contemplar de forma secuencial todas las etapas a realizar por los trabajadores, entre las que se deben incluir las siguientes:

- La aspiración con un aspirador dotado de filtros HEPA (de sus siglas en inglés *High Efficiency Particle Arresting*) en la zona sucia.
- La primera ducha de descontaminación del trabajador con todos los EPI's puestos, en la zona intermedia.
- La retirada de la protección respiratoria tras la ducha con agua y jabón.
- El almacenamiento de los equipos desechables y reutilizables para su eliminación como residuo de amianto o tratamiento posterior.
- La colocación de la ropa de calle en la zona limpia.

2.3 Control ambiental

Las evaluaciones higiénicas de las condiciones ambientales durante la realización de las actividades descritas en los planes de trabajo se deben realizar por técnicos de PRL, con la especialidad en Higiene Industrial.

El análisis (recuento de fibras) de amianto solo puede ser realizado por laboratorios especializados cuya idoneidad sea reconocida formalmente por la Autoridad Laboral del territorio de la CA donde se encuentre ubicado el laboratorio. Estos laboratorios deben disponer en el territorio nacional, y con carácter permanente instalaciones, equipos, medios materiales y personal adecuados para los análisis, así como disponer de un sistema de gestión de la calidad para los análisis de fibras de amianto. Además, deben participar de forma continuada y satisfactoria en el Programa Interlaboratorios de Control de Calidad para el recuento de Fibras de Amianto (PICC-FA) del INSST. El laboratorio, una vez acreditado, deberá demostrar en el tiempo que mantiene las condiciones y requisitos de la acreditación para lo cual el INSST verificará el mantenimiento de dichos requisitos a través de visitas periódicas de inspección. En la web del INSST se puede encontrar el listado de laboratorios acreditados.

Respecto al método de toma de muestra y análisis utilizado para la evaluación de la exposición mediante recuento de fibras el más empleado es el MTA/MA-051 del INSST, aunque la administración permite el empleo de métodos diferentes al del INSST, siempre que los resultados sean equivalentes al método recomendado por la OMS en 1997 para la determinación de fibras de amianto y otras fibras en aire y su empleo esté acreditado por la Autoridad Laboral.

2.4. *Vigilancia sanitaria específica*

En nuestro país, las administraciones sanitarias en Salud Laboral están obligadas a dar homogeneidad y coherencia a los objetivos y contenidos de la vigilancia de la salud, mediante la elaboración de protocolos y guías de actuación. Los trabajadores que realizan actividades de exposición a riesgo de amianto, han de someterse a protocolos específicos donde se registra:

- El historia laboral y clínico (HCL).
- Los exámenes de salud iniciales, periódicos y pos-ocupacionales.
- Los controles biológicos, los diagnósticos por imágenes y las pruebas respiratorias.
- Los criterios de valoración que se reducen a "Apto y No apto".
- La conducta a seguir cuando se detecten alteraciones, que normalmente derivan en la declaración de incapacidad temporal por enfermedad profesional.

Por la Ley Orgánica de Protección de Datos de Carácter Personal, el trabajador tiene derecho de acceso a su HCL, así como los profesionales sanitarios, el personal de administración sanitaria, los auditores y los jueces. Además, la información contenida puede usarse de forma anónima en estudios epidemiológicos.

2.5. Tramitación de los registros

Una vez finalizada la actividad con riesgo de exposición al amianto la documentación generada referente a los registros generados ha de ser tramitada de la siguiente manera:

- Las fichas de registro de datos de la evaluación de la exposición en los trabajados al amianto, se remitirán una vez finalizados los trabajos descritos en el plan, a la Autoridad Laboral competente.
- Las fichas de registro de datos relativos a la vigilancia sanitaria específica de los trabajadores, serán remitidas por el médico responsable de la vigilancia sanitaria, antes de final de año, a la Autoridad Sanitaria competente.
- Los datos relativos a evaluación de la exposición en los trabajados y los referidos a la vigilancia sanitaria, se conservarán como mínimo 40 años después de finalizada la exposición, remitiéndose a la Autoridad Laboral en el caso que la empresa cese su actividad antes de dicho plazo.

3. CONCLUSIONES

La presencia de amianto está latente en nuestro entorno, su peligrosidad queda demostrada por las 84 enfermedades, reconocidas como profesionales que derivan de su exposición, por ello la normativa es tan restrictiva a nivel europeo, nacional y local, llegándose a crear por ley un fondo de compensación para las víctimas del amianto.

El periodo de latencia tan prolongado y la práctica indestructibilidad de este material hace que si no se siguen las medidas de prevención-protección establecidas en la normativa vigente en forma de planes de trabajo, el daño a la salud producido por este contaminante se puede extender no sólo a trabajadores, sino también a sus familiares. Esto último se produce por la contaminación de la ropa de trabajo expuesta a las fibras que se generan durante la manipulación de productos que contiene amianto, especialmente los friables.

Con este trabajo se pretende concienciar sobre los riesgos que derivan de la exposición a fibras de amianto, informar sobre la normativa y reglamentación vigente, así como facilitar una guía sobre el contenido de los planes de amianto y dar a conocer la responsabilidad de todos los entes que participan del control ambiental, sanitario y laboral en los trabajos con riesgo de exposición al amianto.

4. REFERENCIAS

4.1 Referencias normativas

Ley 7/2022, de 8 de abril, de residuos y suelos contaminados para una economía circular.

Ley 21/2022, de 19 de octubre, de creación de un fondo de compensación para las víctimas del amianto.

Ley 31/1995, de 8 de noviembre, de Prevención de Riesgos Laborales.

RD 171/2004, de 30 de enero, por el que se desarrolla el artículo 24 de la Ley 31/1995, de 8 de noviembre, de Prevención de Riesgos Laborales, en materia de coordinación de actividades empresariales.

RD 396/2006, de 31 de marzo, por el que se establecen las disposiciones mínimas de seguridad y salud aplicables a los trabajos con riesgo de exposición al amianto.

RD 1299/2006, de 10 de noviembre, por el que se aprueba el cuadro de enfermedades profesionales en el sistema de la Seguridad Social y se establecen criterios para su notificación y registro.

Orden de 7 de diciembre de 2001 por la que se modifica el anexo I del RD 1406/1989, de 10 de noviembre, por el que se imponen limitaciones a la comercialización y al uso de ciertas sustancias y preparados peligrosos.

RD 1627/1997, de 24 de octubre, por el que se establecen disposiciones mínimas de seguridad y de salud en las obras de construcción.

RD 159/1995, de 3 de febrero, por el que se modifica el RD 1407/1992, de 20 de noviembre, por el que se regula las condiciones para la comercialización y libre circulación intracomunitaria de los equipos de protección individual.

UNE 171370-2:2021 Amianto. Parte 2: Localización y diagnóstico de amianto.

UNE-EN 143:2022 Equipos de protección respiratoria. Filtros contra partículas. Requisitos, ensayos, marcado.

Nuria Baladés Ruiz Finaliza la carrera de Ingeniería Técnica (1999) y trabaja dos años como ingeniero de ITV. Realiza un Máster en Prevención de Riesgos Laborales y trabaja más de seis años en diferentes industrias como responsable de Prevención. Compaginando trabajo y estudios realiza la carrera de Ingeniería Industrial y el Máster en Ingeniería Computacional, siendo galardonada con dos premios (2012). Tras matricularse en el programa de doctorado de Nanociencia y Tecnología de Materiales colabora en dos proyectos de investigación, difundiendo los resultados en ocho conferencias internacionales y publicando cinco artículos indexados en el JCR. En el ámbito de la docencia universitaria desde 2015 ha impartido docencia en áreas como Ciencia de Materiales e Ingeniería Mecánica. Actualmente es profesor ayudante doctor en el área de Proyectos de Ingeniería de la Universidad de Cádiz. Aunque su investigación comenzó centrándose en la nanoscopía electrónica y modelización de materiales semiconductores y nanocompuestos, recientemente está centrada en la caracterización mecánica, la ingeniería inversa y las estructuras impresas en 3D. En este campo ha participando en un proyecto internacional y dieciséis contratos diferentes con industrias. Sus resultados se han difundido en cinco conferencias nacionales y cuatro publicaciones.

El impacto del miedo en el ámbito laboral y su gestión

JUAN JACOBO NÚÑEZ MARTÍNEZ
Universidad Nacional de Educación a Distancia
jnunez@cee.uned.es

RAQUEL ARGUEDAS SANZ
Universidad Nacional de Educación a Distancia
rarguedas@cee.uned.es

Resumen. Si bien el miedo sería una reacción biológica que ha permitido la supervivencia del ser humano en situaciones hostiles, su percepción ha evolucionado a lo largo de la historia con la aparición de nuevos temores de carácter subjetivo que producirían un sentimiento de vulnerabilidad en las personas ante las incertidumbres del mundo actual. Asimismo, el cambio en el modelo social y la desaparición del concepto de comunidad sustituyéndose por una visión más individualista como estilo de vida, han incrementado la sensación de soledad y desarraigo, dificultando la relación del individuo con su entorno al ser evaluado como hostil. Este sentimiento de inseguridad ha tenido su plasmación en el ámbito laboral, ya de por sí incierto, incrementándose los niveles de estrés y ansiedad entre los trabajadores que afectaría tanto a su propio rendimiento laboral, como a la rentabilidad de la empresa como consecuencia del absentismo laboral o una bajada en la productividad. Ante esta situación, es cada vez más frecuente, por parte de las empresas, la utilización de técnicas de carácter pseudoespiritual basadas tanto en las enseñanzas provenientes de la *New Age* como de la mente positiva en un intento de mejorar el bienestar de sus trabajadores y su motivación. Siendo el objetivo de este trabajo analizar en primer lugar la propia evolución del concepto del miedo en la sociedad, para posteriormente reflexionar sobre las motivaciones que han llevado a las organizaciones a introducir de este tipo de técnicas dentro de su estrategia empresarial.

Palabras Clave: Miedo, Management, Mente Positiva, New Age.

1. INTRODUCCIÓN

Fue el naturista Charles Darwing el primero en clasificar al miedo como una de las emociones innatas e universales cuando en su libro *Expresiones de las emociones en los animales y en el hombre* (1873), afirmaba que todos los seres vivos habían tenido una línea evolutiva similar, señalando que el miedo sería una reacción biológica ante una amenaza concreta que se activaría al objeto de protegernos frente a los peligros de la naturaleza a través de cambios fisiológicos (André, 2005). Siendo, por tanto, una respuesta de supervivencia necesaria que ha resultado esencial para nuestra propia evolución al permitirnos actuar ante situaciones adversas con rapidez y eficiencia, puesto que pues tal y como indica Nardone (2003, p.21) "sin una dosis de miedo no se sobrevive".

Si bien los cambios fisiológicos y bioquímicos generados por el miedo producirían reacciones comunes en todos los mamíferos, sus efectos en los seres humanos tendrían unas características más complejas al poseer una naturaleza afectivo emocional más evolucionada, activándose las señales de alarma ante cualquier clase de estímulos externos, ya sean de carácter real o imaginario (Rodríguez Kauth, 2004; Bedoya & Velásquez, 2014; Grossman, 1967). Otra característica del miedo en los seres humanos sería que al tratarse de una emoción psicobiológica derivada nuestro sistema interpretativo, ante igual situación de peligro en algunos sujetos podría desencadenarse una situación de pánico con efectos paralizantes, y en otras, por el contrario, no apreciarse ningún tipo de ansiedad (Marina, 2006;Mestres & Vives-Rego et al, 2014; Bedoya Dorado & García Solarte, 2016). La razón de esta variabilidad de comportamientos se basaría tanto en componentes genéticos como en rasgos personales derivados del género, la clase social, edad, o cultura, al ser el componente psicosocial y subjetivo el que condicionaría la actitud y la forma de enfrentarnos ante las situaciones de peligro (Marina, 2006; Rodríguez Kauth, 2004; Jericó, 2006).

Junto a los miedos de carácter individual debemos añadir aquellos denominados como colectivos o sociales. Derivados tanto de cada etapa histórica, como provocados por parte de las instituciones al objeto de modificar aspectos morales o conductas personales (Bedoya & Velásquez, 2014). Respecto a estos temores inducidos, se trataría de una construcción social realizada a través de estímulos externos al objeto de modelar una visión de la propia realidad, puesto que las formas de temer o recelar también serían aprendidas por medio de la vida social y comunitaria (Ordóñez, 2006). Esta utilización del miedo como factor moralizante quedaría plasmada en la práctica totalidad de las culturas tradicionales a través del folclore o los cuentos populares que utilizaría el miedo como un eje vertebrador del aprendizaje al actuar como protector frente a potenciales peligros.

Esta evolución en la concepción del miedo ha supuesto que en la actualidad exista una mayor percepción del miedo que en épocas pasadas. Para Joanna Bourke (2005) las razones se deberían tanto a la aparición de los medios de comunicación, globalizando los temores, como al surgimiento de nuevas concepciones del miedo; por lo que no es de extrañar que la sociología identifique al miedo como una de las características específicas de la sociedad postmoderna, definida por Ulrich Beck (2003, p.16) como la "sociedad del riesgo", al ser los sentimientos de incertidumbre y temor los rasgos característicos acompañarían a la globalización. Si bien los motivos que han incrementado esta sensación pueden ser diversos, todos se relacionarían con un sentimiento de inseguridad, más subjetiva que real, que ha evolucionado hacia la aparición de temores abstractos al encontrarnos inmersos en un mundo más fluido e impredecible (Bauman, 2003; Giddens, 2000; Ordóñez, 2006; Bauman, 2007). En este sentido, se hablaría de un miedo derivativo como consecuencia de nuestra propia vulnerabilidad y la ausencia de confianza ante un mundo exterior carente de garantías y seguridades.

Bauman (2007) diferenciaría tres tipos de miedo: 1) aquellos dirigidos hacia el cuerpo y las propiedades de las personas; 2) otros peligros de naturaleza más general que perjudicarían al orden social del que depende el individuo tales como la seguridad o el medio de vida, y 3) amenazas a la posición jerárquica y social de la persona en el mundo. De manera esquemática, podríamos resumir los miedos actuales en: el miedo al fracaso y el miedo al rechazo, al encontrarse la propia sociedad estructurada bajo ambas premisas (García Ribas, 2006). Siendo la aparición de estos miedos de tipo existencial consecuencia directa de la propia evolución del mundo occidental, en especial durante la segunda mitad del siglo XX, denominada por Gallego (2011) como la era de los sufrimientos emergentes y donde la ansiedad y la depresión formarían parte de nuestra propia cotidianidad.

Otro potenciador del miedo provendría de la perdida de referencias debido a la transformación de los antiguos modelos sociales (Pelicer, 1988). En este sentido, la desaparición del concepto de comunidad como grupo social y su sustitución por una visión individualista como estilo de vida, ha supuesto una reducción de los sistemas de seguridad y protección de las personas, dado que el debilitamiento de los grupos comunitarios suponen la desaparición de aquellos lazos que antiguamente definían las reglas de protección y las obligaciones individuales (Castell, 2004; Bauman; 2004). Este enfoque de sociedad individualista ha reducido nuestra propia autoestima a través de la carencia de seguridades, puesto que el ser humano, social por naturaleza, siente la necesidad de integrarse en un grupo para sentirse seguro (Santamaría de la Piedra & Meana, 2017). De este modo, si bien la aparición de las TIC permitirían reducir las limitaciones comunicativas de las personas ampliando su conexión con el entorno, no se encontrarían exentas de problemas en relación con la autoestima, especialmente entre los niños y los adolescentes (Herrera et al, 2010; Jiménez & Pantoja, 2007). Puesto que la comunicación a través de internet supone relacionarse con un entorno virtual donde el anonimato permite ocultar la verdadera identidad, creando una suerte de personalidad dentro de una sociedad donde son valorados estilos de vida o estereotipos personales difícilmente alcanzables para la mayoría de las personas, construyendo una versión idealizada de uno mismo ante la necesidad de autoafirmación (Turkle, 2011). Esta dicotomía entre el yo digital y el yo real puede terminar afectando a la propia identidad personal, puesto que si bien se buscaría transmitir una imagen autosuficiente, existiría la necesidad de la aprobación de terceros, a través de las valoraciones positivas o negativas, sobre la imagen proyectada. Esta búsqueda de reconocimiento supondrá una evaluación constante de nuestra imagen, pudiendo derivar en problemas de autoestima cuando no son cumplidas las expectativas perseguidas y con el agravante de ser realizadas sobre nuestra mejor versión, y en un entorno donde nuestra vida es analizada desde una perspectiva crítica, provocando, en ocasiones, una sensación de incomprensión y vulnerabilidad por parte del sujeto al no ser reconocido por el mundo exterior (Luna, 2022; Romero Rodríguez & Aznar Díaz, 2019; Herrera et al, 2010).

Esta sensación de incertidumbre y miedo hacia lo externo, característica de la sociedad actual, producirían una búsqueda constante del concepto de felicidad, entendida como un control sobre todos los aspectos nuestras propias vidas a fin de obtener seguridad, tranquilidad y certezas. Teniendo su reflejo directo en el ámbito profesional a través de la inseguridad en la toma de decisiones o en la falta de iniciativa, así como en las propias relaciones laborales y el ocultamiento de los errores por miedo a represalias.

2. LA GESTIÓN DEL MIEDO EN LA EMPRESA

2.1 El efecto del miedo en la empresa

Las transformaciones socioeconómicas producidas a principios de la década de los ochenta del siglo XX con el surgimiento del capitalismo financiero, supuso la aparición de OPAS y reestructuraciones empresariales al prevalecer el interés de los accionistas sobre la propia viabilidad de las empresas a largo plazo, estableciéndose entornos económicos inciertos que elevaron la percepción del miedo a todos los niveles profesionales, dado que la propia seguridad laboral de los directivos se encontraba sometida a una presión constante ante la necesidad de obtener beneficios a corto plazo (Punset, 2012;Martínez Selva, 2011; Jericó, 2006). Esta modificación de las condiciones laborales supuso la ruptura del denominado como contrato psicológico, donde el empresario establecía una relación de por vida con el trabajador que incluía el empleo fijo (Sims, 1994). Produciendo una sensación de amenaza e inseguridad constante entre los trabajadores al considerarse como simples peones de estos cambios y con un futuro laboral impredecible que minan su motivación (Espadas, 2002). De este modo, la inseguridad en el entorno laboral junto con una inadecuada interacción entre las condiciones de trabajo y la vida personal, han aumentado la sensación de incertidumbre provocando la aparición de emociones disfuncionales específicas del ámbito laboral, destacando especialmente la ansiedad y el estrés, así como otras psicopatologías que han terminado afectando a la salud de los trabajadores y que tendrían al miedo como principal causante (Azkargorta et al, 2011; Martínez Selva, 2011). De acuerdo a lo indicado, la ansiedad dentro del ámbito laboral, sería entendida como una reacción ante un acontecimiento endógeno de carácter irracional, que podrían derivar en fobias y en casos extremos la aparición de la ergofobia o miedo irracional a acudir al lugar de trabajo, generando un clima laboral estresante, malas relaciones con jefes y compañeros, o la incapacidad para realizar las funciones propias del puesto de trabajo.

En referencia al estrés laboral, éste se produciría cuando las demandas a las que se encuentra sometido un trabajador superan su propia capacidad de respuesta (Pérez Bilbao, 2004). Aunque si bien en un principio y al tener un origen adaptativo, proporcionarían un incremento de energía tanto física como mental, por lo que cierto nivel de estrés no se podría considerarse como algo negativo pese a su efectos secundarios; su persistencia en el tiempo impediría recuperar en el individuo su equilibrio anterior provocándole una situación de bloqueo, al ser el estrés laboral un proceso escalonado que comienza con síntomas leves, tales como cansancio o fatiga, pero que su prolongación deriva en trastornos tanto funcionales como orgánicos, pudiendo llegar a ser crónicos y emocionalmente agotadores para el empleado y terminar provocando fallos y errores dentro de la organización (Martínez Selva, 2000). Un ejemplo de esta situación sería el burnout o síndrome de agotamiento profesional, un estrés específico del ámbito laboral, que correspondería como un estado de agotamiento físico, emocional y mental como consecuencia de una prolongada exposición a múltiples demandas en el trabajo, derivando en una pérdida de confianza en las propias habilidades del sujeto al producir estados de ansiedad y pérdida de control manifestados a través de tres síntomas: 1) agotamiento emocional ante las excesivas demandas del entorno laboral; 2) despersonalización a través de una actitud negativa y cínica en el trabajo; y 3) falta de realización personal traducido en una pérdida de competencias y eficacia provocado por la evaluación negativa de los compañeros de trabajo, y que terminaría desencadenado miedos irracionales hacia los colegas o al propio lugar de trabajo (Maslach & Jackson, 1986).

Asimismo, otros miedos propios de la sociedad también tendrían una plasmación en el ámbito laboral a través del propio comportamiento de los trabajadores. De este modo, el miedo al fracaso se traduciría en la evitación de situaciones que pudieran ser susceptibles de cometer errores tales como: 1) la toma de decisiones, 2) asumir riesgos, 3) ocultamiento de información sobre fallos que pudieran cometerse a efectos de evitar las posibles represalias (Suarez, 1996). En relación con el miedo al rechazo, sus efectos se materializarían en actitudes como: 1) evitar destacar o actuar de manera diferente al resto de los trabajadores para no deteriorar las relaciones sociales, 2) no comunicar problemas dentro de la organización para no convertirse en el centro de las críticas, o 3) no pedir ayuda ante las tareas asignadas por miedo a ser menospreciado (García Ribas, 2006; Suarez, 1996; Jericó, 2006).

El incremento de la sensación de miedo en el trabajo, bajo sus diferentes variantes, se considera actualmente como un problema mundial tanto para la propia salud de los trabajadores, como por su impacto en la economía mundial, estimándose las pérdidas asociadas a la salud mental desde el año 2011 hasta el año 2036 serán de un total de 16.300 billones de dólares (World Economic, 2011 p. 29). Asimismo, Comisión Europea considera que la depresión relacionada con el trabajo supone unas pérdidas de 617 billones anuales de euros (OIT, OMS, Comisión Europea).

Ante esta situación, es cada vez más frecuente en las empresas el desarrollo de técnicas de carácter espiritual como el yoga, el mindfulness o cursos motivacionales de psicología positiva para los empleados como parte de sus políticas de gestión orientadas tanto al incremento de la productividad de los trabajadores, como para reducir los procesos de ansiedad o estrés (Funes, 2016; De la Torre & Gutiérrez Zúñiga, 2005). Si bien la introducción de estas prácticas de tipo espiritual podría resultar en un principio contradictorias con la propia naturaleza del mundo empresarial, históricamente siempre ha existido una estrecha relación sociocultural entre religiosidad y la concepción del trabajo, tal y como señalaba Max Weber en su libro *la ética protestante* en relación a la influencia del protestantismo en la formación de la subjetividad económica.

Esta cosmovisión de carácter espiritual en el ámbito corporativo también se relacionaría con la propia evolución de la sociedad a través de una búsqueda permanente de tranquilidad y paz interior; así como una mayor sensibilidad hacia la importancia de las emociones en los seres humanos. Y donde la empresa, como parte integrante de la propia sociedad, participaría a través del denominado como capitalismo emocional (Semán & Rizo, 2013; Olmos, 2020; Funes, 2016). No obstante, bajo la denominación de esta nueva cultura corporativa espiritual (Ehrenreich, 2011), se englobarían diferentes corrientes divergentes y en cierto modo contradictorias, tanto en sus principios como en sus fines, pero con el denominador común de la búsqueda de la seguridad personal a través de las creencias. De tal forma que la denominada como New Age tendría su origen en la sociedad Teosófica creada por Helena Blavatsky a finales del siglo XIX, mientras que el pensamiento positivo se fundamentaría en el Nuevo Pensamiento y el Mind Cure de Mary Baker Eddy y Phineas Parkhurst Quimby como una reacción ante el calvinismo y sus valores puritanos, aunque en la actualidad sea considerado como neo protestantismo dadas las fuertes connotaciones religiosas adquiridas en las últimas décadas (Ehrenreich, 2011).

2.2 Desarrollo de la neo-espiritualidad en el ámbito laboral.

La *New Age*

Aunque el movimiento teosófico entró en declive en la década de 1930 al dividirse en diferentes corrientes como la antroposofía de Rudolf Steiner o la escuela arcana de Alice Bailey, consiguió prolongar su influencia en Estados Unidos a través de un conjunto de creencias socioculturales que englobaban interpretaciones sobre el hinduismo, la filosofía zen o conceptos orientales tergiversados como la reencarnación, desarrollando una amalgama de conocimientos pseudoespirituales que en la década de los sesenta fueron recogidos por los movimientos contraculturales, fundamentalmente en las universidades de California, donde los jóvenes buscaban un mundo alternativo contra el racionalismo y el materialismo moderno, idealizando las filosofías orientales ante la falta de respuestas y confianza de las religiones tradicionales occidentales (Alvarado,2023; Heath & Potter, 2005). De esta aproximación a las religiones orientales surgieron aspectos como la conciencia colectiva, a través del movimiento hippy, o la búsqueda del positivismo con la llegada de la Era de Acuario, teniendo como gurú principal a Juddi Krishnamurti y sus centros de estudio donde se impulsaban corrientes humanistas y pacifistas que impregnaron a la juventud. Asimismo, el desarrollo de este movimiento beat supuso la llegada de una nueva generación de gurús indios donde se identificaba la conexión del alma con la realidad absoluta a través de la meditación y la paz interior. Estas nuevas corrientes filosóficas, conjuntamente con el descubrimiento de las culturas nativas o el pensamiento mágico de Carlos Castaneda, marcaron no solamente el concepto de espiritualidad actual, sino también del propio pensamiento de la sociedad al trascender las ideas de conciencia global al mundo profano en busca de un mundo más justo y solidario, que actualmente se relacionaría con aspectos tales como la importancia del medio ambiente, el movimiento feminista o la defensa de los derechos humanos, así como otro tipo de causas sociales al concebirse el mundo como un todo global e interconectado.

El pensamiento positivo

Por el contrario, los orígenes del pensamiento positivo nos remitiría a finales del siglo XIX como una reacción ante el determinismo de la cultura calvinista a través del surgimiento de una corriente denominada como *New Thought* o individualismo positivo que frente al concepto de predestinación del protestantismo, abogaría por la libertad del individuo a través de su propia voluntad, enfatizando el poder de su pensamiento como la herramienta para obtener aquellas metas propuestas(Ehrenreich, 2011; Bejar, 2014; Cabanas & Sánchez, 2012). Esta nueva filosofía, de carácter individualista, que juntamente con el Mind Cure de connotaciones hinduistas y trascendentales, señalarían la importancia de una actitud positiva como el motor principal para vencer todas las situaciones ante las que nos enfrentamos, incluida la propia enfermedad, puesto que serían los pensamientos negativos como el miedo o el pesimismo aquellos que bloquearían nuestra voluntad (Bejar, 2014;Pérez-Álvarez, 2012). Bajo esta premisa, durante la siguientes décadas floreció un nuevo tipo de literatura denominada como de autoayuda dirigida a desarrollar la prosperidad de las personas o mejorar sus relaciones sociales a través de la positivización de la mente; destacando las obras de William Wolker (1909) sobre la liberación del pensamiento o la ley de atracción, Dale Carnegie (1936) *cómo ganar amigos e influir sobre las personas*, o Napoleón Hill (1937) *piense y hágase rico.* Aunque no será hasta el año 1952 cuando el pastor protestante Norman Vincent Pale publique *el pensamiento tenaz*, comenzando a relacionar el pensamiento positivo como una mejora de la eficiencia en el puesto de trabajo, así como su compatibilidad con el pensamiento cristiano.

Si bien durante los siguientes años la literatura motivacional se centró en la búsqueda del éxito personal a través del esfuerzo, la constancia y una actitud positiva. La década de los ochenta supondrá un cambio sustancial en la propia concepción de esta filosofía al incorporase conceptos tanto pseudo espirituales derivados de la *New Age*, como, fundamentalmente, componentes evangélicos y denominado como el nuevo pensamiento calvinista (Ehrenreich, 2011). De este modo, el actual pensamiento positivo partiría del principio de que Dios o el cosmos, desea que el ser humano sea feliz y prospere concediendo todo lo que se le es pedido a través del deseo y una actitud positiva de generosidad y amor; por lo que la aparición de conflictos, enfermedades, la pobreza o el fracaso tendría su origen tanto en una falta de confianza con nuestra unidad con Dios, como en una inadecuación personal motivada por nuestra actitud negativa (Ehrenreich, 2011). En consecuencia, la actual concepción del nuevo pensamiento supone una búsqueda de la felicidad o la autorrealización, entendida generalmente como una mejora de las condiciones materiales, que se iniciaría a través de la visualización, el optimismo y las expectativas del sujeto como consecuencia de la "ley de atracción"; por lo que, de no conseguirse los resultados esperados, se obligaría a la realización de un autoexamen de nuestra propia actitud y falta de voluntad (Ehrenreich, 2011).

2.3 Aplicación de la espiritualidad en el ámbito empresarial

Los procesos de downszing y la inestabilidad del mercado produjeron una transformación tanto de los modelos de gestión aplicados hasta ese momento, como de las condiciones laborales al producirse regulaciones de empleo masivas dentro de las organizaciones; por lo que los directivos comenzaron a buscar nuevas herramientas de gerenciales que permitieran hacer frente a estas transformaciones comenzando a aparecer nuevos conceptos en el campo del management caracterizados por la flexibilidad, la creatividad, la búsqueda de nuevas oportunidades y el desarrollo de nuevas técnicas motivacionales ante unas plantillas cada vez más desmoralizadas por el entorno laboral (Boltanski & Chiapello, 2012; Garrido & Castelló, 2007; Funes, 2016). Asimismo, la llegada a los puestos directivos de jóvenes norteamericanos de la década de los sesenta influenciados por los movimientos contraculturales, especialmente en el emergente sector informático, incorporaron una nueva visión sobre las funciones de la empresa y sus tradicionales líneas jerárquicas, comenzando una transformación en los procesos gestión a través de la modificación de los organigramas, la potenciación del liderazgo o el desarrollo de equipos de trabajo que promovían sentimientos de pertenencia e implicación personal (Funes, 2016; De la Torre & Gutiérrez Zúñiga, 2005; Heath & Potter, 2005). Otra característica de esta nueva mentalidad directiva fue la propia función social de la organización a través de la aparición de la responsabilidad social corporativa, al tener las empresas un compromiso de servicio tanto con los accionistas como con la sociedad en su conjunto, tal y como se propugnaba en los movimientos de la Nueva Era (Garrido & Castelló, 2007, Heath & Potter, 2005; Rakseh Khurunda- Ehrenreich, 2011).

Será pues a partir de la década de los ochenta cuando la literatura motivacional positiva comience su expansión abarcando una orientación emprendedora aplicada al mundo del management a través de la proliferación de libros de emprendimiento, cursos y seminarios dirigidos hacia los empleados al objeto de incrementar su motivación y productividad a través de la consecución de sus expectativas personales y una actitud más empática en el entorno laboral (Semán & Rizo, 2013; Funes, 2016; Ehrenreich, 2011). Del mismo modo, la literatura espiritual de la *New Age* también tendría su integración en el ámbito empresarial al adaptar terapias alternativas de origen oriental mediante cursos de autoconocimiento, yoga, mindfulness o visualizaciones al objeto de reducir la sensación de ansiedad, miedo o estrés de los propios trabajadores. Esta filosofía también tendría su plasmación en una nueva concepción del liderazgo directivo con la aparición de nuevos modelos de dirección que, en muchas ocasiones, se asemejarían al concepto de maestro oriental, de tal forma que se incorporará el termino gurú gerencial al ámbito empresarial.

Este cambio de paradigma ha traído la incorporación de elementos específicos tanto de la *New Age* como de la mente positiva, desarrollándose una corriente pesudo espiritual al ámbito empresarial a través de la sacralización de la actividad económica y la gestión de los recursos humanos (De la Torre & Gutiérrez Zúñiga, 2005; Funes, 2016; Olmos, 2020). Concibiéndose la actividad laboral como una vía de autoconocimiento personal que permita desarrollar al trabajador toda su potencialidad descubriendo aquellas capacidades innatas que posee a través de la generación de unas emociones que le conecten con su propia esencia. El surgimiento de este "capitalismo emocional" supone la aparición de nuevos conceptos tales como el salario emocional o motivacional a efectos de generar un mayor compromiso, mejorar su productividad, o la evitación de conflictos dentro de los departamentos a través del autocontrol y de un mayor optimismo por parte de los trabajadores.

Los objetivos de estas técnicas pueden reducir los niveles de estrés o ansiedad dentro del ámbito laboral y aportar una mayor confianza a través del descubrimiento de las propias fortalezas sin que la empresa pueda garantizar la estabilidad laboral. No obstante, la utilización de esta filosofía no se encuentra exenta de polémica, especialmente algunos aspectos referidos a la mente positiva, surgiendo en últimos años un cuestionamiento en relación con la obligación de mantener una actitud positiva de tipo impostado que enmascararía los sentimientos reales de los trabajadores. Asimismo, la eliminación de las emociones negativas no se limitaría al propio empleado, sino que afectaría a toda la organización, al considerarse que los errores que puedan producirse en la empresa se deben a la fatal de empatía, positividad o a no existir una actitud proactiva por parte de los propios trabajadores (Bejar, 2014; Ehrenreich, 2011; Del Charco, 2022).

CONCLUSIONES

Los cambios producidos en la segunda mitad del siglo XX han supuesto una transformación de las estructuras políticas, económicas y sociales, teniendo como uno de sus efectos colaterales el incremento de la sensación de miedo entre la población como resultado de la rapidez de los cambios producidos y su intensidad. Esta situación ha derivado en una búsqueda de certezas y seguridades personales, concediéndose cada vez una mayor importancia a las propias emociones y sentimientos de las personas como una vía que permita obtener una mayor estabilidad. Asimismo, los cambios económicos producidos en la década de los ochenta con la aparición de los procesos de downszing supusieron una modificación de las condiciones laborales, provocando que la inestabilidad laboral y la sensación de miedo fuesen una constante dentro del entorno profesional. Ante esta situación, y afectos de poder evitar la ansiedad de los trabajadores en unos entornos cada vez más inciertos, los gerentes buscaron nuevos métodos para aumentar la motivación, aplicando nuevos enfoques estratégicos que incluían elementos específicos tanto de la *New Age* como de la mente positiva, a efectos de potenciar la seguridad del trabajador a través de su propio autoconocimiento y de actitudes empáticas que permitieran controlar sus propias emociones.

REFERENCIAS BIBLIOGRÁFICAS

Alvarado, J. (2023).René Guénon. Testigo de la tradición: introducción a las ober completas. Madrid: Saínz y Torres.

André, C. (2005). *Psicología del miedo: temores, angustias y fobias.* Barcelona: Kairos.

Azkargorta Prat,, A., & Ordóñez, M. (2011). Depresión y ansiedad hoy. ¿ Patología o normalidad? *Crítica. Emociones que nos rompen: ansiedad y depresión*(julio-agosto), 25-30.

Bauman, Z. (2003). *Comunidad. En busca de seguridad en un mundo hostil.* Barcelona: Paidos.

Bauman, Z. (2007). *El miedo líquido. La sociedad contemporánea y sus temores.* Barcelona: Paidos.

Beck, U. (2003). *Sobre terrorismo y la guerra.* Barcelona: Paidos.

Bedoya Dorado, C., & García Solarte, M. (2016). Efectos del miedo en los trabajadores. *Estudios Gerenciales, 32*, 60-70. http://dx.doi.org/10.1016/j.esteger.2015.10.002.

Bedoya Dorado, C., & Velásquez Fernández, A. (2014). Análisis de la incidencia del miedo en la organización desde la perspectiva psicobiológica. *Revista colombiana de Psicología, 23*(2), 351-362.

Bejar, H. (2014). Los orígenes de la tradición del pensamiento positivo. *Athenea Digital, 14*(2), 227-253.

Belk, R. (2014). Digital consumption and the extended self. *Journal of Marketing Management, 30*(11-12), 1101-1118. doi:10.1080/0267257X.2014.939217.

Boltanski, L., & Chiapello, E. (2012). *El nuevo espíritu del capitalismo.* Madrid: Akal.

Bourke, J. (2005). *Fear: a cultural history.* London: Virago Press.

Cabanas, E., & Sánchez, J. (s.f.). Las raices de la Psicología positiva. *Papeles del Psicólogo, 33*(3), 172-182.

Castell, R. (2004). *La inseguridad social. ¿ Qué es estar protegido?* Buenos Aires: Matrial.

Chávez, A. (2009). La industria del miedo en la sociedad contemporánea. *Realidad y Reflexión, 25*(8 enero-abril).

De la Torre, R., & Gutiérrez Zúñiga , C. (2005). La lógica del mecado y la lógica de la creencia en lacreación de las mercancías simbólicas. *Desacatos, 18,* 53-70.

Del Charco, B. (2022). *Hasta los cojones del pensamiento positivo.* Barcelona: Martínez Roca.

Ehrenreich, B. (2011). *Sonríe o muere. La trampa del pensamiento positivo.* Madrid: Turner Publicaciones.

Espadas García, M. (2002). *Nuestro motor emocional "la motivación" con motivación nuetra vida será más estimulante, exitosa y satisfactoria o no será.* Madrid: Díaz de Santos.

Funes, M. (2016). La integración entre la esperitualidad nueva era y el nuevo management en Argentina: afinidades y tensiones. *Ciencias Sociales y Religión, 18*(24), 191-208.

Gallego Pérez, J. (2011). Ansiedad y Depresión. Dos presencias que nos rompen hoy. *julio-agosto*(974), 12-16.

García Ribas, C. (2006). *Tengo miedo. carisma y liderazgo a través de la gestión del propio miedo.* Barcelona: Granica.

Garrido, S., & Castelló, E. (2007). *La gestión de empresas en la sociedad del conocimiento.* Madrid: Universitas Internacional .

Giddens, A. (2000). *Un mundo desbocado. Los efectos de la globalización en nuestras vidas.* Barcelona: Taurus.

Goleman, D. (1996). *La inteligencia emocional.* Barcelona: Kairós.

Grossman, S. (1967). *A textbook of physiological psychology*. New York: John Wiley & Son.

Heath, J., & Potter, A. (2005). *Rebelarse vende. En negocio de la contracultura.* Madrid: Taurus.

Herrera, M., Pacheco, M., Palomar, J., & Zavala, D. (2010). La Adicción a Facebook Relacionada con la Baja Autoestima, la Depresión y la Falta de Habilidades Sociales. *Psicología Iberoamericana, 18*(1), 6-18.

Illouz, E. (2007). *La salvación del alma moderna. las emociones en el capitalismo.* Buenos Aires: Katz.

Jericó, P. (2006). *NoMiedo: en la empresa y el la vida.* Barcelona: Alierta.

Jiménez, L., & Pantoja, A. (2007). Autoestima y relaciones Interpersonales en sujetos adictos a Internet. *Psicología-Segunda Época, 26*(1), 78- 89.

Ledoux, J. (2001). La Anatomía del Miedo. *Health and Medicine, PROJECT SYNDICATE,* Available from Internet: <http://www.projectsyndicate.org/commentary/ledoux1/Spanish.

Luna, C. (2022). Estudio del optimismo y la autoestima relacionado al uso de las redes sociales en jóvenes adolescentes. *Revista científica arbitrada de la fundación menteclara,* 7(260), https://doi.org/10.32351/rca.v7.260.

Marina, J. (2006). *Anatomía del miedo: Un tratado sobre la valentía.* Barcelona: Anagrama.

Martínez Selva, J. (2011). *Estrés Laboral. Guía para empresarios y empleados.* Madrid: Prentice Hall.

Maslach, C., & Jackson, S. (1986). *Bournot Investoy Manual.* C.A Palo Alto: Consulting Psychologist Press.

Mestres, F., & Vives-Rego, J. (2014). Reflexiones sobre el miedo en el siglo XXI: filosofía, política, genética y evolución. *Arbor, 190*(769), http://dx.doi.org/10.3989/arbor.2014.769n5011.

Nardone, G. (2003). *Más allá del miedo: superar rápidamente las fobias, las obsesiones y el pánico.* Barcelona: Paidós.

Olmos, F. (2020). Motivación, inspiración, revelaciones: un estudio sobre la esperitualidad nueva era en circuitos emprendedores en Córdoba, Argentina. *Ciencias Sociales y Religión, 22,* 1-19.

Ordóñez, L. (2006). La globalización del miedo. *Revista de estudios sociales, diciembre*(25), 95-103.

Pelicer, Y. (1988). *Les chemins de la philosophie.* Erés.

Pérez Bilbao, J. (2004). Condiciones de trabajo y psicopatología laboral: implicaciones para la gestión de los recursos. *Boletín de Estudios Económicos, LIX*(183), 477-797.

Pérez-Álvarez, M. (2012). La psicología positiva. Magia simpática. *Papeles del Psicólogo, 33*(3), 183-201.

Punset, E. (2012). *Lo que nos pasa por dentro.* Barcelona: Destino.

Rodríguez Kauth, A. (2004). El miedo, el motor de la historia individual y colectiva. *Proyecto Grupo Crítico de Ciencias Sociales. Universidad Complutense.*, http://www.ucm.es/info/eurotheo/arkauth/intro.htm.

Romero Rodríguez, J., & Aznar Díaz, I. (2019). Análisis de la adicción al smartphone en studiantes universitarios. Factores influyentes y correlación con la autoestima. *RED. Revista de Educación a Distancia, 19*(60), https://doi.org/10.6018/red/60/08.

Santamaría de la Piedra, E., & Meana, R. (2017). Redes sociales y «fenómeno influencer» Reflexiones desde una perspectiva psicológica. *miscelánea comillas, 75*(147), 443-469.

Semán, P., & Rizo, V. (2013). Tramando religión y best sellers. La literatura masiva y la transformación de las prácticas religiosas. *Alteridades, 23*(45), 79-92.

Sims, R. (1994). Human resource management´s role in clarifying the new psychological contract. *Human resource Management, 33*(3), 373-382.

Suarez, G. (1996). Managing fear. *Executive Excellence, 13*(6), 8.

Turkle, S. (2011). *Alone Together: Why we expect more from technology and less from.* New York: Basic Books.

World Economic Forum (2011). *The global economic burden of Nom-communicable diseases.* Ginebra: World Economic Forum.

Evaluación de riesgos en campo de fuego para entrenamiento marítimo portuario

MANUEL ANTONIO SANTAMARIA BARRIOS
Universidad de Cádiz
manuelsantamariabarrios@gmail.com

Resumen. Este artículo está basado en el trabajo de fin de Máster donde se tuvo como meta lograr unas prácticas contra incendios según normativa formativa STCW seguras, así como todo lo que rodea a la preparación previa de las mismas.

Para ello se justifica la necesidad de la formación, se se identifican, evalúan los riesgos y establece una serie de medidas preventivas para el Campo de Fuego.

El diseño del campo de fuego, y la elaboración de los procedimientos de trabajo, se encuentra reflejado en las Enmiendas de Manila de 2010 al Anexo del Convenio Internacional sobre Normas de Formación y Guardia para la gente de mar donde se regulan los programas de los distintos certificados de especialidad profesional exigidos a los trabajadores del sector marítimo.

El propósito del campo de fuego es formar adecuadamente, según normativa y bajo rigor profesional, a los futuros trabajadores del ámbito marítimo portuario, por lo que se exige una serie de prácticas, sustentadas en equipos personales, herramientas e instalaciones para poner a prueba a los alumnos antes eventuales emergencias que se puedan encontrar en el desarrollo de su vida profesional.

Palabras clave: STCW; contra-incendios; prácticas; OMI; Marítimo-Portuario;

1. INTRODUCCIÓN

Hay un dicho en la mar: "A bordo somos los mejores médicos, bomberos, mecánicos… ¡Por que no hay otros!". Esto, pese a su tono humorístico, establece una verdad, el marino ha de prepararse para las posibles emergencias, y el fuego es una de las más importantes y comunes.

Para poder navegar profesionalmente hacen falta pasar una serie de cursos, o asignaturas, en el caso de que se aspire a ser oficial de esos buques [10], que permiten obtener certificados de cualificación profesional, cuyo contenido se desarrollan en el Anexo I del citado convenio STCW [11] cumpliendo con las normas de competencia de la Sección A-VI/1 del Código de formación. Los de lucha contra incendios quedan divididos en dos:

El módulo de lucha contra incendios, dentro del Certificado de formación básica en seguridad marítima, exigible según el art 5-A del Convenio a "Todo el personal que ejerza funciones profesionales marítima en buques civiles y a los que se les confían tareas de seguridad o de prevención de la contaminación relacionadas con las operaciones del buque" (Manila, 2010). Para obtenerlo se han de superar una formación de 70 horas siendo 7 de prácticas contra incendios.

La segunda certificación es exigible solo a oficiales de puente y máquinas, se trata en el artículo 6 del Convenio, es el Certificado Avanzado en Lucha Contra Incendios, con una duración no inferior a 24 horas siendo como mínimo 12 prácticas.

---

10 Actualmente en la oferta formativa Española disponemos de la formación universitaria en forma de Grado en las especialidades de Náutica, Marina y Radio-electrónica. En la formación profesional existen los grados de Transporte Marítimo y Pesca de Altura, Navegación y Pesca Litoral, y Mantenimiento y Control de la Maquinaria de Buques y Embarcaciones.

11 El Convenio Internacional sobre normas de formación, titulación y guardia para la gente de Mar fue adoptado en 1978, ha sido actualizado y enmendado a lo largo de los años, dispone de dos bloques destacables, la parte A: disposiciones obligatorias, que establece de manera pormenorizada las normas mínimas y la parte B con carácter de recomendación.

Para diseñar un campo de fuego, así como los procedimientos prácticos para que los futuros marinos entrenen y perfeccionen sus capacidades, debemos ir a las competencias y materiales exigidas en el Convenio STCW y que se amplían y especifican más detalladamente en el Curso Modelo OMI 1.20. De forma resumida, serían:

Competencias:

1. Utilización del aparato de respiración para combatir incendios y rescates.
2. Utilizar distintos tipos de extintores portátiles.
3. Extinguir pequeños incendios.
4. Extinguir incendios mayores utilizando agua con las lanzas de chorro y aspersión.
5. Extinguir incendios con espuma, polvo o cualquier otro agente químico adecuado.
6. Entrar y atravesar un espacio cerrado e inundado con espuma de alta expansión, utilizando la línea de vida pero sin equipo de respiración.
7. Combatir el fuego en espacios cerrados llenos de humo, llevando el equipo de respiración autónoma.
8. Extinguir el fuego con agua pulverizada en un espacio que simule un espacio de la acomodación o la sala de máquinas en el que haya fuego y gran cantidad de humo.
9. Extinguir un incendio de hidrocarburos con el aplicador de agua pulverizada y con las lanzas aspersoras, con polvo químico seco o con aplicadores de espuma.
10. Incendios menores: demostrar el uso correcto de los extintores portátiles adecuados para cada uno de los siguientes tipos de fuego (materiales ordinarios, hidrocarburos, grasa, plásticos, propano, equipos eléctricos). Demostrar como se extingue un fuego utilizando una manguera con lanzas de chorro y de aspersión y con un aplicador de espuma.

11. Incendios mayores: demostrar como se extinguen incendios mayores de distintos tipos, incluido un incendio de hidrocarburos, utilizando según los casos (agua, espumas, CO2). Demostrar como se entra y se atraviesa un compartimento lleno de espuma...
12. Rescatar un maniquí encerrado en un espacio inundado de humo utilizando un Equipo de Respiración Autónoma.

Equipamiento Material Exigible:

1. Equipos Personales de Protección contra el fuego.
2. Hidrantes u otro equipo similar que garantice el suministro de agua suficiente.
3. Extintores portátiles de todo tipo.
4. Compartimentos cerrados susceptibles de inundación por espumas de alta expansión.
5. Equipos de Respiración autónoma de circuito abierto.
6. Equipo de bombeo.
7. Equipo de Lucha contra Incendios compuestos de: Mangueras flexibles de una longitud mínima de 15 m^2, de 38 mm y 65 mm de sección; lanzas de agua y espuma, mezcladores, bifurcadores, reductores, adaptadores, en número suficiente para atacar cualquier tipo de fuego. Conexiones internacionales.
8. Material para extinción de incendios de la clase A, B y C (bandejas, depósitos y conducciones donde se puedan simular incendios de combustibles líquidos y gaseosos...).

La Organización Marítima Internacional (OMI) [12] da esbozos, no muestra un procedimiento como tal, eso corresponde-

---

[12] La Organización Marítima Internacional (OMI) es el organismo especializado de la ONU responsable de la seguridad y protección de la navegación y prevenir la contaminación procedente de los buques.

rá al desarrollo de las prácticas por parte de los instructores, como se verán en ejemplos más adelante..

La OMI recomienda tener unas instalaciones fijas tipo parque de bomberos, si bien se permite el uso de unidades móviles equipadas, especificando los recursos mínimos solicitados para poder ser un centro homologado e impartir dos formaciones seguidas sin tiempo a preparar los equipos anteriores. El edificio de prácticas deberá disponer de zonas que simulen: un camarote, corredor, sala abierta, una cámara con un panel de distribución eléctrico y una sala de máquinas con suelo de tecles. Todos estos espacios deben tener un fácil acceso desde el exterior como medida de precaución, estarán comunicados entre ellos. Se debe intentar que este edificio esté a continuación del aula, los servicios sanitarios y las duchas. En la zona elegida para su construcción no debería haber restricción para la emisión de humos.

2. OBJETIVOS

Usando las competencias solicitadas por la Organización Marítima Internacional (OMI) diseñar unas prácticas STCW para lograrlas, y evaluar los riesgos a los que se ven sometidos el personal implicado: alumnos y profesores.

3. METODOLOGÍA

En primer lugar se efectúa un trabajo de campo tomando anotaciones en distintas prácticas efectuadas por los alumnos de la asignatura Seguridad Marítima de la Universidad de Cádiz, la cual se imparte en los grados de náutica y transporte marítimo, Marina y Radio-electrónica, así como en diversas prácticas de los cursos contra incendios marítimos de varias academias privadas.

Se parte de la identificación de las mismas y se le asigna un código consistente en P (Práctica) y dos números siendo el primero el número de práctica y la segunda cifra en caso de que sean variaciones. Se describe el área de trabajo donde la realizaremos y los equipos a utilizar, para finalmente describir como ha de ser el desarrollo de la misma.

Posteriormente se efectua una Evaluación de Riesgos[13], donde se encuentran tres puntos que la diferencian de las que se pueden llevar a cabo en otros puestos de trabajo:

a) Vamos a tener dos tipos de personas expuestas, por un lado los profesores, con formación y experiencia en el sector, y por otra los estudiantes, más expuestos debido a su inexperiencia y nerviosismo ante lo nuevo.

b) El segundo punto es el que en la Ley de PRL denomina trabajadores especialmente sensibles (BOE,1995), que extrapolamos a la admisión de alumnos. No hay una normativa que nos presenten los criterios de exclusión, para ello lo vinculamos a la necesidad del Reconocimiento de Médico Previo al Embarque, efectuados en España por el Instituto Social de la Marina, no pueden realizar el curso personas que se encuentren de baja laboral, alumnas en estado de gestación y menores de 16 años (BOE, 2007).

c) Muchos de los riesgos son directamente no evitables, se busca la exposición al elemento de peligro para lograr un aprendizaje. Por lo cual aunque exista el riesgo permanente y en la evaluación se le asigna un valor, los Instructores pueden parar las prácticas en el mismo instante en que detecten una acción insegura.

Para la evaluación de riesgo se utiliza la NTP 330 Sistema simplificado de evaluación de riesgos de accidentes" del Ins-

---

13 Medio para conocer las condiciones del puesto de trabajo, busca plantear acciones para conseguir un puesto de trabajo seguro disminuyendo los posibles riesgos laborales. (BOE, 1997)

tituto Nacional de Seguridad y Salud en el Trabajo redactado por Manuel Bestraten Bellovi. Donde calcularemos el Nivel de Riesgo a partir del nivel de Probabilidad y el Nivel de Consecuencias: **NR= NP x NC.** Se ha escogido este método porque en el nivel más alto de deficiencia, Nivel I Situación Crítica, obliga a corregir la deficiencia, no para la actividad, y aquí estamos evaluando una acción formativa que en muchos casos no puede, ni debe corregir ese riesgo, debe enseñarlo para que sea asimilado por parte de los futuros encargados de intervención en la emergencia del buque.

El Nivel deficiencia es la magnitud de la vinculación esperable entre el conjunto de factores de riesgo considerados y su relación causal directa con el posible accidente.

1. Muy deficiente (MD): ND 10. Se detectan factores de riesgos significativos que determinan como muy posible la generación de fallos. El conjunto de medidas preventivas existentes respecto al riesgo resulta ineficaz.
2. Deficiente (D): ND 6. Se detecta algún factor de riesgo significativo que precisa ser corregido. La eficacia del conjunto de medidas preventivas existentes se ve reducida de forma apreciable.
3. Mejorable (M): ND 2. Se detectan factores de riesgos de menor importancia. La eficacia del conjunto de medidas preventivas existentesrespecto al riesgo no se ve reducida de forma apreciable.
4. Aceptable: (A): No se detecta anomalía destacable alguna. El riesgo está controlado. No se valora.

El Nivel de Exposición: frecuencia con la que se da exposición al riesgo, en este caso se dispara en los instructures.

1. Continuada (NE 4): Continuamente durante las prácticas.
2. Frecuente (NE 3): varias veces durante la práctica.

3. Ocasional (NE 2): alguna vez en las prácticas.
4. Exporádica (NE 1): irregularmente.

Nivel de Probabilidad: producto del nivel de deficiencia de las medidas preventivas y del nivel de exposición al riesgo. NP= ND x NE

		NIVEL DE EXPOSICIÓN			
		4	3	2	1
NIVEL DE DEFICIENCIA	10	MA-40	MA-30	A-20	A-10
	6	MA-24	A-18	A-12	M-6
	2	M-8	M-6	B-4	B-2

Tabla 1: Determinación del nivel de probabilidad. Fuente: NTP 330.

1. Muy Alta (MA): Situación deficiente con exposición continuada, o muy deficiente con exposición frecuente. La materialización del riesgo ocurre con frecuencia.
2. Alta (A): Situación deficiente con exposición frecuente/ocasional, o muy deficiente con exposición ocasional/esporádica. La materialización del riesgo es posible que suceda varias veces en la práctica.
3. Media (M): Situación deficiente con exposición esporádica, o mejorable con exposición continuada/frecuente. Es posible que suceda el daño alguna vez.
4. Baja (B): Situación mejorable con exposición ocasional/esporádica. No es esperable que se materialice el riesgo.

Nivel de Consecuencias: se establecen cuatro niveles para la clasificación de las consecuencias. Establecidas mediante un doble significado los daños físicos y materiales. Ambos daños han de ser considerados de forma independiente, teniendo más peso los daños a las personas que los materiales.

1. 100 Mortal/Catastrófico (M): los daños personales implican la muerte de un alumno/instructor. Y materialmente la destrucción de un espacio de prácticas.
2. 60 Muy Grave (MG): lesiones graves irreparables o detrucción parcial de elementos de prácticas.
3. 25 Grave (G): Lesiones con Incapacidad laboral transitoria o paro de practicas para efectuar la reparación.
4. 10 Leve (L): pequeñas lesiones que no necesitan hospitalización, reparable sin necesidad de paro del proceso.

<table>
<tr><td colspan="2">I: Situación crítica. Corrección Urgente</td><td colspan="4">NR= NP x NC</td></tr>
<tr><td colspan="2">II: Corregir y adoptar medidas de control</td><td colspan="4">NIVEL DE PROBABILIDAD (NP)</td></tr>
<tr><td colspan="2">III: Mejorar si es posible. Sería conveniente justificar la intervención y su rentabilidad</td><td rowspan="2">40-24</td><td rowspan="2">20-10</td><td rowspan="2">8-6</td><td rowspan="2">4-2</td></tr>
<tr><td colspan="2">IV: No intervenir, salvo que un análisis más preciso lo justifique.</td></tr>
<tr><td>NIVEL DE CONSECUENCIAS (NC)</td><td>100</td><td>I
4000-2400</td><td>I
2000-1200</td><td>I
800-600</td><td>II
400-200</td></tr>
<tr><td rowspan="2"></td><td rowspan="2">60</td><td rowspan="2">I
2400-1440</td><td rowspan="2">I
1200-600</td><td rowspan="2">II
480-360</td><td>II-240</td></tr>
<tr><td>III-120</td></tr>
<tr><td></td><td>25</td><td>I
1000-600</td><td>II
500-250</td><td>II
200-150</td><td>III
100-50</td></tr>
<tr><td rowspan="2"></td><td rowspan="2">10</td><td rowspan="2">II
400-240</td><td>II-200</td><td rowspan="2">III
80-60</td><td>III-40</td></tr>
<tr><td>III-100</td><td>IV-20</td></tr>
</table>

Tabla 2: Determinación del nivel de riesgo y de intervención.

Fuente: Elaboración propia basada en dos tablas de la NTP 330.

4. RESULTADOS

Se presentan todas las prácticas consensuadas para poder lograr las competencias exigidas para la obtención los certificados, a cada una de ella se le efectua una evaluación de riesgos y se establecen medidas a tomar para minimizar estos pero sin que se pierda el componente de estrés necesario para que el aprendizaje surja efecto.

4.1 P-10 Utilización de Aparato de Respiración Autónoma

Aprender a montar y utilizar de forma correcta un Equipo de Respiración Autónoma de Circuito Abierto[14], familiarizarse con los puntos claves del mismo (manómetro, juntas tóricas, pulmoautomático...), comprender las distintas piezas y evaluar si se encuentra en estado para ser utilizado. El equipo se colocará junto al traje de intervención, Traje de Nivel 1, popularmente traje de bombero. Estos equipos tienen la categoría de Equipo de Protección Individual Nivel 3 según el Reglamento UE 2016/425 del Parlamento Europeo.

4.2 P-20 Utilizar distintos tipos de extintores portátiles

Son el primer dispositivo que vamos a tener a mano para combatir un incendio. Un extintor bien usado puede evitar que se desencadene un daño mayor. En esta práctica se manejaran los dos tipos más comunes de polvo y CO2 pudiéndose también incorporar extintores de agua o agente humectante. En esta práctica vamos a presentar como ejemplo el desarrollo completo:

---

[14] En el mercado podemos disponer de equipos de respiración de circuito cerrado con mayor capacidad de tiempo de intervención, pero no son usados en buques mercantes.

Los instructores supervisan la operación desde dos puntos uno con los alumnos y otro en las válvulas de corte de combustible. Los alumnos intervendrán individualmente, nunca antes de que el instructor les de la señal de adelante.

Como herramientas para efectuarla se disponen de: Extintores de presión incorporada ya que son los más comunes en los buques, en cuanto al tipo por su extensión nos referimos a Polvo ABC y CO2, aunque las medidas se pueden usar para Especiales, AFFF, Espuma, BC[15]... y guantes de Protección: no son obligatorios pero si muy recomendables sobre todo con los de CO2. En esta tarea no hay mucho riesgo por lo que nos llegará con un guante de protección contra riesgos mecánicos.

Extintores: la Regla 10 Capitulo II-2 del SOLAS[16] tiene por finalidad controlar y extinguir rápidamente un incendio en su lugar de origen, para ello hemos de mantener los dispositivos de extinción rápidamente disponibles, esto se consigue mediante cuatro pilares fundamentales: mantenimiento, señalización, situación y, la que tratamos aquí, destreza en su manejo.

Definimos comúnmente como Extintor cualquier aparato con un agente extintor que puede ser expulsado mediante presión interna y dirigido hacia un fuego (Esplugas, J.P; Pitarch, M.A. 2018). Los que disponemos en el campo de fuego tienen las siguientes características:

a) Presión Permanente: tienen presión en todo momento ya sea por la propia naturaleza del agente (gases como el CO2) o porque se le incorpora durante la carga (Pol-

---

15 Debido a que son mucho más respetuosos con el medio ambiente y que a efectos formativos no hay diferencia alguna entre su uso y el de ABC, se recomienda su uso durante las prácticas.

16 Convenio SOLAS, adoptado en 1974 por la OMI, siendo actualizado continuamente según han ido aumentando las encesidades en los buques.

vo, agua...) mediante un agente gaseoso que puede ser CO2, Nitrógeno y en algunos casos aire comprimido.[17]

b) Portátiles: construido para ser transportado y accionado a mano, su peso total no será más de 23 kg (OMI, 2014).[18]

Están construidos de forma que su funcionamiento sea sencillo y rápido, y su manejo fácil, están bajo normativa internacional reconocida, de forma que necesitan una serie de pruebas para obtener homologación siendo más rigurosas para la Homologación SOLAS, entre ellas la selección de materiales, densidades, temperaturas a las que quedarán expuestos... deben llevar marcado como mínimo (OMI, 2004):

1. Nombre del fabricante.
2. Tipos de incendio para los que es apropiado y grado de eficacia.
3. Tipo y cantidad de agente extintores.
4. Pormenores relativos a la aprobación del aparatos.
5. Instrucciones de empleo y para la recarga.
6. Año de fabricación.
7. Gama de Temperaturas en la que funcionará satisfactoriamente.
8. Presión de prueba.

---

17 Tambien existen los de presión adosada, donde en un botellín externo o interno al cuerpo hay una carga de gas impulsor, antes de usarlo se ha de activar dicho botellín bien por percusión o abriendo una válvula. Este tipo de extintor se encuentra más en deshuso ya que implica mayor riesgo de accidente por proyección de piezas.

18 El SOLAS tambien reconoce los extintores móviles o de carro, con ruedas y tiradores para permitir su traslado, pueden ser del tipo gran extintor o un conjunto de botella sunificado en una manguera disparadora.

Son objeto de inspecciones anuales por parte de una persona cualificada, y cada 5 años se someterán a una prueba hidráulica conforme instrucciones del fabricante. En esta prueba se le somete a un retimbrado (un sello grabado en la estructura). Un extintor no podrá tener más de 20 años de vida.

El extintor dispondrá de una pieza que nos permita saber si ha sido disparado: en todos esta pieza es un precinto (normalmente de plástico) que se rompe con su uso, también muchos disponen de un manómetro que indica la presión.

Desarrollo:

1. Comprobar visualmente el extintor: manómetro (salvo los de CO2 que no disponen de él), estado de la manguera y botella, caducidades, precinto... Esto no es un paso que se haga en una emergencia real, pero es el primer punto de familiarización del alumnado con los equipos.
2. Desprecintar el extintor: lo agarraremos por el asa de transporte y tiraremos de la anilla. Es importante no agarrarlo por el asa de disparo ya que se guillotinará el clavo de bloqueo dificultando la operación.
3. Agarrar la manguera del extintor, aquí tendremos una diferencia fundamental:
    a) Si es de Polvo lo agarraremos lo más cercano posible a la boquilla para dirigir el producto con precisión.
    b) Si es de CO2 la manguera tiene una zona específica para su agarre, debido a que el producto sale a muy baja temperatura pudiéndonos ocasionar una quemadura por congelación.
4. Efectuar un disparo de prueba para comprobar su correcto funcionamiento. Recordar siempre manejar la palanca desde su extremo para que la válvula de salida tenga una apertura completa. (Perez A. 1999)

RIESGO	LEGISLACIÓN NTP	VALORACIÓN					MEDIDAS A TOMAR
		ND	NE	NP	NC	NR	
Quemaduras por frio debido al CO2 (Alumno)	Ley 31/95 RD 773/97 NTP 536	2	3	M-6	25	150 II	Protocolos de seguridad: viento a nuestra espalda. No apuntar hacia compañeros. No dejar la manguera sin control durante el manejo. Utilización de guantes.
Quemadura por frio debido al CO2 (instructor)*		2	4	M-8	25	200 II	
Proyección de piezas	RD 486/97 NTP 536	2	3	M-6	100	600 I	Retirada inmediata ante cualquier deficiencia.
NOTAS	*El instructor realiza una entrada por alumno, por lo que su riesgo queda multiplicado. Muchos de los riesgos de esta práctica derivan de la no obligatoriedad de usar el traje de intervención, por lo que enlas actividades con fuego real quedarán anulados.						

Tabla 3: Identificación y valoración de riesgos y medidas a tomar en la práctica manejo de distintos tipos de extintores portátiles. Fuente: Elaboración propia.

4.3 Extinguir pequeños incendios (Exteriores 1)

1. P-31 extinguir un fuego en superficie simulando un líquido derramado. Se utilizan bandejas fijas o portátiles. El fuego se genera mediante gas propano o natural licuado que se hace pasar por la bandeja inundada en agua, actuando de esta forma como un líquido ardiendo, fuego Clase B[19], también se puede utilizar diésel pero resulta

[19] Fuego Clase B según la Norma ISO 3941/UNE-EN 2 son fuegos de combustibles líquidos o sólidos licuables (Secretaria General Técnica, 2013).

mucho más contaminante e inseguro pues no hay forma de cortar la combustión en caso necesario.

2. P-32: sofocar un incendio dentro de un bidón, generalmente se tratarán de fuegos tipo A[20] como el que se puede producir a bordo dentro de un contenedor de basuras, o de trapos manchados de aceites/grasas... no descartar que pudiera ser un fuego tipo B, por un bidón abierto de combustible, pintura... Al ser un incendio en un recinto cerrado una sofocación es el método más efectivo por lo que el extintor de CO2 es a priori el más adecuado, pudiéndose utilizar también uno de polvo químico.
3. P-33 Variación donde se actua en pareja, cuando el líquido expandido ocupa una superficie mayor o bien existan obstáculos en la zona del derrame. Uno de los puntos más importantes es la comunicación y la coordinación entre los participantes.

4.4 P-33 Extinguir pequeños incendios (Interiores)

En esta práctica se trabajará dentro del edificio cerrado, suele usarse una maqueta de armario electrico, el tipo de extintor más usado en esta actividad es de CO2 por tratarse de un producto limpio que no deja residuos ni daña equipos adyacentes, al estar en interior no se ve interferido por factores externos como el viento.

Se pueden dar dos situaciones para afrontarla bajo criterio del instructor:

---

20 Fuego Clase A según la Norma ISO 3941/UNE-EN 2 son fuegos de combustibles sólidos (Secretaria General Técnica, 2013)

a) El fuego "sorprende" se inicia y un alumno de la zona lo apaga por lo que solo irá equipado con el traje básico.

b) El fuego ha sido detectado por los sistemas automáticos, por lo que iremos a él equipados con el Equipo de Respiración Autónoma, siendo más recomendable en esta modalidad trabajar en pareja.

4.4 P-40 Movimiento con manguera

Se comienza con un entrenamiento de despligue y arranchado de manguera[21], fundamental para poder disponer de los materiales de seguridad de forma rápida y eficiente (OMI, 2014), una manguera mal guardada puede significar enredos y nervios ante una situación de emergencia.

RIESGO	LEGISLACIÓN NTP	VALORACIÓN					MEDIDAS A TOMAR
		ND	NE	NP	NC	NR	
Carga física por postura forzada durante recogida	RD 487/97 RD 773/97	2	4	M-80	10	80 III	Cambiar posiciones entre plegador y ayudante. Uso recomendado de carro plegador para manguera*.
Cortes / Pinchazos	RD 773/97	6**	4	MA-24	10	240 Ii	Uso obligatorio de guantes de protección mecánica***

21 Debido a que cuesta mucho efectuar esta operación con guantes de bombero, la experiencia me ha demostrado que los alumnos aprovechan cualquier ocasión para quitárselos y trabajar sin ellos. El instructor ha de controlar la situación para evitar riesgos innecesarios.

NOTAS	*Este es un elemento que en los buques por sus características no suele usarse, si bien podemos tener plegadores o enrolladores de pared. **Debido a que cuesta mucho efectuar esta operación con guantes de bombero, la experiencia demuestra que los alumnos aprovechan cualquier ocasión para trabajar sin ellos. El instructor ha de controlar la situación para evitar riesgos innecesarios. ***Con el uso obligatorio de guantes este riesgo no existe.

Tabla 4: Identificación y valoración de riesgos y medidas a tomar en la práctica despliegue y arranchado de manguera. Fuente Elaboración propia.

La forma más común de guardarla en los buques, es la Cleeveland, conocida informalmente como "rosco", tiene la ventaja de que un extremo permanecerá cercano al hidrante para conectarlo y el otro nos lo llevaremos al lugar de actuación (Bomberos Zaragoza, 2022). Para facilitar esta operación se puede usar un carro plegador, este a su vez disminuye los riesgos de posturas forzadas.

Moverse con una manguera con presión de agua no es una operación sencilla, necesita coordinación entre los participantes y adquirir mecanismos posturales que eviten sobre-esfuerzos que pueden derivar en accidentes o lesiones. En el ámbito marítimo se le suma el inconveniente de de que una cubierta de buque mojada es una superficie resbaladiza.

Esta practica depende de dos factores primordiales:

1. Número de Participantes: necesitando un mínimo de tres personas por línea.
2. Potencia de la Bomba Contra Incendios: especificada en el Código Internacional de Sistemas de Seguridad Contra Incendios (Código SSCI) capítulo 12 Bombas Fijas Contra Incendios de Emergencia, y en el Convenio para la Seguridad de la Vida Humana en el Mar (SOLAS), en su Capítulo II-2 Construcción- Prevención, detección y Ex-

tinción de Incendios, cogiendo en ambos casos los valores más restrictivos. Por lo que la bomba no tendrá una capacidad inferior a 25 m^3/h y una presión de 0,4 N/mm^2, dejando claro que en ninguna boca contra-incendios habrá una presión tal que exceda la que la manguera contra incendios se pueda controlar eficazmente (OMI, 2014).

4.6 P-50 Extinguir incendios mayores utilizando agua con lanzas de chorro y aspersión

La situación planteada es un tanque/bodega que ha sufrido un incendio y tiene el techo abierto debido a la explosión. Dependiendo el número de participantes podremos coger dos[22] o tres líneas, dejando claro siempre cual es la principal y si una de las líneas participará exclusivamente como equipo de enfriamiento.

4.7 P-60 Extinguir incendios con espuma

Se usa un equipo portátil de espuma para extinguir un incendio de líquido contenido, similar al que se nos puede ocasionar en la bodega de un buque petrolero o quimiquero.

4.8 P-70 Entrar y atravesar un espacio cerrado y llenado previamente con espuma de alta expansión utilizando la línea de vida pero sin equipo de respiración

Una de las prácticas que más polémica causa entre los instructores, ya que solo está pensada para una fuga en caso de vernos atrapados en un espacio protegido con espuma de alta expansión. En muchos sitios se sustituye con atravesar el espa-

[22] Un requisito del SOLAS es que las bocas contra incendios permitan al menos a dos chorros alcanzar el punto conflictivo.

cio a ciegas mediante antifaz opaco. Uno de los puntos claves en esta práctica es la comunicación del grupo.

4.9 P-80 Combatir fuego en espacios cerrados llenos de humo, llevando equipo de respiración autónoma

Una de las más completas, combina las anteriores con varias técnicas de extinción. El fuego sucederá dentro del contenedor en la parte clasificada como "sala de máquinas" apagaremos por sofocación, para ello usaremos una manguera de 25 ya que se trata de un espacio de difícil acceso. En esta práctica tenemos además el factor tiempo ya que los alumnos solo disponen para ejecutarla el tiempo que tarden en consumir la botella de aire comprimido del ERA, este según el Código SSCI ha de ser mínimo 30 minutos (OMI, 2004), pero depende mucho del estado físico del operador.

4.10 P-90 Búsqueda y rescate de víctima

Una de las prácticas donde más libertad tienen los instructores para improvisar, ya que el rescate se puede hacer con múltiples situaciones:

1. Acceso: entrada y salida por escotilla superior, o por escalas.
2. Auxilio de Victima: sin instrumental, colocándole el equipo de respiración autónomo de emergencia, colocándole una máscara a nuestro propio ERA, en el caso de tener una toma duplicada.
3. Evacuación: manual o con camilla.
4. Orientación interna: usando una manguera, línea de vida ya colocada o cabo de rescate.
5. Comunicación Interior-Exterior: VHF y/o establecer sistema de tirones.

Uno de los puntos más importantes de esta práctica es hacer comprender a los alumnos la importancia de entrar siempre con el ERA, solo podremos prescindir de ellos cuando sepamos con absoluta certeza que la atmósfera del espacio es respirable, ante cualquier duda entraremos equipados.

Al ser un curso de formación contra incendios, siempre presuponemos que el lugar donde se encuentra la víctima tiene la categoría de no seguro, puede verse comprometido por un incendio, humo... por lo que el rescate ha de ser rápido, anteponiendo este punto a posibles lesiones que tenga la víctima[23].

3 CONCLUSIONES

Muchos de los valores que se obtienen en la evaluación se dan a causa de ir acompañando a alguien falto de pericia en estas situaciones, lo cual somete al instructor a una situación de riesgo, mezcla de esa falta de experiencia y al número de entradas que hemos de efectuar.

Los riesgos más comunes son:

1. Caídas al mismo nivel.
2. Cortes/golpes con herramientas.
3. Golpe de calor.
4. Sobreesfuerzos físicos.
5. Esfuerzos vocales.
6. Quemaduras contacto llamas.
7. Daños manipulación de carga.

---

[23] Se suele decir como lema "Si lo saco a lo mejor le producimos una lesión, si lo dejamos seguro que muere"

8. Proyección.
9. Riesgos de incendios.
10. Caidas a distinto nivel.
11. Choques y golpes con objetos/personas.

Y los que tendrían más Nivel de Riesgo:

1. Caída en altura.
2. Explosión (fuego espacio cerrado).
3. Irritación por aspiración de agente extintor.
4. Caida al mismo nivel.
5. Golpe de calor.
6. Proyecciones de objetos.
7. Quemaduras.

En los casos dados, hay dos formas para evitar el riesgo que resultan ineludibles: el adecuado mantenimiento de las instalaciones y equipos obligatorio por medio del SOLAS como normativa marítima y el Reglamento de instalaciones de protección contra incendios, aprobado por el RD 513/2017. El segundo punto con el que se evitan riesgos es el alto nivel de protección de los equipos homologados siendo el principal de ellos el Traje de Intervención.

Muchas situaciones se pueden evitar siguiendo un protocolo adecuado de limpieza, trabajo y de conducta en las prácticas, algo que beneficiará al alumnado en su futuro desempeño, pues los buques se rigen por listas de comprobación por orden del Sistema de Gestión de Seguridad. Analizar y comprender estas listas reduce los riesgos y hace que el alumno pueda entrar en la práctica con una familiarización previa, esto por desgracia no siempre se cumple entre otras cosas por:

1. Prisas en el desarrollo de la actividad, para cumplir horarios laborales, y los impuestos para cada actividad por parte de Capitanía Marítima, cuyos inspectores son los encargados de la homologación de los centros, así como de la supervisión del cumplimiento de los estándares.
2. Nivel cultural del alumnado: no siempre se trabaja con universitarios futuros oficiales, si no con personal que va a ir a bordo para cubrir puestos menos específicos como marineros, engrasadores, azafatas...
3. Desidia, falta de perspectiva: no creer que esta situación se pueda originar en verdad, pensar que los automatismos de a bordo se encargarán de todo.

La labor del Evaluador e Instructores también consiste en combatir estos tres puntos tan graves, pero en muchas ocasiones no se cumple por:

1. Suponer un enfrentamiento con la dirección del centro, el personal que da los cursos solo es contratado durante la duración del mismo, o con inspectores de Capitanía.
2. Cansancio, desidia por parte de los formadores: la situación precaria de contratos por curso, la política de los Centros de Formación privados de "Aquí tienen que aprobar todos", tomarse el trabajo como un mero extra fuera de su actividad principal…

Poco más que añadir, a esta actividad que me apasiona como es la enseñanza en lucha contra incendios, y que a lo largo de mi vida laboral he ejercido en dos mundos tan distintos como son la enseñanza privada y universitaria, en ambos casos con grupos variopintos de alumnos, desde altos directivos, futuros oficiales, pescadores, el que "está porque no sabe ni lo que quiere" y reclusos para reducir condena mediante programas formativos.

5 referencias

Bomberos Zaragoza (2022). Materiales de Extinción. Ayuntamiento de Zaragoza. https://www.zaragoza.es/cont/vistas/portal//bomberos/doc/Tema_18_Materiales_de_extincion_V4.pdf

Esplugas, J.P; Pitarch, M.A (2018) Guía para la Selección, instalación, uso y mantenimiento de los extintores de incendios. Ed Asepeyo.

Organización Marítima Internacional (2010). Curso Modelo 1.20 Prevención y lucha contra incendios. OMI.

Ministerio de economía, industria y competitividad (Noviembre, 2017). Guía técnica de aplicación del reglamento de instalaciones de protección contra incendios (RIPCI).

Secretaria General Técnica, Ministerio del Interior (2013). Manual de primera intervención frente al fuego mediane el uso de extintores portátiles y Bocas de Incendios Equipadas. http://publicacionesofciales.boe.es

5.1 Referencias normativas

Enmiendas de Manila 2010, de 25 de junio, al Anexo del Convenio internacional sobre normas de formación, titulación y guardia para la gente de mar (Convenio de formación) 1978.

Ley 31/1995 de Prevención de Riesgos Laborales. BOE 269 de 10 de noviembre de 1995. https://www.boe.es/eli/es/l/1995/11/08/31/con

OMI (2004) Código internacional de sistemas de seguridad contra incendios (SSCI). OMI.

Organización Marítima Internacional (2004). Código Internacional de Sistemas de Seguridad Contra Incendios (Código SSCI). OMI.

Organización Marítima Internacional (2014). Convenio Internacional sobre la Seguridad de la Vida Humana en el Mar (SOLAS). OMI.

Real Decreto 1696/2007, de 14 de diciembre, por el que se regulan los reconocimientos médicos de embarque marítimo. BOE 313 de 31 de diciembre de 2007. https://www.boe.es/eli/es/rd/2007/12/14/1696

Real Decreto 38/1997, de 17 de enero, por el que se aprueba el Reglamento de los Servicios de Prevención. BOE 27 de 31 de enero de 1997. https://www.boe.es/eli/es/rd/1997/01/17/39/con

Real Decreto 487/1997, de 14 de abril, sobre disposiciones mínimas de seguridad y salud relativas a la manipulación manual de cargas que entrañe riesgos, en particular dorso lumbares, para los trabajadores. BOE 97 de 23 de abril de 1997. https://www.boe.es/eli/es/rd/1997/04/14/487/con

Real Decreto 773/1997, de 30 de mayo, sobre disposiciones mínimas de seguridad y salud relativas a la utilización por los trabajadores de equipos de protección individual. BOE 140 de 12 de junio de 1997. https://www.boe.es/eli/es/rd/1997/05/30/773/con

5.2 Otras referencias

Adolfo Perez Guerrero NTP 536 Extintores de incendio portátiles: utilización.https://www.insst.es/documents/94886/327064/ntp_536.pdf/b7659f34-a3d0-4bbf-b5ac-d7f936604d3f (Visitada 20/09/2023).

Manuel Bestraten Bellovi NTP 330 Sistema simplificado de Evaluación de riesgo de accidentes https://www.insst.es/documents/94886/326827/ntp_330.pdf/e0ba3d17-b43d-4521-905d-863fc7cb800b (Visitado el 19/09/2023)

Análisis de las condiciones de trabajo desde la perspectiva del trabajador: hacia la búsqueda del bienestar laboral

CLAUDIA TOBÍAS MARÍN
Universidad de La Rioja
claudia.tobias@unirioja.es

MARÍA JOSÉ FONCUBIERTA RODRÍGUEZ
Universidad de Cádiz
mariajose.foncubierta@uca.es

ALFONSO JESÚS GIL LÓPEZ
Universidad de La Rioja
alfonso.gil@unirioja.es

BEATRIZ RODRIGO MOYA
Universidad Nacional de Educación de Distancia UNED
brodrigo@cee.uned.es

Resumen. Las condiciones de trabajo es asunto que concierne a los empleados. Muchos aspectos intervienen en el desarrollo a las condiciones de trabajo. Este trabajo tiene como objetivo analizar las interrelaciones entre las condiciones de trabajo. En particular se propone como variable dependiente la dificultad del trabajo y como variables independientes que afectan a la dificultad de trabajo se proponen: el ritmo, el horario y la cantidad de trabajo y la relación con los compañeros. El método de investigación fue la encuesta, se recogieron datos de 300 empleados en España. Las hipótesis se contrastan con análisis de regresión. Los datos de esta investigación ponen de manifiesto, primero, que el conjunto de condiciones de trabajo se relaciona conjuntamente y, segundo, las relaciones significativas entre el ritmo de trabajo, la cantidad de trabajo y las relaciones con los compañeros con la dificultad del trabajo, no resulta estadísticamente significativa la relación entre el horario y la dificultad del trabajo. Esta investigación tiene importantes implicaciones para la práctica laboral, pues pone de manifiesto que la dificultad de trabajo se radica en gran medida con la cantidad de trabajo. Por ello, las organizaciones deberían considerar que un exceso de trabajo tendría consecuencias negativas en el performance y, en gran medida, en el bienestar laboral.

Palabras Clave: Condiciones de trabajo, bienestar laboral, trabajo decente.

INTRODUCCIÓN

Las condiciones de trabajo son el conjunto de circunstancias y características materiales, ecológicas, económicas, políticas, organizacionales, entre otras, a través de las cuales se configuran las relaciones laborales. Estas condiciones influyen en muchos aspectos de la vida profesional. Un entorno laboral favorable, que incluya aspectos como horarios flexibles, equilibrio entre el trabajo y la vida personal, y oportunidades de desarrollo profesional, puede contribuir a un mayor nivel de satisfacción y bienestar (Castro et al., 2018). Sin embargo, unas nocivas condiciones laborales afectan negativamente a la salud laboral. En este sentido, una alta carga de trabajo puede generar estrés, fatiga y agotamiento, lo que puede tener un impacto negativo en la salud y bienestar de los empleados, así como en su satisfacción laboral. Del mismo modo, las tareas difíciles pueden generar frustración, disminución de la autoeficacia y mayor esfuerzo cognitivo o físico, lo que puede afectar negativamente la percepción de las condiciones laborales (Dirks y Kurth, 2022). Además, unas condiciones desfavorables, como la falta de reconocimiento, la ausencia de oportunidades de crecimiento o la falta de comunicación efectiva, pueden generar insatisfacción laboral y desmotivación en los trabajadores (Henderson y Tulloch, 2008).

La literatura ha señalado distintas condiciones de trabajo (Min et al., 2019). Por ejemplo, ritmo de trabajo, horario de trabajo, cantidad de trabajo, relaciones con los compañeros y dificultad de las tareas. No obstante, se podría pensar que la dificultad de la tarea funcionaría como una condición laboral clave. Dicho de otra forma, el conjunto de condiciones laborales afectaría directamente a la dificultad de la tarea. Pues, de alguna forma, la dificultad de la tarea evalúa la formación y la experiencia necesaria para llevar a cabo de forma correcta una tarea laboral. Este trabajo de investigación tiene como objetivo examinar las relaciones entre condiciones laborales clave, particularmente la relación entre la dificultad del trabajo y el ritmo, el horario y la cantidad de trabajo y la relación con los compañeros. Las hipótesis se prueban en una muestra de trabajadores en España.

MARCO TEÓRICO Y PROPUESTA DE HIPÓTESIS

Relaciones entre las condiciones laborales

Fernández García (2013), en su obra «La productividad y el riesgo psicosocial o derivado de la organización del trabajo», aborda cómo la organización del trabajo puede influir tanto en la productividad como en el riesgo psicosocial de los trabajadores. El autor examina diferentes aspectos relacionados con la organización del trabajo, como las demandas laborales, el control, la carga de trabajo, la autonomía y el apoyo social, y explora su impacto en el bienestar psicológico y el rendimiento laboral. El trabajo de Fernández García destaca la importancia de encontrar un equilibrio adecuado entre las demandas laborales y los recursos disponibles para promover un entorno laboral saludable y productivo.

Por otra parte, los factores de riesgo psicosociales están relacionados con las condiciones presentes en situaciones laborales y tienen un impacto directo en la organización (Aldrete Rodríguez et al., 2015). Estos factores afectan tanto el bienestar físico, psicológico y social del trabajador, así como el desarrollo del trabajo (Porras Velásquez y Parra D'aleman, 2018). Estos factores se dividen en aspectos intralaborales, extralaborales y condiciones individuales, los cuales en una interrelación dinámica influyen en la salud y el desempeño de las personas (Romero-Díaz et al., 2016; Gómez et al., 2016).

Dentro de las condiciones intralaborales, se encuentran el liderazgo, las relaciones sociales, las demandas del trabajo, el control sobre el trabajo y las recompensas (Rodríguez et al. 2015). Estos aspectos se entienden como las características del trabajo y su organización que influyen en la salud y el bienestar de los individuos (Sarsosa-Prowesk et al. 2014).

El liderazgo y las relaciones sociales positivas en el trabajo favorecen la salud física y emocional, generando bienestar tanto para el trabajador como para su entorno laboral (Jiménez Barrero et al., 2015; Ocampo Bustos et al., 2015). Esto incluye características del liderazgo, relaciones sociales en el trabajo, retroalimentación del desempeño y relación con los colaboradores (Bedoya et al. 2015).

Las demandas del trabajo se refieren a las exigencias que este impone a los trabajadores, ya sea en términos de carga mental, emocional y otros aspectos (Chandía et al. 2016). Por otro lado, el control sobre el trabajo se refiere a la posibilidad que tiene el empleado de tomar decisiones sobre diversos aspectos relacionados con su trabajo (Ansoleaga, 2015). Además, la retribución que los empleados reciben como resultado de sus contribuciones a la empresa se denomina recompensa y es una de las condiciones intralaborales que impacta de manera significativa (Jiménez Barrero et al., 2015; Porras Velásquez y Parra D'aleman, 2018).

Así, puede entenderse que las variables que definen las condiciones de trabajo están interrelacionadas y pueden afectarse mutuamente.

- Un entorno físico deficiente (altas temperaturas o niveles de ruido elevados) impacto negativo en la salud y el bienestar de los trabajadores, lo que a su vez puede influir en su desempeño laboral y satisfacción en el trabajo.

- Las condiciones psicosociales (alta carga de trabajo) pueden afectar la salud mental y emocional de los empleados, lo que puede tener consecuencias en su productividad y en el ambiente laboral.
- Las condiciones organizacionales también pueden influir en las condiciones de trabajo. Una cultura de conciliación familiar puede tener un efecto positivo en las condiciones psicosociales de trabajo.

Como puede observarse, las variables que definen las condiciones de trabajo están interrelacionadas y pueden influirse mutuamente. Un entorno físico adecuado, condiciones psicosociales saludables, políticas organizacionales favorables y un marco legal adecuado son elementos importantes para promover unas condiciones de trabajo óptimas, que contribuyan al bienestar de los trabajadores y a la eficiencia de las organizaciones.

Relación entre condiciones laborales y dificultad/complejidad del trabajo

La alta carga de trabajo y la dificultad de las tareas son variables que pueden tener un impacto significativo en las condiciones laborales. Estas variables pueden influir en las condiciones de trabajo de varias maneras:

- Estrés laboral: lo que puede afectar su bienestar y rendimiento laboral.
- Satisfacción laboral: lo que puede tener un impacto negativo en su compromiso y motivación laboral.
- Productividad y rendimiento: lo que puede afectar la calidad y cantidad de su trabajo.

- Salud y bienestar: El agotamiento, la fatiga y otros problemas de salud relacionados con el trabajo pueden surgir como consecuencia de una carga de trabajo excesiva o tareas complejas.

Es importante tener en cuenta que las condiciones laborales adecuadas, que incluyan una carga de trabajo equilibrada y tareas adecuadas, son importantes para garantizar el bienestar y rendimiento de los empleados en el entorno laboral. Aunque los trabajadores experimentan mayor satisfacción cuando su entorno laboral es seguro y confortable, es importante tener en cuenta que, en el contexto actual de vida, existen múltiples fuentes de estrés que pueden ser perjudiciales para la salud y el bienestar de las personas (Dolan et al., 2005). El estrés laboral, cuando produce resultados negativos, afecta el rendimiento en el trabajo y genera costos elevados, tanto visibles como ocultos, para las empresas. En la actualidad, hay una mayor conciencia social sobre la corresponsabilidad de las organizaciones en el manejo del estrés de sus empleados y las posibles consecuencias que esto puede tener.

Las estrategias de atención se enfocan en reducir los efectos negativos derivados de la percepción del estrés, utilizando técnicas dirigidas a modificar la valoración subjetiva que el trabajador tiene de los estímulos del entorno y de los recursos disponibles para enfrentarlos. Estas estrategias se centran en la búsqueda, selección, aprendizaje y aplicación de respuestas adaptativas. Es importante destacar que los programas de atención al estrés son individualizados, ya que su eficacia depende de la implementación por parte del trabajador. Además, se enfatiza la importancia de definir programas de Calidad de Vida Laboral y políticas congruentes con estos objetivos.

Los riesgos psicosociales tienen un impacto significativo en las empresas y organizaciones, pues afectan su funcionamiento, productividad, eficacia y eficiencia. Tanto los Estados como las organizaciones reconocen la importancia de comprender de manera integral la dimensión humana en el trabajo. Se parte del supuesto de que, si los trabajadores se encuentran en buenas condiciones de salud física y psicológica, se obtendrá un efecto positivo en la productividad y contribuirá a la reducción de costos relacionados con la atención médica y el apoyo emocional (Camacho y Mayorga, 2017).

Según el artículo de Bayes et al., (2021), los resultados de su estudio indican que el agotamiento (provocado por el síndrome de *burnout*) se relaciona con la activación continua del sistema nervioso autónomo y la disfunción del eje medular suprarrenal simpático, lo que provoca alteraciones en los niveles de cortisol. Además, se observan cambios en la función inmunológica y en otros sistemas endocrinos. Las consecuencias de este agotamiento suponen un aumento en la carga alostática, alteraciones estructurales y funcionales en el cerebro, excitotoxicidad, inflamación sistémica, inmunosupresión, síndrome metabólico, enfermedad cardiovascular y muerte prematura. No obstante, los estudios presentan limitaciones, como la variabilidad en las poblaciones estudiadas, la falta de especificidad en las medidas de agotamiento y, en su mayoría, un enfoque transversal que dificulta el seguimiento de los cambios a lo largo del curso del agotamiento.

Por ello, el estudio de las condiciones laborales es crucial debido a su impacto en el bienestar, rendimiento y salud de los empleados. La carga de trabajo y la dificultad de las tareas pueden generar estrés, afectar la satisfacción laboral y la productividad. De esta forma, resulta fundamental garantizar condiciones laborales equilibradas para promover el bienestar de los trabajadores. Además, los riesgos psicosociales pueden afectar el funcionamiento y eficiencia de las organizaciones. Se requiere una comprensión integral de la dimensión humana en el trabajo y la implementación de programas de calidad de vida laboral. Aunque existen estudios sobre el agotamiento, se necesita una investigación más específica y longitudinal para comprender mejor sus efectos.

Hipótesis relacionadas con las condiciones laborales

Las condiciones de trabajo que brindan pocas oportunidades para influir en el ritmo de trabajo y la participación contribuyen al desarrollo del síndrome de burnout. La comunicación y el contacto con los colegas parece ser un importante regulador preventivo (Lederer et al., 2006).

- H1a. El ritmo de trabajo se relaciona positivamente con la percepción de la dificultad de las tareas.
- H1b. El horario de trabajo se relaciona positivamente con la percepción de la dificultad de las tareas.
- H1c. Altas cantidades de trabajo se relaciona positivamente con la percepción de la dificultad de las tareas.
- H1d. Las malas con los compañeros se relacionan positivamente con la dificultad de las tareas.

MÉTODO

Diseño del estudio

El presente estudio se llevó a cabo mediante un enfoque de investigación cuantitativa, utilizando la encuesta como método de recolección de datos. La encuesta se diseñó para evaluar las condiciones de trabajo en diversas empresas de la comunidad autónoma de La Rioja.

Participantes

La muestra de participantes se seleccionó mediante un muestreo aleatorio estratificado. Se incluyeron trabajadores de distintos niveles jerárquicos y categorías laborales. En total, participaron 300 empleados de diferentes empresas. En la Tabla 1, se puede observar cómo está distribuida la muestra.

Variables	N Muestra	% Muestra
Actividad de la organización		
Industrial	101	33,7
Servicios	199	66,3
Tamaño de la organización		
1 a 49 empleados	186	62,0
50 o más empleados	114	38,0
Nivel de educción		
Hasta estudios universitarios	136	42,8
Educación superior	182	57,2
Categoría laboral		
Directivos o mandos intermedios	96	32,0
Empleados	204	68,0
N	**300**	**100**

Tabla 1. Participantes en el estudio

Como se observa en la tabla el 33,7% de los trabajadores pertenece al sector industrial y el 66,3% al sector servicios. Según el tamaño de la empresa el 62,0% trabaja en una empresa de entre 1 a 49 trabajadores y el 38,0% trabaja en una empresa de más de 49 trabajadores. En lo que se refiere al nivel educativo el 42,8% de los trabajadores tenía una educación inferior al nivel universitario y el 57,2% tenía un nivel de educación universitario. Por último, en relación con la categoría laboral, el 32,0% era directivo o mando intermedio y el 68,0% tenía la categoría de empleado.

Instrumento y procedimiento

El instrumento utilizado para recopilar datos fue una encuesta estructurada y estandarizada. Esta encuesta se basó en las principales variables de condiciones de trabajo identificadas por los informes de la Fundación Europea para la Mejora de las Condiciones de Vida y de Trabajo (2023). Las preguntas se adaptaron al contexto específico de las empresas en La Rioja, asegurando su relevancia y validez para el estudio.

El método de recolección de datos mediante encuesta nos proporciona información valiosa sobre las condiciones de trabajo en las empresas de La Rioja. Los resultados obtenidos permiten comprender mejor las variables objeto de estudio y pueden utilizarse como base para promover mejoras en el entorno laboral y el bienestar de los empleados.

Variables

El conjunto de condiciones de trabajo se tomó de la investigación de Rodríguez Jarabo (2016), que realiza un amplio estudio sobre las condiciones de trabajo, la satisfacción y la calidad de vida laboral. Concretamente se controlaron las siguientes cinco condiciones de trabajo:

- Ritmo de trabajo: Se evaluó la percepción de los participantes sobre la velocidad y presión a la que debían realizar sus tareas diarias.
- Horario de trabajo: Se indagó sobre la flexibilidad del horario laboral y la satisfacción general con los horarios establecidos.
- Dificultad o complejidad de las tareas: Se analizó cómo los empleados percibían el grado de complejidad y dificultad de sus responsabilidades laborales.
- Cantidad de trabajo: Se evaluó la carga de trabajo en términos de cantidad de tareas y horas de dedicación requeridas.
- Relaciones con los compañeros: Se exploraron las dinámicas sociales y el ambiente interpersonal en el lugar de trabajo.

Análisis de datos

Una vez recopilados los datos, se llevó a cabo un análisis estadístico utilizando el Paquete Estadístico para Ciencias Sociales de IBM (SPSS) versión 25. Se emplearon técnicas descriptivas para resumir las respuestas y para analizar las variables categóricas, y se utilizaron pruebas inferenciales, como el análisis de regresión para establecer posibles relaciones entre las variables estudiadas. En este sentido, la regresión ayuda a agregar información valiosa a la calidad de los predictores (Khdour et al., 2020). Las variables predictoras se sumaron y se utilizó un análisis de regresión lineal múltiple.

RESULTADOS

Análisis descriptivos

Los análisis descriptivos proporcionan una visión general de las cinco variables de condiciones de trabajo que fueron objeto de estudio. En la Tabla 2 se presentan los resultados de las medidas de tendencia central y dispersión para cada una de las variables, expresadas en una escala tipo Likert de 7 puntos. Estas medidas incluyen la media, la desviación típica, el valor mínimo y el valor máximo.

Variable	Media	Desviación típica	Mínimo	Máximo
(1) Ritmo de trabajo	5,30	1,31	1	7
(2) Horario de trabajo	5,51	1,47	1	7
(3) Dificultad de las tareas	4,78	1,39	1	7
(4) Cantidad de trabajo	5,45	1,26	1	7
(5) Relaciones con los compañeros	5,46	1,65	1	7

Tabla 2. Análisis descriptivos

Los análisis descriptivos revelaron que, en general, los participantes presentaron percepciones variadas en relación con las condiciones de trabajo en las empresas de la comunidad autónoma de La Rioja. Respecto al ritmo de trabajo, la media fue de 5,30 en la escala Likert de 1 a 7 puntos, indicando una percepción de un ritmo moderadamente alto, con respuestas que variaron significativamente entre los participantes. En cuanto al horario de trabajo, la media fue de 5,51, sugiriendo una percepción cercana al punto medio de la escala, con variabilidad en las opiniones de los empleados.

En cuanto a la dificultad de las tareas, la media fue de 4,78, mostrando una percepción variable entre los participantes. Respecto a la cantidad de trabajo, la media fue de 5,45, indicando una percepción superior al punto medio de la escala, con variabilidad en las respuestas de los empleados.

En lo que respecta a las relaciones con los compañeros, la media fue de 5,46, señalando una percepción generalmente positiva en cuanto al ambiente interpersonal en el lugar de trabajo, con cierta variabilidad en las opiniones de los empleados.

Estos resultados proporcionan una visión general sobre cómo los empleados evalúan el ritmo de trabajo, el horario de trabajo, la dificultad de las tareas, la cantidad de trabajo y las relaciones con sus compañeros en sus respectivos entornos laborales en La Rioja.

Análisis de Correlación de Pearson

Se realizó un análisis de correlación de Pearson para evaluar la relación entre las variables de condiciones de trabajo en las empresas de la comunidad autónoma de La Rioja.

Los resultados se presentan en la siguiente tabla:

Variable	(1)	(2)	(3)	(4)	(5)
(1) Ritmo de trabajo	1				
(2) Horario de trabajo	0,258**	1			
(3) Dificultad de las tareas	0,379**	0,150**	1		
(4) Cantidad de trabajo	0,509**	0,192**	0,540**	1	
(5) Relaciones con los compañeros	0,086	0,292**	0,266**	-0,155**	1
Nota: * y ** denotan significación al 0,05 y 0,01					

Tabla 3. Correlación de Pearson entre variables

Los resultados del análisis de correlación de Pearson revelan varias asociaciones entre las variables de condiciones de trabajo. Se encontraron correlaciones positivas significativas entre el ritmo de trabajo y el horario de trabajo (r = 0,258, $p <$ 0,01), así como también entre el ritmo de trabajo y la dificultad de las tareas (r = 0,379, $p <$ 0,01). Además, se identificó una correlación positiva significativa entre el ritmo de trabajo y la cantidad de trabajo (r = 0.509, $p <$ 0,01).

Por otro lado, el horario de trabajo mostró correlaciones significativas positivas con la dificultad de las tareas (r = 0,150, $p <$ 0,01) y las relaciones con compañeros (r = 0,292, $p <$ 0,01).

Asimismo, se encontraron correlaciones positivas significativas entre la dificultad de las tareas y la cantidad de trabajo (r = 0,540, $p <$ 0,01), así como entre la dificultad de las tareas y las relaciones con compañeros (r = 0,266, $p <$ 0,01).

Además, la cantidad de trabajo presentó una correlación negativa significativa con las relaciones con compañeros (r = -0,155, $p <$ 0,01).

Los resultados del análisis de correlación de Pearson sugieren que existen asociaciones significativas entre las diferentes variables de condiciones de trabajo en las empresas de La Rioja. Estas correlaciones pueden proporcionar información valiosa para comprender cómo ciertos aspectos del entorno laboral están interrelacionados. La comprensión de estas relaciones puede ser útil para implementar estrategias y políticas que promuevan un ambiente laboral más equilibrado y favorable para los empleados.

Cabe destacar que se debe interpretar con cautela la dirección de las correlaciones, ya que el diseño del estudio es transversal y no permite establecer relaciones causales. Futuras investigaciones podrían profundizar en estas relaciones y analizar su evolución a lo largo del tiempo para obtener una visión más completa del impacto de las condiciones de trabajo en el bienestar y el rendimiento de los empleados.

Resultado del modelo de estudio

La Tabla 4 indica como las variables incluidas en el estudio se relacionan en la percepción de la dificultad de las tareas. Los efectos de cada variable se analizan en dos modelos: el Modelo 1 y el Modelo 2.

	Variables de control				Variables de control y variables dependientes			
	Modelo 1	ß	t	*p*	Modelo 2	ß	t	*p*
Constante			18,621	0,000			1,705	0,089
Ritmo de trabajo (H1a)						**0,177**	2,909	**0,004**
Horario de trabajo (H1b)						-0,045	-0,933	0,352
Cantidad de trabajo (H1c)						**0,520**	8,563	**0,000**
Relaciones con los compañeros (H1d)						**0,154**	3,717	**0,000**
Tamaño (pequeña)		-0,249	-1,435	0,152		-0,529	3,692	0,000
Sector (industria)		0,092	0,502	0,616		-0,344	2,220	0,027
Educación (no universitarios)		**0,372**	2,066	**0,040**		0,174	1,166	0,244
Categoría (dirección)		0,171	0,908	0,365		0,112	0,729	0,467
R^2	0,028				0,374			
Ajustada R^2	0,015				0,357			
ANOVA (F)	2,107				**21,763*****			
Max. VIF	1,263				1,510			
Durbin-Watson	2,120				1,971			
Nota:								
a. Variable dependiente: Dificultad de las tareas								
b. VIF "variance inflaction fator"; * significación al 0,05; ** significación al 0,01; y significación al 0,001								

Tabla 4. Resultado del modelo de estudio (efectos individuales)

El análisis realizado revela información importante sobre los efectos individuales de las variables en la dificultad de las tareas, tanto en el Modelo 1 como en el Modelo 2. En el Modelo 1, se observa que el tamaño de la empresa muestra una relación negativa no significativa con la dificultad de las tareas ($ß_1$ = -0.249, p_1 = 0.152). Por otro lado, la educación de los empleados presenta una relación positiva significativa con la dificultad de las tareas ($ß_1$ = 0.372, p_1 = 0.040).

En el Modelo 2, el ritmo de trabajo ($ß_2$ = 0.177, p_2 = 0.004) y la cantidad de trabajo ($ß_2$ = 0.520, p_2 = 0.000) tienen efectos significativos y positivos en la dificultad de las tareas, lo que sugiere que los empleados que perciben un ritmo y una cantidad de trabajo más adecuados pueden experimentar una mayor dificultad percibida. Además, las relaciones negativas con los compañeros ($ß_2$ = 0.154, p_2 = 0.000) también tienen una influencia significativa y positiva en la dificultad de las tareas, lo que indica que una mejor dinámica interpersonal en el lugar de trabajo puede contribuir a niveles más altos en esta percepción.

Por otro lado, otras variables como el horario de trabajo, el sector de la industria y la categoría laboral no muestran efectos significativos en la dificultad de las tareas en ambos modelos.

Es importante destacar que el análisis proporcionado es parcial, ya que la tabla también incluye R^2, Ajustada R^2, ANOVA (F) y otras métricas que permiten evaluar la calidad y ajuste del modelo en su conjunto. Estos resultados proporcionan una visión más detallada de cómo estas variables influyen en la dificultad de las tareas en el contexto de este estudio específico.

Del análisis de la Tabla 4, podemos indicar que las hipótesis H1c y H1d son altamente significativas, seguida del H1a que es significativa, por lo que los resultados obtenidos apoyan nuestras hipótesis.

DISCUSIÓN Y CONCLUSIONES

Este estudio buscó explorar la relación entre distintas condiciones de trabajo y su impacto en la dificultad o complejidad de las tareas. Ahora intentamos responder a algunas cuestiones clave.

¿Cómo se relacionan las distintas condiciones de trabajo entre sí?

Los análisis de correlaciones revelaron que todas las variables de condiciones de trabajo se relacionan positivamente entre sí. Estos resultados sugieren que una percepción favorable en una variable específica puede estar asociada con una percepción positiva en otras variables de condiciones laborales. Sin embargo, se observó una excepción en la relación entre el ritmo de trabajo y las relaciones con los compañeros, donde no se encontró una asociación significativa.

¿Cómo se relacionan las condiciones de trabajo con la dificultad o la complejidad de las tareas?

Los análisis indicaron que, con la excepción del horario de trabajo, todas las variables de condiciones laborales presentan una relación significativa y positiva con la dificultad o complejidad de las tareas. Este hallazgo es relevante, pues sugiere que las diferentes condiciones laborales influyen en la percepción que los empleados tienen sobre la dificultad de las tareas. Estas influencias pueden reforzar directamente el bienestar o malestar percibido en el entorno de trabajo, lo que destaca la importancia de crear un ambiente laboral favorable para mejorar la percepción de bienestar del empleado.

Implicaciones teóricas

Nuestro estudio se alinea con investigaciones previas (p.e., Poggi, 2010) que han resaltado cómo las influencias entre las diferentes condiciones laborales tienen un efecto positivo de refuerzo sobre otras variables del entorno laboral. Un hallazgo destacable de nuestra investigación es la fuerte correlación positiva entre la cantidad de trabajo y la dificultad de las tareas. Esto sugiere que no es tanto la dificultad intrínseca de la tarea en sí misma, sino más bien una alta carga de trabajo lo que influye en la percepción de dificultad.

Implicaciones prácticas para la gestión de recursos y futuras líneas

Los resultados obtenidos tienen implicaciones teóricas y políticas significativas. Nuestro estudio proporciona una base para la integración de dimensiones como la cantidad y calidad del trabajo en los debates sobre el futuro del trabajo y la salud mental de los empleados. La idea clave de una semana laboral más corta y una redistribución equitativa del tiempo de trabajo podría abordar los problemas de una carga excesiva de trabajo y mejorar el bienestar de los empleados (Messenger y Ghosheh, 2013; Messenger, 2018; Stronge, et al., 2019; Kamerāde et al., 2019).

En conjunto, este estudio contribuye al conocimiento sobre cómo las condiciones de trabajo se relacionan entre sí y su influencia en la percepción de dificultad de las tareas. Los resultados tienen implicaciones prácticas para la gestión de recursos y plantean perspectivas interesantes para futuras líneas de investigación en el campo de las condiciones laborales y la satisfacción de los empleados.

Limitaciones del trabajo y líneas de investigación

Es importante mencionar que, aunque se empleó un muestreo aleatorio estratificado para seleccionar a los participantes, la representatividad de la muestra podría estar influenciada por la disponibilidad y la disposición de las empresas para colaborar en el estudio. Asimismo, al utilizar una encuesta autorreportada, existe la posibilidad de sesgos en las respuestas de los participantes. Sin embargo, se tomaron medidas para minimizar estas limitaciones y asegurar la validez interna del estudio.

Dado que las discusiones actuales de haber enfatizado demasiado en que la reducción de la cantidad de trabajo daría como resultado una mejor salud mental de los empleados y abordaría otros problemas sociales como indican diversos autores (Wang et al., 2021), este estudio ha cuestionado cómo influyen entre sí las diferentes variables de las condiciones laborales y ha demostrado empíricamente que la calidad del trabajo juega un papel más importante en tanto en cuanto los empleados tienen una percepción sobre la dificultad de las tareas no por la dificultad en sí, sino por la cantidad de trabajo que afrontan en su jornada laboral.

Este estudio ha proporcionado una base sólida para comprender la relación entre las condiciones de trabajo y la satisfacción laboral en el contexto específico de las empresas en la Comunidad Autónoma de La Rioja. Sin embargo, existen varias áreas que podrían explorarse en futuras investigaciones para ampliar y profundizar en este campo.

Una posible línea de investigación sería realizar un seguimiento longitudinal para examinar cómo evolucionan las condiciones laborales y la satisfacción laboral a lo largo del tiempo, lo que permitiría identificar posibles patrones o cambios significativos en estas relaciones a medida que los empleados avanzan en sus carreras profesionales. Asimismo, sería valioso complementar los análisis cuantitativos con enfoques cualitativos, como entrevistas o grupos focales, para obtener una comprensión más rica y detallada de las percepciones y experiencias de los empleados en relación con sus condiciones de trabajo y cómo estas influyen en su satisfacción laboral.

Además, investigar intervenciones específicas en el entorno laboral para mejorar las condiciones de trabajo y su impacto en la satisfacción de los empleados podría ofrecer ideas prácticas y efectivas para la gestión de recursos humanos y el bienestar de los trabajadores. Por ello, las posibles futuras líneas de investigación derivadas de este estudio pueden enriquecer aún más nuestro entendimiento de las complejas dinámicas entre las condiciones laborales y la satisfacción en el entorno laboral actual, y ofrecer una guía valiosa para la implementación de estrategias que fomenten un ambiente de trabajo más positivo y saludable para los empleados.

REFERENCIAS

Aldrete Rodríguez, M. G., Navarro Meza, C., González Baltazar, R., Contreras Estrada, M. I., & Pérez Aldrete, J. (2015). Factores psicosociales y síndrome de burnout en personal de enfermería de una unidad de tercer nivel de atención a la salud. *Ciencia & Trabajo: C&T*, 17(52), 32–36.

Ansoleaga, E. (2015). Psychosocial stress among health care workers. *Revista médica de Chile*, 143(1), 47–55.

Bayes, A., Tavella, G., & Parker, G. (2021). The biology of burnout: Causes and consequences. *The World Journal of Biological Psychiatry*, 22(9), 686-698.

Bedoya, E.J., Orquendo, S.R., & Gallego, M.C. (2015). Diagnóstico de los factores de riesgos psicosociales intralaborales a los que están expuestos los docentes de tiempo completo y de cátedra en la Universidad Autónoma Latinoamericana (UNAULA). *Uni-pluriversidad*, 14(3), 102–113.

Camacho Ramírez, A., & Mayorga, D.R. (2017). Riesgos Laborales Psicosociales. Perspectiva Organizacional, Jurídica Y Social. *Prolegómenos*, 20(40), 159-172.

Castro, P., Cruz, E., Hernández, J., Vargas, R., Luis, K., Gatica, L., & Tepal, I. (2018). Una perspectiva de la Calidad de Vida Laboral. *Revista Iberoamericana de Ciencias*, 5(6), 118-128.

Chandía Vásquez, F. A., Vidal Grandón, K. A., & Chiang Vega, M. M. (2016). Relación entre estrés laboral y adherencia a la dieta mediterránea (DM) en funcionarios de una institución de educación superior, Chile. *Ciencia & Trabajo: C&T,* 18(55), 58–67.

Demerouti, E., Bakker, A. B., Nachreiner, F., & Schaufeli, W. B. (2001). The job demans-resources model of burnout. *Journal of Applied Psychology,* 86(3),499-512.

Dirks, S., & Kurth, F. (2022). Working from Home in the COVID-19 Pandemic-Which Technological and Social Factors Influence the Working Conditions and Job Satisfaction of People with Disabilities? In *International Conference on Computers Helping People with Special Needs* (pp. 183-191). Springer, Cham.

Dolan, S., García, S. & Díez, M. (2005). *Autoestima, estrés y trabajo.* Mac Graw Hill.

Fernández García, R. (2010). La productividad y el riesgo psicosocial derivado de la organización del trabajo. Alicante: San Vicente.

Fundación Europea para la Mejora de las Condiciones de Vida y de Trabajo (21 de junio de 2023). Encuesta Europea de Condiciones de Trabajo. *Eurofound.* https://www.eurofound.europa.eu/es/surveys/european-working-conditions-surveys-ewcs

Gómez, V., Camacho, S. S., Castrillón, D., & Perilla, L. E. (2016). Estandarización de una batería para la evaluación de factores de riesgo psicosociales laborales en trabajadores colombianos. *Acta Colombiana de Psicología,* 19(2), 221–238.

Henderson, L. N., & Tulloch, J. (2008). Incentives for retaining and motivating health workers in Pacific and Asian countries. *Human resources for health,* 6(1), 1-20.

Jiménez Barrero, E., Caicedo Moreno, S., Joven Arias, R. E., & Pulido Gil, J. A. (2015). Factores de riesgo psicosocial y síndrome de burnout en trabajadores de una empresa dedicada a la recreación y el entretenimiento educativo infantil en Bogotá D.C. *Revista de la Universidad Industrial de Santander Salud,* 47(1), 47–60.

Kamerāde, D., Wang, S., Burchell, B., Balderson, S. U., & Coutts, A. (2019). A shorter working week for everyone: How much paid work is needed for mental health and well-being? *Social Science & Medicine,* 241, 112353.

Khdour, N., Masa'deh, R. E., & Al-Raoush, A. (2020). The impact of organizational storytelling on organizational performance within Jordanian telecommunication sector. *Journal of Workplace Learning,* 32(5), 335-361.

Lederer, W., Kinzl, J. F., Trefalt, E., Traweger, C., & Benzer, A. (2006). Significance of working conditions on burnout in anesthetists. *Acta Anaesthesiologica Scandinavica*, 50(1), 58-63.

Messenger, J. 2018. *Working Time and the Future of Work: ILO Future of Work Research Paper Series No. 6*, date last accessed September 12, 2019, at https://www.ilo.org/wcmsp5/groups/public/---dgreports/---cabinet/documents/publication/wcms_649907.pdf

Messenger, J. C., & Ghosheh, N. (2013). *Work sharing during the great recession: New developments and beyond.* Edward Elgar Publishing.

Min, J., Kim, Y., Lee, S., Jang, T.W., Kim, I., & Song, J. (2019). The Fourth Industrial Revolution and Its Impact on Occupational Health and Safety, Worker's Compensation and Labor Conditions, Safety and Health at Work, 10(4), 400-408,

Ministerio de Empleo y Seguridad Social (2015). Encuesta Nacional de Condiciones de Trabajo 6ª EWCS. *Instituto Nacional de Seguridad e Higiene en el trabajo (INSHT).* https://www.insst.es/documentacion/catalogo-de-publicaciones/encuesta-nacional-de-condiciones-de-trabajo.-2015-6-ewcs.-espana

Ocampo Bustos, R. M., Juárez García, A., Arias Galicia, L. F., & Hindrichs, I. (2015). Factores psicosociales asociados a engagement en empleados de un restaurante de Morelos, México. *Liberabit Revista Peruana de Psicología,* 21(2), 207–219.

Poggi, A. (2010). Job satisfaction, working conditions and aspirations. *Journal of Economic Psychology*, 31(6), 936-949.

Porras Velásquez, N.R. & Parra D'aleman, L.C. (2018). Creencias irracionales como riesgo psicosocial de la adicción al trabajo desde la perspectiva de la Psicología de la Salud Ocupacional. *Interacciones: Revista de Avances en Psicología.* 4(2). 105-113.

Rodríguez Jarabo, B. (2016). Condiciones de trabajo, satisfacción laboral y calidad de vida laboral en Educación y Sanidad. Documento de Tesis Doctoral. Elche: Universidad de Elche.

Rodríguez, E., Sánchez-Gómez, J., Armando Dorado, H., & Manuel Ramírez, J. (2015). Factores de riesgo psicosocial intralaboral y grado de estrés en docentes universitarios. *Revista Colombiana de Salud Ocupacional*, 4(2), 12–17.

Romero-Díaz, C. H., Beleño Navarro, R., Ucros Campo, M., Echeverría González, A., & Lasprilla Fawcett, S. (2016). Factores de riesgos psicosociales extralaborales en personal administrativo universitario. *Enfermería actual de Costa Rica,* 31. 14.

Sarsosa-Prowesk, K., Charria-Ortiz, V. H., & Arenas-Ortiz, F. (2014). Caracterización de los riesgos psicosociales intralaborales en jefes asistenciales de cinco clínicas nivel III de Santiago de Cali (Colombia). *Gerencia y Políticas de Salud,* 13(27), 348–361.

Wang, S., Coutts, A., Burchell, B., Kamerāde, D., & Balderson, U. (2021). Can active labour market programmes emulate the mental health benefits of regular paid employment? Longitudinal evidence from the United Kingdom. *Work, Employment and Society,* 35(3), 545-565.

Claudia Tobías Marín. Máster por la Universidad de Zaragoza, doctoranda del Departamento de Economía y Empresa de la Universidad de La Rioja donde tiene la condición de personal investigador predoctoral en formación cofinanciado por la Universidad de La Rioja, la Comunidad Autónoma de La Rioja y el Banco Santander. Su línea de investigación incluye la Gestión de Recursos Humanos y el Aprendizaje Organizativo, su investigación ha aparecido en revistas como "Journal of Workplace Learning", "Intangible Capital" y "Knowledge Management Research & Practice".

María-José Foncubierta-Rodríguez. Doctora en Ciencias Económicas y Empresariales, por la Universidad Nacional de Educación a Distancia (UNED). Profesora Contratada Doctora. Departamento de Organización de la Empresa. Universidad de Cádiz (UCA). Ha publicado artículos en revistas especializadas en su área de conocimiento, todos ellos integrados en los principales catálogos y bases de datos (WoS, Scopus, LATINDEX, Scielo). Trabaja en una línea de investigación genérica: las competencias profesionales para el trabajo y, en particular, para el liderazgo. Es promotora e investigadora de la "Red Universitaria Internacional de Estudios Multidisciplinares sobre la Felicidad y la Creatividad", de la que UCA es pionera en España. Contribuye a la formación de jóvenes investigadores, siendo codirectora de varias tesis doctorales. Actualmente es IP del grupo SEJ-058: «Cátedra de Estudios Jurídicos y Económicos del Campo de Gibraltar» del PAIDI de la Junta de Andalucía.

Alfonso Jesús Gil López. Doctor por la Universidad Nacional de Educación a Distancia, es Profesor Titular en Universidad de La Rioja en el Departamento de Economía y Empresa y Profesor Tutor en la Universidad Nacional de Educación a Distancia. Su línea de investigación incluye la gestión de recursos humanos y el aprendizaje organizativo, su investigación ha aparecido en revistas como "The International Journal of Human Resource", "Management Decision" y "European Research on Management and Business Economics".

Beatriz Rodrigo-Moya. Doctora en Ciencias Económicas y Empresariales por la Universidad Nacional de Educación a Distancia (UNED). Ha publicado artículos en revistas especializadas indexadas, contenidas en las principales bases de datos (SSCI, Scopus, LATINDEX), y numerosos libros y capítulos especializados en Dirección de Empresas y Recursos Humanos. Forma parte del equipo de investigación del Proyecto I+D+I del Ministerio de Educación y Ciencia de España, titulado «Conocimiento, Aprendizaje y TIC en la Génesis de Capacidades Dinámicas: impacto en el Sector Bancario».

Factores de riesgo cardiovascular, según puesto de trabajo, en una fábrica de la industria petrolera

MIRIAM POZA MÉNDEZ
Universidad de Cádiz. Departamento de Enfermería y Fisioterapia.
Instituto Universitario de Investigación para el
Desarrollo Social Sostenible (INDESS)
miriam.poza@uca.es

MARTINA FERNÁNDEZ GUTIÉRREZ
Universidad de Cádiz. Departamento de Enfermería y Fisioterapia.
Instituto de Investigación e Innovación en Ciencias
Biomédicas de la Provincia de Cádiz (INiBICA)
martina.fernandez@uca.es

PILAR BAS SARMIENTO
Universidad de Cádiz. Departamento de Enfermería y Fisioterapia.
Instituto Universitario de Investigación para el
Desarrollo Social Sostenible (INDESS)
Instituto de Investigación e Innovación en Ciencias
Biomédicas de la Provincia de Cádiz (INiBICA)
pilar.bas@uca.es

Resumen. Las enfermedades cardiovasculares son una de las principales causas de muerte en los países desarrollados, siendo en España una de las principales causas de incapacidad temporal en el ámbito laboral y primera causa de muerte por accidente laboral. Por ello, es importante indagar las relaciones que se establecen entre el riesgo cardiovascular (RCV) y la actividad laboral desarrollada, y su influencia por sí misma, o en relación con otros factores de riesgo como son la edad, sexo, hipertensión arterial, obesidad, diabetes, alcohol, tabaco y/o alimentación.

Objetivos: a) determinar la prevalencia del RCV y los factores de riesgo asociados en los trabajadores de una fábrica de la industria petrolera; b) Identificar los parámetros individuales relacionados con el tipo de actividad laboral desempeñada (puesto de trabajo) que puedan influir en el desarrollo, presentación y repercusión sobre los factores de RCV tradicionales.

Metodología: estudio descriptivo transversal y retrospectivo con una muestra de 616 trabajadores que acudieron al reconocimiento médico anual.

Resultados: se pudo establecer correlación entre la variable sexo y las variables RCV, colesterol total, colesterol HDL, tensión arterial sistólica, tensión arterial diastólica e índice de masa corporal, presentando mayores niveles el sexo masculino, excepto en el caso del colesterol HDL que ocurre lo contrario. También se pudo establecer relación estadísticamente significativa entre el puesto de trabajo y el RCV y niveles de glucemia en sangre. Los puestos de trabajo que mayores niveles de RCV presentaron fueron los técnicos, el personal de mantenimiento y almacén y los operadores.

Conclusión: los trabajadores en riesgo de presentar niveles más elevados de RCV son los trabajadores de sexo masculino, que desempeñan su trabajo como técnicos, personal de mantenimiento y almacén y/u operadores. Estos resultados permiten establecer estrategias para la prevención de enfermedades cardiovasculares y/o su detección precoz en el ámbito laboral.

Palabras Clave: Riesgo Cardiovascular, Enfermedades Cardiovasculares, Trabajadores, Medicina Laboral, Puestos de Trabajo.

1. INTRODUCCIÓN

Las enfermedades cardiovasculares (ECV) son la principal causa de discapacidad y de muerte prematura en todo el mundo, y contribuyen sustancialmente al aumento de los costes de la atención sanitaria (Arratibel, Bengoa & Gabriel, 2022; OMS, 2018). Se ha demostrado que la modificación de los factores de riesgo relacionados con las ECV reduce la mortalidad y la morbilidad en personas con ECV, diagnosticadas o no (OMS, 2018).

El concepto Factor de Riesgo Cardiovascular (FRCV) es una característica biológica, un hábito, patología o estilo de vida que aumenta, en aquellos que lo presentan, la probabilidad de sufrir una ECV (Ramírez, 2016). Por tanto, al tratarse de una probabilidad, no quiere decir que ante la ausencia de FRCV no se tenga la posibilidad de desarrollar una ECV, y la presencia de ellos tampoco implica necesariamente su aparición. Estos factores son aditivos, por lo que a más FRCV mayor riesgo de ECV (Mostaza et al., 2019; Piepoli et al., 2016; Wilson et al., 1999).

Existen diversas maneras de clasificar los FRCV, Grundy et al., (1999), crearon una clasificación desde un punto de vista epidemiológico, con las siguientes categorías:

- **Factores causales,** cuando existe una clara evidencia en la relación causal independiente, tienen una asociación más fuerte con la ECV y su prevalencia es superior en nuestra sociedad.
- **Factores condicionales,** aquellos asociados a un mayor riesgo de ECV, aunque no está demostrado su papel responsable: su potencial aterogénico es pequeño o su prevalencia es baja.
- **Factores predisponentes,** son los que ejercen su acción a través de factores de riesgo intermedios, causales o condicionales: obesidad y sedentarismo (FRCV mayores según la Asociación Americana del Corazón -2019-), antecedentes familiares en primer grado de enfermedad coronaria prematura y determinadas características étnicas, insuficiencia renal crónica y factores psicosociales (Grundy et al., 1999). Dentro de este último punto, cabe mencionar el estrés, especialmente aquel de origen laboral, el cual se ha vinculado con el riesgo de sufrir cardiopatía coronaria cuando el trabajador desempeña un trabajo muy exigente y dispone de poca libertad para tomar decisiones (Kivimaki et al., 2012). También se ha relacionado el trabajo a turnos, especialmente el nocturno, con el aumento de eventos coronarios, infarto de miocardio y, en menor medida, isquemia cerebral (Vyas et al., 2012) e incluso el

impacto de las largas jornadas laborales en el aumento de las ECV (Kang et al., 2012; OIT, 2019) que, en concreto, puede suponer aproximadamente un 40% de exceso de riesgo de enfermedad coronaria (Virtanen et al., 2012).

Factores de riesgo causales	Hipercolesterolemia (colesterol total alto, colesterol HDL bajo, colesterol LDL alto)
	Hipertensión arterial
	Diabetes mellitus
	Tabaquismo
Factores de riesgo predisponentes	Edad
	Obesidad/obesidad abdominal
	Sedentarismo
	Antecedentes familiares de cardiopatía coronaria temprana
	Factores psicosociales
Factores de riesgo condicionales	Hipertrigliceridemia
	Proteína C reactiva
	LDL-oxidado
	Homocisteína
	Lipoproteína(a)
	Microalbúnina
	Factores protrombóticos

Tabla 1: Factores de riesgo cardiovascular (Sociedad Española de Medicina Interna, 2006)

Un estudio llevado a cabo por Lobos y colaboradores (2009), resalta la importancia de los factores psicosociales, como el bajo nivel socioeconómico, el aislamiento social, la depresión y el estrés laboral o familiar; además de asociarse a un mayor RCV, empeoran el pronóstico de los pacientes con cardiopatía isquémica y dificultan significativamente el control de los FRCV clásicos.

En Europa, se llevaron a cabo varios estudios en los que se muestra cómo las variables socioeconómicas, entre las que se encuentran las condiciones medioambientales y laborales, pueden influir en la ECV (The European Heart Network, 1998; OIT, 2019; Willich et al., 2006).

Desde un punto de vista clínico los FRCV se pueden agrupar en:

- **No modificables:** edad, sexo, factores genéticos/historia familiar.
- **Modificables:** sobre los que se puede actuar de forma preventiva interviniendo terapéuticamente para disminuir el potencial de riesgo cardiovascular en la población: hipertensión arterial (HTA), tabaquismo, hipercolesterolemia, diabetes mellitus (DM) y sobrepeso/obesidad (particularmente obesidad abdominal o visceral), frecuentemente unido a la inactividad física.

En un estudio llevado a cabo en 52 países, relacionan el 90% del riesgo de infarto de miocardio con nueve FRCV fácilmente medibles y modificables (Yusuf et al., 2004). La elevación del cociente de las apolipoproteínas apoB/apoA-1, el tabaquismo (predictores más potentes tras el análisis multivariante), la HTA, la diabetes, la obesidad abdominal, los factores psicosociales, la actividad física regular, la dieta y la ingesta de alcohol de riesgo fueron responsables de la mayoría del riesgo de infarto agudo de miocardio, en ambos sexos y en todas las edades. En España, existen varios estudios de cohortes que muestran las mismas asociaciones (Abadal et al., 2001; Marín et al., 2006).

La alta prevalencia de FRCV en la población está obligando a poner en marcha programas preventivos (Fundación Española del Corazón, 2024; Plan Integral de Cardiopatía Isquémica, 2017). Los reconocimientos médicos anuales llevados a cabo por los Servicios de Vigilancia de la Salud, que realizan los Servicios de Prevención de Riesgos Laborales a la población trabajadora, representan una oportunidad óptima de contribuir a una prevención cardiovascular precoz y eficiente (Sánchez-Chaparro et al., 2006; 2011; OIT, 2019). Estos pueden ser una herramienta fundamental especialmente para identificar a sujetos con RCV elevado que no suelen acudir al médico por no presentar problemas de salud visibles.

Por ello, el presente trabajo tiene como objetivo: a) determinar la prevalencia del RCV y los factores de riesgo asociados en los trabajadores de una fábrica de la industria petrolera; b) Identificar los parámetros individuales relacionados con el tipo de actividad laboral desempeñada (puesto de trabajo) que puedan influir en el desarrollo, presentación y repercusión sobre los FRCV tradicionales.

2. MÉTODO

2.1. Diseño y muestra

Se realizó un estudio descriptivo transversal y retrospectivo con un análisis de variables de FRCV en una muestra de 616 trabajadores que acudieron al reconocimiento médico anual durante el año 2017.

2.2. Variables

Sociodemográficas: edad, sexo y puesto de trabajo.

FRCV modificables: peso, talla, Índice Masa corporal (IMC), tensión arterial sistólica (TAS) y diastólica (TAD), alcohol, tabaquismo, niveles de glucosa, colesterol total, colesterol HDL.

- IMC: calculado con el peso y la talla (kilogramos divididos por la estatura en metros cuadrados) y se clasificó según el rango: bajo peso (<18.50), normal (18.5-24.99), sobrepeso (25.00-29.99), obesidad (≥30.00), obesidad leve (30.00-34.99), obesidad moderada (35.00-39.99) y obesidad mórbida (≥40.00).

- Tensión arterial: se definió como HTA si la TAS ≥140mmHg y/o TAD ≥90mmHg y/o tratamiento para la HTA.
- Tabaquismo: se consideró fumador al trabajador que fuma al menos un cigarrillo al día.
- Niveles de glucosa, colesterol total, colesterol HDL: se tomó las cifras obtenidas en la análitica realizada en el reconocimiento.

RCV: se calculó usando la calculadora REGINOR (Marrugat et al., 2007; 2011), dicha calculadora se basa en las tablas de Framingham calibradas para su uso en la población española.

Esta calculadora, realiza una estimación del riesgo coronario global en los 10 años venideros, teniendo en cuenta edad, sexo, tabaquismo, nivel de glucosa, nivel de colesterol, nivel de cHDL y cifras de presión arterial sistólica y diastólica.

Los resultados obtenidos se clasifican en cinco grupos de riesgo: <5% bajo, 5-9.9% ligero, moderado, 10–14.9% alto y ≥15% muy alto.

2.3. Recogida de datos

La información fue obtenida de las historias clínico-laborales de los trabajadores que acudieron al departamento de vigilancia de la salud para realizar el reconocimiento médico anual en el periodo de estudio.

2.4. Análisis descriptivo e inferencial

Tras la recolección de datos, se creó una matriz de datos y se procedió al tratamiento estadístico de los mismos, con el paquete estadístico SPSS, versión 22, siendo el idóneo para el tipo de análisis previsto. La significación estadística se estableció en el 95% ($\alpha \leq 0.05$).

Se realizó un análisis descriptivo uni-bivariante. Las variables cuantitativas se expresaron en términos de resumen (medias, modas y medianas) y dispersión (desviaciones típicas y rangos) y en frecuencia y porcentajes las variables categóricas.

Se evaluó la normalidad de las variables utilizando la prueba Z de Kolmogorov-Smirnov o Shapiro-Wilk según el tamaño de la muestra, si p resultaba mayor de 0.05 se consideró que la distribución era normal. Para comprobar la homogeneidad de varianzas se empleó la prueba de Levene.

Para el cálculo de la correlación entre la variable cualitativa sexo y el resto de variables cuantitativas, se realizó la prueba t de Student si la distribución era normal, de lo contrario se usó la prueba no paramétrica U de Mann-Whitney.

En el caso de las correlaciones entre la variable cualitativa puestos de trabajo (10 categorías) y el resto de variables cuantitativas se realizó ANOVA si la distribución de la variable era normal y se daba homogeneidad de varianza, de lo contrario se usó el estadístico Kruskall-Wallis.

Para dos variables cualitativas con dos categorías se empleó el estadístico chi-cuadrado.

3. RESULTADOS

Se incluyeron en el estudio 616 sujetos, 62 mujeres (10.06%) y 554 hombres (89.94%). La edad media de la muestra estudiada fue de 45.72 años.

El nivel de RCV medio establecido fue de 1.96 (DT=1.228) que corresponde con un RCV bajo.

Como podemos observar (tabla 2), el RCV en mujeres fue inferior al de los hombres. Este mismo comportamiento se repitió para el resto de las variables, con excepción de los niveles de colesterol HDL donde los valores medios son mayores en mujeres.

	MUJERES			HOMBRES		
	N	Media (DT)	IC 95%	N	Media (DT)	IC 95%
Edad	62	41.95 (5.45)	40.57 - 43.34	554	43.91 (6.53)	43.37 - 44.46
IMC	62	24.46 (4.63)	23.29 - 25.64	554	26.53 (3.66)	26.23 - 26.84
TAS	62	109.68 (10.89)	106.91 - 112.44	554	117.08 (11.71)	116.11 - 118.06
TAD	62	62.42 (7.17)	60.60 - 64.24	554	65.90 (8.56)	65.18 - 66.61
Colesterol total	62	186.16 (29.86)	178.58 - 193.74	554	200.66 (34.84)	197.75 - 203.57
Colesterol HDL	62	66.02 (13.11)	62.69 - 69.35	554	59.81 (12.12)	58.80 - 60.83
Perímetro abdominal	62	71.08 (30.88)	63.24 - 78.92	554	73.79 (41.04)	70.36 - 77.21
Riesgo cardiovascular	62	1.23 (0.56)	1.08 - 1.37	554	2.04 (1.26)	1.93 - 2.14

Tabla 2: Valores medios de los diferentes parámetros relacionados con el riesgo cardiovascular por sexo

De los 616 trabajadores, 97 (15.7%) eran fumadores, de los cuales 84 (86.59%) eran hombres y 13 (13.4%) mujeres.

Con respeto a la TAS, el 0.5% presentaron valores altos (todos hombres) y el 5.5% HTA sistólica. La tasa de prevalencia de HTA en hombres fue del 5.96 y en mujeres del 1.61. En el caso de la TAD, el 0.3% presentaron cifras elevadas, mientras que el 1.8% HTA diastólica, en ambos casos corresponden a hombres.

El 33.9% presentan cifras de colesterol en el intervalo límite, de los cuales el 91.9% son hombres y el 8.1% mujeres. Un total de 79 participantes presentan hipercolesterolemia, siendo el 93.7% hombres y el 6.3% mujeres.

El 46.42% de la muestra presenta sobrepeso (25.8% mujeres; 48.73% hombres); el 13.47% tiene obesidad (con una tasa de prevalencia del 9.7 en mujeres y del 13.9 en hombres), y finalmente el 0.81% cumple los criterios de obesidad mórbida (con una tasa de prevalencia del 1.6 en mujeres frente al 0.7 en hombres).

De las 62 mujeres, el 98.4% presentan niveles de glucosa normales y un 1.6% presenta hiperglucemia. En los hombres se observó que el 0.9% presentó la glucosa en el intervalo límite y 0.5% hiperglucemia.

Todas las mujeres presentan un RCV bajo. En el caso de los hombres, el 95.1% mantienen también un bajo RCV, pero el 4.7% muestran un RCV moderado y el 0.2% alto.

Se pudo establecer relación estadísticamente significativa entre el sexo y las variables RCV (z=-6.486, p<.001), colesterol HDL (z=-3.633; p<.001), IMC (z=-4.633; p<.001), TAS (z=-4.553; p<.001) y TAD (z=-2.645; p=0.008), siendo en todos los casos mayor en hombres que en mujeres, excepto en la variable colesterol HDL, que como ya dijimos las mujeres presentan mayores niveles.

Entre la variable categórica sexo y la variable cuantitativa colesterol, se pudo establecer relación estadísticamente significativa (t=3.149; gl=614; p=0.002).

Los puestos de trabajo fueron agrupados atendiendo al tipo de trabajo que realizaban según los riesgos expuestos, nivel de actividad física y responsabilidad.

Como muestra la tabla 3, el puesto de trabajo con mayor número de trabajadores fue el de operador de planta, seguidos por los responsables de departamento de ingenieros y los técnicos de planta.

			RCV			Glucosa		
Puesto de trabajo	**n**	**%**	**Bajo**	**Moderado**	**Alto**	**Normal**	**Intervalo límite**	**Hiperglucemia**
Personal de oficina	41	6.7%	39	2	0	39	2	0
Responsable de departamento e ingenieros	105	17%	102	3	0	104	0	1
Personal de laboratorio	27	4.4%	27	0	0	26	0	1
Panelistas	54	8.8%	54	0	0	54	0	0
Técnicos de planta	90	14.6%	82	8	0	89	1	0
Personal mantenimiento y almacén	77	12.5%	71	6	0	74	2	1
Operador de planta	187	30.4%	181	6	0	187	0	0
Operador de puerto	13	2.1%	11	1	1	13	0	0
Bomberos	20	3.2%	20	0	0	20	0	0
Sin definir	2	0.3%	2	0	0	2	0	0

Tabla 3: Distribución por puesto de trabajo, riesgo cardiovascular y glucosa

En las puntuaciones medias del RCV con la variable categórica de puestos de trabajo, el resultado fue χ^2=18.215 (gl=9; p=0.033), con lo que se aprecia una relación estadísticamente significativa entre el puesto de trabajo y el RCV. Siendo los puestos de trabajo técnicos de planta, personal de mantenimiento y almacén y operadores de planta los que mayor RCV presentan (tabla 3). El único puesto de trabajo que presenta riesgo alto, en toda la muestra, es el operador de puerto con un caso.

La relación entre las determinaciones de glucosa con la variable categórica de puestos de trabajo, resultó estadísticamente significativa (χ^2=24.705; gl=9; p=0.003). Siendo mayor el nivel de glucosa en los puestos de trabajo personal de oficina y personal de mantenimiento y almacén.

Las puntuaciones medias de TAS (χ^2=10.266; gl=9; p=0.329), TAD (χ^2=6.197; gl=9; p=0.720), colesterol total (χ^2=13.776; gl=9; p=0.131), colesterol HDL (χ^2=14.051; gl=9; p=0.121) e IMC (χ^2=15.993; gl=9; p=0.067) no establecen relación estadísticamente significativa con la variable categórica puesto de trabajo, respectivamente.

	n	Edad media	IMC	TAS	TAD	Colesterol total	cHDL	RCV
Personal oficina	41	45.39	25.57	116.59	67.44	195.66	60.59	2.02
Responsables departamento e ingenieros	105	43.75	25.65	116.34	65.61	193.68	61.61	1.83
Personal laboratorio	27	43.93	27.17	114.26	66.11	196.74	60.74	1.70
Técnicos de planta	90	45.49	26.18	116.4	66.07	206.30	63.25	2.10
Personal mantenimiento y almacén	77	46.83	26.89	119.22	66.49	197.69	59.32	2.30
Operadores de planta	187	41.29	26.54	115.31	64.98	198.35	59.29	1.80
Operadores de puerto	13	44.85	26.14	118.46	64.23	219.85	56.31	3.15
Bomberos	20	41.45	25.71	117.65	63.40	196.00	59.20	1.90
Panelistas	54	43.65	26.84	115.94	64.59	203.57	59.63	1.81
Sin definir	2	49	22.96	105.00	65.00	192.50	76.50	1.32

Tabla 4: Valores medios de los diferentes parámetros relacionados con el riesgo cardiovascular por puesto de trabajo

4. DISCUSIÓN

En el presente estudio, se observa la presencia de FRCV en la población laboral de una industria petrolera, encontrando resultados similares a otros estudios (Ramírez, 2016; Sánchez-Chaparro et al., 2006), destacando que los varones presentan valores mayores de TAS, TAD, IMC, colesterol total y glucosa en sangre que las mujeres; con la excepción del cHDL, que es mayor en mujeres.

También coinciden en que existe una relación significativa entre el tipo de trabajo desempeñado por el trabajador y la prevalencia de RCV, aunque su clasificación difiere, no siendo por tanto comparable directamente, ya que realizan la clasificación por sectores de actividad laboral y, en este caso, nos centramos en un sector y clasificamos por puestos de trabajo. Sin embargo, nuestros resultados difieren, con los de estos autores, en la prevalencia media de hiperglucemia (0.5%) y de dislipemia (46.7%) considerando su cuantificación, en ambos sexos, significativamente menor que la referida por estos autores (6.2% y 64.2% respectivamente).

Otros estudios, han sido realizados específicamente con el objetivo de analizar la relación e influencia existente entre el tipo de actividad laboral y los factores de riesgo tradicionales de la patología cardiovascular (Castán & Gutiérrez, 2004). Los resultados no coinciden, ya que muestran una relación existente entre niveles anómalos de colesterol y TAD, en función del sector productivo en el que se encuentra el trabajador, y en el presente trabajo no se muestra relación. Estos autores consideran que la mayor relación desfavorable se obtendría en el sector de la construcción, seguido del sector servicios y de la industria. Datos no comparables, ya que en este estudio se valora el tipo de trabajo en función de la actividad física que precisa para su desempeño, mientras que en el presente trabajo se parte de la clasificación que al respecto existe en cuanto al tipo de trabajo desempeñado en el sector de una industria petrolera.

En los resultados obtenidos, se aprecia una correlación significativa entre el sexo y las variables RCV, colesterol, HDL, IMC, TAS y TAD, siendo en todos los casos mayor en hombres que en mujeres, excepto en el HDL que es mayor en mujeres, lo que se considera normal ya que los valores de HDL en mujeres suelen ser superiores a lo de los hombres; y relación significativa entre el puesto de trabajo y el RCV y los niveles de glucemia capilar.

No se aprecia relación entre las variables sexo y fumar, esto puede deberse a que solo el 15.7% de la muestra era fumadora.

Se aprecia relación significativa del sexo con el RCV, los resultados lo reafirman como un factor determinante. Los hombres presentan unos valores medios más desfavorables en la mayoría de los FRCV estudiados: mayor prevalencia de IMC elevado, colesterol, perímetro abdominal, TAS, TAD y mayores porcentajes de RCV.

Los resultados obtenidos, respecto al sexo, coinciden con los publicados en otros estudios (Quevedo, 2014; Ramírez, 2016). En algunos trabajos las diferencias por sexos favorables a las mujeres toman como base factores hormonales y el efecto protector de las hormonas femeninas sobre los vasos sanguíneos (Vina et al., 2005), si bien este trabajo no está dirigido específicamente al estudio del RCV y se matiza en el mismo que, junto con este efecto hormonal ligado al sexo, intervendrían otros factores como la edad, dado que el incremento de riesgo observado en varones se presenta en hombres por debajo de los 50 años.

En el estudio CORSAIB (Rigo et al., 2005), realizado sobre población general de Islas Baleares, en una muestra de 1685 personas, se muestra diferencias en la prevalencia de los principales FRCV por edad y sexo. Entre los hombres se observa una mayor prevalencia de sobrepeso y resultados más elevados de RCV medido con Framingham y REGICOR, mientras que entre las mujeres se observa mayor prevalencia de obesidad. Estos resultados coinciden con el presente trabajo salvo en lo relativo a la obesidad en las mujeres, ya que en nuestra muestra el porcentaje de hombres obesos es mayor que el de las mujeres.

En una revisión realizada por Aranceta et al. (2004), se analizan los principales estudios epidemiológicos sobre RCV realizados en España. Los datos de esta revisión y los posteriores relativos a la prevalencia de obesidad en España (Aranceta-Bartrina et al., 2005), coinciden con los nuestros en cuanto al mayor riesgo en varones y mayor prevalencia de HTA y colesterol elevado. Aunque en el presente trabajo se aprecian mayores niveles de colesterol en hombres que en mujeres, estas diferencias no fueron significativas; lo reducido de la muestra en mujeres puede explicar tal resultado. Estos autores orientan las actuaciones preventivas hacia una intervención precoz en estilos de vida, con la práctica de ejercicio regular y alimentación cardiosaludable para disminuir las cifras de sobrepeso y obesidad y, con ello, el nivel de RCV.

La prevalencia de HTA observada (5.5% TAS y 1.8% TAD) fue inferior respecto a la estimada por la OMS en 2013 así como respecto a los datos del continente europeo, que la sitúa entre el 30-45% de la población (Mancia et al., 2013) y a nivel nacional, donde destaca el metaanálisis de Medrano et al. (2005) que arroja una cifra del 34%.

Otros estudios en población laboral (López González et al., 2012; Ramírez, 2016), encontraron que los FRCV son más prevalentes en varones, datos que coinciden con los resultados presentados.

Por otro lado, cabe destacar que los resultados obtenidos en el presente trabajo, muestran la presencia de relación significativa entre el puesto de trabajo y el nivel de RCV. Se observa que los técnicos de planta, personal de mantenimiento y almacén y operador de planta presentan mayor nivel de RCV. Sin embargo, dado el tamaño muestral por cada categoría, sería oportuno realizar otros estudios que confirmen dichos resultados.

En otros trabajos, se observa mayor RCV en hombres y ciertas ocupaciones. Así, se observa mayor riesgo en las ocupaciones de dirección o gerencia, administrativos y conductores (Zimmermann, González & Galán, 2010), lo que difiere respecto a los resultados que muestran la menor prevalencia de RCV en el personal de oficina. En la tesis doctoral de Quevedo (2014) se refleja que el sector de la construcción, y ciertas ocupaciones, presentan una mayor prevalencia de RCV, como ocurre en los "Artesanos y trabajadores cualificados de industrias manufactureras, construcción y minería" (4.9%), "Operadores de instalaciones y maquinaria fija y conductores de maquinaria móvil" (4.3%) y "Dirección de las empresas y de la administración pública" (4.0%), lo que les confiere prioridad preventiva. En cuanto al riesgo relativo alto, aplicado a población de 18-39 años, la mayor prevalencia se presentó en "Trabajadores cualificados en agricultura y pesca", con un 2.33%. En el resto de ocupaciones, los porcentajes no llegaron al 0.3% en ninguno de los casos, lo cual es indicativo de que estamos ante una población joven y aparentemente sana (Quevedo, 2014).

Hay diversos estudios que muestran cómo los distintos sectores de actividad (agrario, construcción, industria y servicios) parecen influir en las condiciones en las cuales se desempeña el puesto de trabajo, e incluso en los hábitos o estilos de vida que pueden influir de forma importante en el desarrollo de los FRCV (Molina-Aragones, 2008; Quevedo, 2014; Zimmermann et al., 2010). El trabajador de la construcción es el que presenta mayor número de FRCV clásicos: tabaquismo, HTA, hipercolesterolemia y metabolismo de la glucosa alterado.

Además, el sector industria también destaca por su relación positiva con el tabaquismo, la HTA y la hipercolesterolemia. El sector agrario se ha asociado con el hábito tabáquico y con la alteración en el metabolismo hidrocarbonado mientras que el pesquero con el tabaquismo, la hipercolesterolemia, la HTA, así como con la asociación de estos FRCV (Balanza & Mestre, 1995). En el sector servicio, la presencia de dislipemia es relevante (Sánchez et al., 2006).

Diversos estudios muestran el tabaco como un FRCV relevante (Efstathiou et al., 2009; Kotani et al., 2012; Ramírez,

2016), ya que la incidencia de patología coronaria en los fumadores es tres veces mayor que en el resto de la población y la posibilidad de padecer una enfermedad cardiaca es proporcional a la cantidad de cigarrillos diarios consumidos y al número de años en los que se mantiene este hábito. Algunos estudios orientan a que la relación entre el consumo de tabaco y los valores de los índices aterogénicos se centra principalmente en el efecto que tienen sobre los niveles de adiponectina, observándose que en las personas que dejan de fumar aumentan los niveles de adiponectina disminuyendo el riesgo de arteriosclerosis (Efstathiou et al., 2009; Kotani et al., 2012). Otros estudios, como el de Terradillos-García (2016) apoyan la indudable relación del consumo de tabaco en el RCV y en población laboral de características similares a las presentadas en el presente estudio.

Los servicios de prevención de riesgos laborales, en concreto el departamento de vigilancia de la salud, son un recurso excelente para la detección precoz y control de los FRCV, donde la prevención primaria y la promoción de la salud juegan un papel inestimable. La detección precoz del trabajador de riesgo, el conocimiento de factores de riesgo específicos, como el tipo de trabajo desempeñado, junto con intervenciones en los hábitos de vida (consejo dietético, modificación de conducta sobre el hábito del tabaco o la adopción de medidas higiénicas), pueden suponer una importante disminución en las tasas de morbimortalidad derivada de patología cardiovascular.

Este estudio al igual que otros, presenta el sesgo de circunscribirse a sectores concretos. Grima et al. (1999) valoraron el RCV en trabajadores de una fábrica de automóviles y sólo en varones. Rodríguez-Amaya (2015), analiza las variables cardiovasculares en trabajadores de la construcción. En un estudio acerca de trabajadores de una industria metalúrgica de Cantabria, siendo sus resultados coincidentes en algunos aspectos, parten de una muestra pequeña que incluye, al igual que en este caso, un muy reducido número de mujeres comparativamente al mayoritario de los hombres -330 varones y 28 mujeres- (Alonso, Calleja & Borbolla, 2014). Sus resultados coinciden con los obtenidos en cuanto a que en los varones es mayor la prevalencia de colesterol, IMC, TAS, TAD y RCV.

Otro sesgo a destacar, es la imposibilidad de extrapolar los resultados obtenidos a la población general, dado que la población de estudio se ciñe a una industria petrolera, quedando excluidos la población laboral de otros sectores y la población laboralmente no activa.

Una de las fortalezas presentes a destacar, es que el tamaño muestral del presente trabajo nos permite aportar mayor precisión estadística a los resultados obtenidos y a las estimaciones realizadas y poner en manifiesto los resultados de las asociaciones más evidentes. Del mismo modo, se valoran los FRCV y el RCV de trabajadores de la industria petrolera lo cual posibilita la implantación precoz de actuaciones preventivas en personas sin enfermedad cardiovascular actual, pero con riesgo de desarrollarla, así como la puesta en marcha de programas preventivos desde las empresas, en colaboración con el sistema público de salud.

Limitaciones y fortalezas

El tamaño muestral es un punto fuerte en el presente estudio, lo que facilita una mayor precisión en las estimaciones. Además, incluye sujetos de ambos sexos aumentando la representatividad de la muestra, a pesar de ser menor el número de mujeres que de hombres.

La principal limitación de nuestro estudio es que se trata de un estudio transversal en un sector de la población específico: trabajadores de una fábrica perteneciente a la industria petrolera. Los resultados podrían ser considerados como representativos de un colectivo concreto debido a que otros estudios con diferentes edades, mayor proporción de mujeres u otras condiciones laborales podrían proporcionar resultados distintos.

Por otro lado, los resultados sobre consumo de alcohol y tabaquismo procedentes de respuestas autodeclaradas pueden presentar sesgos, especialmente en lo que concierne al alcohol, tratándose de datos recogidos en un reconocimiento médico laboral en donde se incluye, entre sus objetivos, evaluar si el trabajador es apto para desempeñar su puesto de trabajo.

Además, el hecho de emplear una única muestra de glucemia basal puede disminuir el rigor diagnóstico, pero probablemente el amplio tamaño muestral tienda a atenuar este hecho. Tampoco se han podido evaluar los hábitos alimentarios cuya importancia es de interés, tal y como habíamos descrito, por lo que se sugiere una segunda fase del estudio para contemplar las características de la dieta por parte de la población y su repercusión a nivel de RCV.

Por otro lado, es difícil comparar las prevalencias de los FRCV con otros estudios epidemiológicos, debido a las diferencias en la metodología empleada, la estandarización de la población, diferentes sectores de actividad, empresas y ocupaciones.

Los reconocimientos médicos laborales constituyen una oportunidad óptima para detectar precozmente los FRCV, estimar el RCV y poner en marcha intervenciones preventivas adecuadas al nivel de riesgo. Todo ello puede derivar en consecuencias positivas sobre la salud de la población y sobre el impacto socioeconómico asociado con las enfermedades cardiovasculares.

Este estudio puede constituir el punto de partida para futuros estudios epidemiológicos referidos a la población laboral.

5. CONCLUSIONES

Existe una prevalencia considerable de FRCV en la amplia muestra de población laboral analizada. El 15.7% son fumadores; un 5.5% presenta cifras de TAS en rango de HTA y un 1.8% presenta cifras de TAD en rango de HTA; el 33.9% presenta el colesterol en el intervalo límite y el 12.8% presenta hipercolesterolemia; y un 46.4% presenta sobrepeso, el 13.5% tiene obesidad y el 0.8% obesidad mórbida. Asimismo, el 4.2% presenta RCV moderado y el 0.2% alcanza RCV alto.

En nuestro estudio, el sexo es un factor influyente. Todos los FRCV estudiados, son más prevalentes en los varones respecto de las mujeres. Siendo el colesterol HDL la única variable mayor en mujeres que en hombres.

Se aprecia mayor prevalencia de RCV en ciertos puestos de trabajo. Las proporciones más altas se presentan en técnicos de planta, personal de mantenimiento y almacén y operadores de planta.

Se aprecia mayor prevalencia de nivel elevado de glucosa en los puestos de trabajo personal de oficina y personal de mantenimiento y almacén, seguidos de responsables de departamento e ingenieros, personal de laboratorio y técnicos de planta.

Este mapa del RCV puede contribuir a establecer futuras estrategias preventivas, permitiendo priorizar de acuerdo a los resultados obtenidos.

6. REFERENCIAS

Abadal, L., Varas Lorenzo, C., Pérez, I., Puig, T., Balaguer Vintró, I. 2001. Factores de riesgo y morbimortalidad coronaria en una cohorte laboral mediterránea seguida durante 28 años. Estudio de Manresa. Revista Española Cardiología, 54,1146-1154.

Alonso, J.A., Calleja A.B., Borbolla, S. 2014. Prevalencia de los factores de riesgo cardiovascular en trabajadores de una planta metalúrgica. Medicina y Seguridad del Trabajo, 234,9-23.

Aranceta, J., Pérez Rodrigo, C., Foz Sala, M., Mantillac, T., Serra Majem, L., Moreno, B., Monereof, J., Grupo Colaborativo para el estudio DORICA fase II. 2004. Grupo Colaborativo para el estudio DORICA fase II. Tablas de evaluación del riesgo coronario adaptadas a la población española. Estudio DORICA. Medicina Clínica Barcelona, 123(18),686-91.

Aranceta, J., Serra Majem, L., Foz Sala, M., Moreno Esteban, B., Grupo Colaborativo SEEDO 2005. Prevalencia de obesidad en España. Medicina Clínica, 125(12),460-6.

Arratibel, P., Bengoa, R., Gabriel, R. 2022. La situación de las enfermedades cardiovasculares en España Principales factores de riesgo e impacto en la gestión de las enfermedades crónicas. Fundación Alternativas. https://www.fundacionalternativas.org/storage/laboratorio_documentos_archivos/6e1bc9e423bbbb5f72e46194ff263928.pdf

Balanza Galindo, S., Mestre Molto, F. 1995. Factores de riesgo cardiovascular en la población pesquera de Cartagena y Castellón. Revista Española de Salud Pública, 69,295-303.

Castán Fernández, F.J., Gutiérrez Bedmar M. 2004. Factores de riesgo cardiovascular y tipo de actividad en una población laboral. Prevención, Trabajo y Salud, 59,18-43.

Efstathiou, S.P., Skeva, I.I., Dimas, C., Panagiotou, A., Parisi, K., Tzanoumis, L., Kafouri, A., Bakratsas, K., Mountokalakis, T.D. 2009. Smoking cessation increases serum adiponectin levels in an apparently healthy Greek population. Atherosclerosis, 205(2),632-636.

Fundación Española del Corazón. 2024. Programa Empresas Cardiosaludables de la Fundación Española del Corazón. https://pecs.fundaciondelcorazon.com

Grima Serrano, A., Alegría Ezquerra, E., Jover Estellés, P. 1999. Prevalencia de los factores de riesgo cardiovascular clásicos en una población laboral mediterránea de 4.996 varones. Revista Española de Cardiología, 52(11),910-918.

Grundy, S., Pasternak, R., Greenland, P.H., Smith, S., Fuster, V. 1999. Assesment of cardiovascular risk by use of multiple-risk-factor assesment equations: a statement for healthcare professionals from the American Heart Association and the American College of Cardiology, Circulation, 100(3),1481-1492. https://doi.org/10.1161/01.CIR.100.13.1481

Kang, M.Y., Park, H., Seo, J.C., Kim, D., Lim, Y.H., Lim, S., Cho, S.H., Hong Y.C. 2012. Long working hours and cardiovascular disease: a meta-analysis of epidemiologic studies. Journal of Occupational Environment Medical, 54,532-537.

Kivimaki, M., Nyberg, S.T., Batty, G.D., Fransson, E.I., Heikkila, K., Alfredsson, L., Bjorner, J.B., …IPD-Work Consortium. 2012. Job strain as a risk factor for coronary heart disease: a collaborative metaanalysis of individual participant data. Lancet, 380, 1491-1497.

Kotani, K., Hazama, A., Hagimoto, A., Saika, K., Shigeta, M., Katanoda, K., Nakamura, M. 2012. Adiponectin and smoking status: a systematic review. Journal of Atherosclerosis and Thrombosis, 19(9),787-794.

Lobos Bejarano, J.M., Royo-Bordonada, M.A., Brotons, C., Álvarez-Sala, L., Armario, P., Maiques, A., Didac, M., Sans, S., … Comité Español Interdisciplinario para la Comité Español Interdisciplinario para la Prevención Cardiovascular. 2009. Guía Europea de Prevención Cardiovascular en la Práctica Clínica. Adaptación española del CEIPC 2008. Atención Primaria, 41(8),463.

López González, A.A., Angullo Martínez, E., Román Rodríguez, M., Vicente-Herrero, M.T., Tomás Salvá, M., Ricci-Cabello, I. 2012. Prevalence of cardiovascular risk factors in Balearic workers apparently healthy. Gaceta Médica de México, 148(5),430-437.

Mancia, G., Fagard, R., Narkiewicz, K., Redon, J., Zanchetti, A., Bohm, M., … Zannad, F. 2013. 2013 ESH/ESC guidelines for the management of arterial hypertension. Journal of Hypertension, 31,1281-1357.

Marín, A., Medrano, M.J., González, J., Pintado, H., Compaired, V., Bárcena, M., …. Bueno, J. 2006. Risk of ischaemic heart disease and acute myocardial infarction in a Spanish population: observational prospective study in a primary-care setting. BMC Public Health, 6,38.

Marrugat, J., Subirana, I., Comín, E., Cabezas, C., Vila, J., Elosua, R., Nam, B.H., … VERIFICA Investigators. 2007. Validity of an adaptation of the Framingham cardiovascular risk function: the VERIFICA Study. Journal Epidemiol Community Health, 61 (1), 40-7. Erratum in: Journal Epidemiol Community Health, 61(7),655.

Marrugat, J., Vila, J., Baena-Diez, J.M., Grau, M., Sala, J., Ramos, R., Subirana, I., Fitó, M., Elosua, R. 2011. Validez relativa de la estimación del riesgo cardiovascular a 10 años en una cohorte poblacional del estudio REGICOR. Revista Española Cardiología, 64,385-394.

Medrano, M.J., Cerrato, E., Boix, R. 2005. Cardiovascular risk factors in Spanish population: metaanalysis of cross-sectional studies. Medicine Clinical, 124,606-612.

Molina-Aragones, J.M. 2008. Riesgo cardiovascular, ocupación y riesgos laborales en una población laboral de Cataluña. Medicina y Seguridad del Trabajo, 54,91-98.

Mostaza, J.M., Pintó, X., Armario, P., Masana, L., Ascaso, L.M., Valdivielso, P., Miembros de la Sociedad Española de Arteriosclerosis. 2019. Estándares SEA 2019 para el control global del riesgo cardiovascular. Clínica e Investigación en Arteriosclerosis, 31(1),1-43.

Organización Mundial de la Salud. 2013. Estadísticas sanitarias mundiales 2013. Ginebra: OMS: http://www.who.int/publications/es/

Organización Mundial de la Salud. 2018. Enfermedades cardiovasculares. http://www.who.int/es/news-room/fact-sheets/detail/cardiovascular-diseases-(cvds).

Organización Internacional del Trabajo. 2019. Seguridad y salud en el centro del futuro del trabajo. https://www.ilo.org/wcmsp5/groups/public/—dgreports/—dcomm/documents/publication/wcms_686762.pdf

Quevedo Aguado, L.J. 2014. Prevalencia de factores de riesgo cardiovascular en población laboral de la Comunidad de Madrid [Tesis doctoral, Universidad Complutense de Madrid]. Repositorio UCM. https://eprints.ucm.es/29773/1/T35998.pdf

Piepoli, M.F., Hoes, A.W., Agewall, S., Albus, C., Brotons, C., Catapano, A.L., Cooney , M.T., ... Binno, S. 2016. European Guidelines on cardiovascular disease prevention in clinical practice: The Sixth Joint Task Force of the European Society of Cardiology and other societies on cardiovascular disease prevention in clinical practice. European Heart Journal, 37,2315-2381.

Plan Integral de Cardiopatía Isquémica 2017-2021. 2017. Agencia de Calidad del Sistema Nacional de Salud. Ministerio de Sanidad y Consumo. https://saludextremadura.ses.es/filescms/web/uploaded_files/CustomContentResources/Documento_PIEC_2017_2021_382.pdf

Ramírez Iñiguez de la Torre, M.V. 2016. Determinación del Riesgo Cardiovascular en una población laboral aparentemente sana [Tesis doctoral, Universidad de las Islas Baleares]. Repositorio Institucional TDX. https://www.tdx.cat/handle/10803/461168?show=full

Rigo Carratalá, F., Frontera Juan, G., Llobera Cànaves, J., Rodríguez Ruiz, T., Borrás Bosch, I., Fuentespina Vidal, E. 2005. Prevalencia de factores de riesgo cardiovascular en las Islas Baleares (estudio CORSAIB). Revista Española de Cardiología, 58(12),1411-1419.

Rodríguez-Amaya, R.M. 2015. Variables cardiovasculares en trabajadores de la construcción en Santander (Colombia). Perfil comparativo años 2011 y 2012. Hipertensión y Riesgo Vascular. 32 (3),105-112.

Sánchez-Chaparro, M.A., Calvo Bonacho, E., González Quintela, A., Cabrera, M., Sáinz, J.C., Fernández-Labandera, C., Quevedo-Aguado, L., ... Román García, J. 2011. High cardiovascular risk in Spanish workers. Nutrition, Metabolism & Cardiovascular Diseases, 21,231-236.

Sánchez-Chaparro, M.A., Román-García, J., Calvo-Bonacho, E., Gómez-Larios, T., Fernández-Meseguer, A., Sainz-Gutiérrez, J.C., Cabrera-Sierra, M., … González-Quintela, A. 2006. Prevalencia de factores de riesgo vascular en la población laboral española. Revista Española de Cardiología, 59,421-430.

Terradillos García, M.J. 2016. El tabaco, factor prioritario de riesgo cardiovascular, síndrome metabólico y diabetes mellitus tipo 2. La Edad del corazón como herramienta preventiva. [Tesis doctoral, Universidad Complutense de Madrid]. Repositorio UCM. https://eprints.ucm.es/41212/1/T38392.pdf

The European Heart Network. 1998. Social Factors, Work, Stress and Cardiovascular Disease Prevention in the European Union. European Union. www.ehnheart.org

Vina, J., Borras, C., Gambini, J., Sastre, J., Pallardo, F.V. 2005. Why females live longer than males: control of longevity by sex hormones. Science of Aging Knowledge Environment. (23), pe17.

Virtanen, M., Heikkila, K., Jokela, M., Ferrie, J.E., Batty, G.D., Vahtera, J., et al. 2012. Long working hours and coronary heart disease: a systematic review and metaanalysis. American Journal of Epidemiology, 176,586-596.

Vyas, M.V., Garg, A.X., Iansavichus, A.V., Costella, J., Donner, A., Laugsand, L.E., Janszky, I., Mrkobrada, M., Parraga, G., Hackam, D.G. 2012. Shift work and vascular events: systematic review and meta-analysis. British Medical Journal, 345,e4800.

Willich, S.N., Wegscheider, K., Stallmann, M., Keil, T. 2006. Noise burden and the risk of myocardial infarction. European Heart Journal, 27,276-282.

Wilson, P.W., Kannel, W.B., Silbershatz, H., D'Agostino, R.B. 1999. Clustering of metabolic factors and coronary heart disease. Archives Internal Medicine, 159,1104-1109.

Yusuf, S., Hawken, S., Ounpuu, S., Dans, T., Avezum, A., Lanas, F., McQueen, M., ... Lisheng, L. 2004. Effect of potentially modifiable risk factors associated with myocardial infarction in 52 countries (the INTERHEART study): case-control study. Lancet, 364,937-952.

Zimmermann Verdejo, M., González Gómez, M.F., Galán Labaca, I. 2010. Perfiles de exposición de riesgo cardiovascular según la ocupación laboral en la Comunidad de Madrid. Revista Española de Salud Pública, 84,293-308.

Miriam Poza Méndez. Diplomada en Enfermería. Máster Universitario en Innovación e Investigación en Cuidados de Salud, Máster Universitario en Prevención de Riesgos Laborales. Doctora en Ciencias de la Salud por la Universidad de Cádiz (UCA). Profesora Sustituta Interina de la UCA. Miembro del Instituto Universitario de Investigación para el Desarrollo Social Sostenible y del grupo PAIDI de investigación CTS1019. Participó en el proyecto "Alfabetización en Salud en población inmigrante" financiado por la Junta de Andalucía. Siguiendo esta línea de investigación, realizó su Tesis Doctoral "Adaptación y validación de la encuesta europea de Alfabetización en Salud en población inmigrante" y finalista de los Premios de Investigación del Consejo General de Enfermería de España y galardonada con la Distinción Honorífica por el Excmo. Colegio Oficial de Enfermería de Cádiz. Actualmente participa en el proyecto "Desarrollo y efectividad de una intervención mHealth en la mejora de la alfabetización en salud y autogestión del paciente pluripatológico con insuficiencia cardíaca" y en el proyecto "Efectividad de una intervención mHealth, basada en la rehabilitación y plan de nutrición personalizado, en la recuperación y mejora de la disfagia en pacientes con diagnóstico de accidente cerebrovascular". Los resultados de los proyectos han sido publicados en revistas de alto impacto.

Martina Fernández Gutiérrez. Diplomada en Enfermería y especialidad en Enfermería del Trabajo. Licenciada en Psicología. Máster Universitario en Innovación e Investigación en Cuidados de Salud. Doctora en Ciencias de la Salud por la Universidad de Cádiz (UCA). Profesora Titular con sexenio de investigación reconocido por el CNEAI. Actualmente miembro del Grupo de Investigación CTS1019 incluido en la Convocatoria del PAIDI, grupo incluido en el Instituto INiBICA (actualmente Investigadora Responsable del grupo EM14). Ha llevado a cabo numerosos proyectos sobre Alfabetización en Salud, siendo galardonados algunos de ellos como el premio a la mejor Tesis Doctoral por la Fundación Pública Andaluza Centro de Estudios Andaluces de la Junta de Andalucía con la tesis denominada "Diseño de un programa de Alfabetización en Salud para mejorar el acceso y utilización de los servicios sanitarios a población inmigrante". Desde el inicio de la Pandemia COVID-19 ha colaborado con el Instituto de Salud Carlos III, como investigadora, en el proyecto COSMO-SPAIN. Actualmente es co-IP del proyecto "Desarrollo y efectividad de una intervención de mHealth en la mejora de la Alfabetización en Salud y autogestión del paciente pluripatológico con insuficiencia cardíaca: un ensayo controlado aleatorizado" que ha generado como resultado el desarrollo de la aplicación móvil mICardiApp.

Pilar Bas Sarmiento. Licenciada y Doctora en Psicología. Máster en Modificación de Conducta por la Universidad Complutense de Madrid. Profesora Titular de la Universidad de Cádiz, docente en el Máster de Prevención de Riesgos Laborales. Miembro del Grupo PAIDI de Investigación CTS1019 y del Instituto de Investigación e Innovación en Ciencias Biomédicas. Ha participado en proyectos de investigación de ámbito regional, nacional y europeo relacionados con la salud. Ha colaborado con el Nodo de Bioestadística de la Red RIRAG del FIS (Instituto de Salud Carlos III) realizando informes técnicos de salud de la población española. Actualmente es IP del proyecto "Desarrollo y efectividad de una intervención mHealth en la mejora de la Alfabetización en Salud y autogestión del paciente pluripatológico con insuficiencia cardíaca", finalista del Programa de Reconocimiento y Difusión de Buenas Prácticas para enfermedades crónicas; Universitat Pompeu Fabra y CRES y galardonada en la VII Edición I+D+i Fundación Campus Tecnológico Campo de Gibraltar. Premiada por la Escuela Andaluza de Salud Pública a la mejor iniciativa en Alfabetización en Salud. Sus resultados de investigación se han publicado en revistas de alto impacto. Recientemente, colabora con el Instituto de Salud Carlos III y la Oficina Regional Europea de la OMS en el proyecto COSMO-SPAIN.

Certification in happiness management: *un instrumento para la generación de capital preventivo de la organización en lo psicosocial*

JOSÉ-LUIS PEREA-VICENTE[24]
Universidad de Cádiz
joseluis.perea@uca.es

RAFAEL RAVINA-RIPOLL
Universidad de Cádiz
rafael.ravina@uca.es

Resumen. El progreso y el crecimiento de las organizaciones se apoya en el rendimiento y en la eficiencia de los recursos disponibles en su entorno, interno y externo. Este propósito continúa siendo eje principal de la investigación en organizaciones. Una de las iniciativas propuestas en la literatura es el establecimiento de ciertos estándares en la organización, con el objetivo de garantizar un nivel de exigencia en aspectos tales como la prevención o la calidad de su funcionamiento. Algunos de estos certificados, como la Organización Internacional de Normalización (ISO) o el Método de Gestión de Calidad (TQM), son internacionalmente reconocidos y aceptados. Sin embargo, y pese a que la gestión de los recursos humanos es clave en el crecimiento de la organización y en el impacto positivo sobre los niveles de rendimiento y eficiencia, aún no se ha desarrollado una normativa equivalente a estos certificados, en los que se aborde la importancia que tiene para la organización contar con una plantilla feliz en la realización de sus funciones. Por ello, con este estudio se pretende cubrir este hueco que existe en la literatura, proponiendo la implantación del

---

24 Los autores aparecen en orden alfabético y han contribuido a partes iguales a este trabajo.

Certificado de Gestión de la Felicidad (CHM). El CHM tiene un gran potencial como herramienta para el capital preventivo de una organización. La literatura confirma que el nivel de felicidad en el contexto laboral es un factor que reduce gran parte de los riesgos laborales a nivel psicológico y psicosocial. Su aplicación capacitará a la organización para detectar variables organizacionales que están incidiendo en dichos riesgos. De esta manera, la información otorgada servirá a la organización para introducir políticas que, aumentando la felicidad, minimicen, e incluso, anulen, este tipo de riesgos en los contextos laborales. Desde el punto de vista profesional, el CHM se puede constituir como un atractivo instrumento para que las organizaciones fomenten el capital preventivo con la finalidad de garantizar el bienestar y la salud laboral de sus clientes internos.

Sintetice adecuadamente su artículo en no más de 300 palabras. Se sugiere la estructura: introducción breve con objetivos; método, resultados y conclusiones/recomendaciones.

Palabras Clave: Certification in Happiness Management; Capital Preventivo; Riesgos Psicosociales; Estrés; Burnout.

1. INTRODUCCIÓN

En 2019, una de cada tres bajas en España estaba causada por el estrés en el trabajo. Además, el 40% de los encuestados afirmaron estar estresados, con lo que su eficiencia se vio reducida en un 60% (Tesorería General de la Seguridad Social, 2020). En Europa, España alcanza el tercer puesto con el mayor número de trabajadores afectados por el estrés laboral, hasta llegar a la cifra de medio millón de trabajadores con esta dolencia (Eurostat, 2019). Esto tiene un alto coste para la organización en forma de disminución de productividad, mala imagen para los clientes, mala imagen para los trabajadores, disminución de beneficios… Una de las razones aportadas por los profesionales y que podemos encontrar en la literatura es que se debe a las transformaciones que está sufriendo el mercado laboral, como son los cambios digitales, cambios tecnológicos, demográficos o la inestabilidad laboral (Martinez, 2020; Organización Internacional del Trabajo, 2019).

Todo esto ocurre pese a que en España existe la ley 31/1995, de 9 de noviembre, de Prevención de Riesgos Laborales (PRL), que establece la obligación de todas las empresas a actuar para prevenir cualquier posible situación que atente contra la salud y el bienestar de sus trabajadores. Por este motivo, es de crucial importancia que se aborden acciones y actuaciones para que el cuidado de la salud y la integridad física y psíquica de los recursos humanos de la empresa sean protegidos. Entre los factores a tener en consideración se les debe prestar especial atención a aquellos que abordan los psicosociales (Sjöberg, 2017). Debido a la situación tan estresante, vivida debido a la inesperada irrupción del Covid-19, estos efectos negativos en el contexto laboral se han visto multiplicados de forma potencial, agravando sobremanera la situación.

De manera que con la implantación del Certificado de Gestión de la Felicidad (CHM), como herramienta para el capital preventivo de una organización, ayude a detectar variables organizacionales que estén incidiendo en los riesgos a nivel psicológico y psicosociales de la organización. La información otorgada servirá a la organización para introducir políticas que, aumentando la felicidad, minimicen, e incluso, anulen, este tipo de riesgos en los contextos laborales. Desde el punto de vista profesional, el CHM se puede constituir como un atractivo instrumento para que las organizaciones fomenten el capital preventivo con la finalidad de garantizar el bienestar, la salud laboral y el trabajo decente de sus clientes internos en la era de la Industria 5.0 (Foncubierta-Rodríguez,2023). Como se verá a lo largo de esta obra académica, la implementación del CHM dentro de las empresas precisan de modelos de gestión cimentados en la atractiva filosofía del Happiness Management (HM). Por ser una cultura generadora no solo de ecoinnovación, creatividad y justicia organizacional, sino también de capital preventivo, equidad procesal y responsabilidad social corporativa (Galván-Vela et al.,2023).

Este capítulo teórico se estructura de la siguiente manera. En el segundo apartado, se presenta el marco conceptual de esta investigación con el objeto de mostrar una fotografía diáfana de la literatura escrita en los últimos lustros del siglo XXI sobre los constructos relativos a HM y capital preventivo en el contexto de las organizaciones. El tercer epígrafe proporciona una descripción general del CHM como un instrumento muy válido que pueden poseer las gerencias para cultivar entornos donde brote holísticamente la salud psicológica y el bienestar laboral de todos sus empleados. Y el último ítem, se describe las conclusiones llegadas en este estudio científico, así como sus implicaciones económicas, laborales y sociales.

2. REVISIÓN DE LA LITERATURA

2.1. Happiness Management

Durante las primeras siete décadas del siglo XX, un volumen de importantes economistas sostiene que el incremento de los ingresos propios repercute positivamente en la felicidad de las personas. A mediados del año 1974, el profesor de la Universidad de Pensilvania Richard Easterlin demuestra empíricamente que a medida que aumenta el nivel absoluto de renta, su utilidad marginal es decreciente. Dicha teoría recibe el nombre de *Paradoja de Easterlin* (Easterlin, 2001). Al poco tiempo de publicarse este artículo, el padre de la Economía de la Felicidad, el profesor Tibor Scitovsky, saca a la luz el libro *Joylesseconomy*, donde muestra cómo el consumo compulsivo de bienes materiales no aumenta la satisfacción de los individuos. Ambas investigaciones y otras muchas más, como es la obra del profesor de la Universidad de Michigan, George Katona, análisis psicológico del comportamiento económico (1951), contribuyen a que el mundo científico preste una mayor atención a la rama de la Economía del Bienestar conocida con el nombre de economía de la felicidad. Un caso concreto es el estudio elaborado en el año 1997 por el profesor de la Universidad de Harvard, Rafael Di Tella, donde pone de manifiesto que el desempleo genera menos infelicidad que la inflación.

Adentrados en el siglo XXI, los Premios Nobel de Economía Amartya Sen (1998) y JosehpStiglizt (2001) consideran la felicidad como uno de los capitales intangibles más útiles que poseen los gobiernos para medir a nivel macroeconómico la calidad de vida y el bienestar de la sociedad civil. Tomando como base este postulado académico, el profesor de la Universidad de Zurich, Bruno S. Frey, publica el libro *Happiness: A Revolution in Economics* (2008). Esta obra merece destacarse por evidenciar que los elementos institucionales como la democracia y el grado de descentralización política influyen directamente en la satisfacción de los individuos. Lástima que no dedique mucho espacio a identificar los factores privativos que inciden sobre el bienestar subjetivo de los seres humanos (salud, estado civil, religión, trabajo, educación, salario, relaciones interpersonales, cultura, etc.). Dicha labor implica utilizar un enfoque metodológico basado en medir la situación del bienestar de las personas, haciendo encuestas, elaborando teorías o usando la información facilitada por las bases de datos que poseen sobre la felicidad las siguientes entidades: Organización para la Cooperación y el Desarrollo Económico, Naciones Unidas, Institutos Nacionales e Internaciones de Estadísticas, Gallup y Latinobarómetro (Rojas, 2008).

Durante los cuatro últimos lustros la producción de este tipo de investigación académica ha crecido exponencialmente en América y Europa, debido al creciente interés por parte de los especialistas del happiness economics de vincular la dimensión felicidad con las variables asociadas a la vida de las personas y a su entorno. En este contexto, hay que destacar dos hechos. El primero de ellos, que en 2008 los autores Stevenson y Wolfwers ponen estadísticamente en entredicho la paradoja de Easterlin. Y la segunda, que en el año 2015 Angus Deaton es galardonado con el Premio Nobel de Economía por incorporar el consumo como indicador del bienestar. De esta realidad no es ajena los investigadores de organización de empresa, los cuales empiezan a demostrar inferencialmente que las empresas felices no solo son más productivas, sino también son más innovadoras, creativas e intremprendedoras (Zelenski et al., 2008).

Bajo este paragua, surgen un importante volumen de estudios multidisciplinares que se centran en examinar que las felicidades laborales en el interior de las organizaciones vienen determinadas por una cultura que pivote alrededor de la búsqueda de la felicidad corporativa de sus empleados mediante el compromiso individual, la satisfacción laboral o el liderazgo transformacional (Salas-Vallina et al., 2018). Como conveniencia de lo expresado, no es de extrañar que las empresas de altas tecnologías como son los startups estén implementando atractivas políticas de recursos humanos que incentiven la felicidad integral de sus clientes internos. De este modo, estas compañías consiguen que sus trabajadores sean más eficientes, apasionados, comunicativos, proactivos, empáticos y asertivos (Mazzetti et al., 2016). Con el objeto de conseguir este fin y cuidar el buen vivir de los individuos en la era post Covid-19, muchas de estas corporaciones están incorporando poco a poco a sus plantillas la figura del Chief Happiness Officer (Foncubierta-Rodríguez y Sánchez-Montero, 2019). La función básica de estos profesionales es cultivar en el interior de las organizaciones una atmósfera positiva y agradable que permita atraer y fidelizar a su talento creativo (Frey, 2020).

Una cuestión nada baladí en un mercado europeo donde se contempla la felicidad de los clientes como sinónimo de bienestar subjetivo, bienestar psicológico, calidad de vida y experiencias de inmersión (Giacalone et al., 2005). En virtud de lo señalado, se puede afirmar que el recurso intangible de la felicidad puede jugar un papel muy importante en el comportamiento ético de los consumidores; así como en avivar en ellos una mayor implicación en los problemas referentes al cambio climático y en la conservación medio ambiental del planeta (Cloutier y Pfeiffer,2015).

Para poder pintar este bello retrato, se precisa de pintores, es decir de empresas, que lleven a cabo la atractiva filosofía del

HM en la actual sociedad digital. Un modelo de dirección estratégica destinado a incentivar el desempeño del puesto de trabajo de los individuos a través de los siguientes factores: creatividad, innovación tecnológica, emprendimiento interno, justicia organizacional y responsabilidad social (Ravina-Ripoll et al., 2019). La implementación de esta cultura organizativa va a permitir, entre otras cosas, ser un excelente indicador para los directivos de los departamentos de los recursos humanos. Esto viene motivado a que este arquetipo de gestión empresarial contempla la felicidad de sus empleados como el principal activo de sus corporaciones (Sánchez-Vázquez y Sánchez-Ordóñez, 2019). Dicho activo les va a posibilitar el poder disfrutar de un mayor nivel de compromiso y satisfacción laboral de sus trabajadores, lo cual va a conducir a la existencia de menores tasas de ausentismo, estrés, mobbing, accidentes, angustias psicológicas o bajas por enfermedad (Foncubierta-Rodríguez,2023). Todo ello contribuye significativamente a la obtención de mayores cotas de eficiencia y productividad empresarial, así como a que las compañías gocen de sólidas y robustas ventajas competitivas a medio y a largo plazo (De Guzmán et al., 2014). En este sentido, Ravina-Ripoll et al (2017) diseñan un modelo de innovación basados en las teorías del HM para vigorizar el comportamiento innovador de los trabajadores a través de la búsqueda proactiva y dinámica de su bienestar corporativo (Fig. 1).

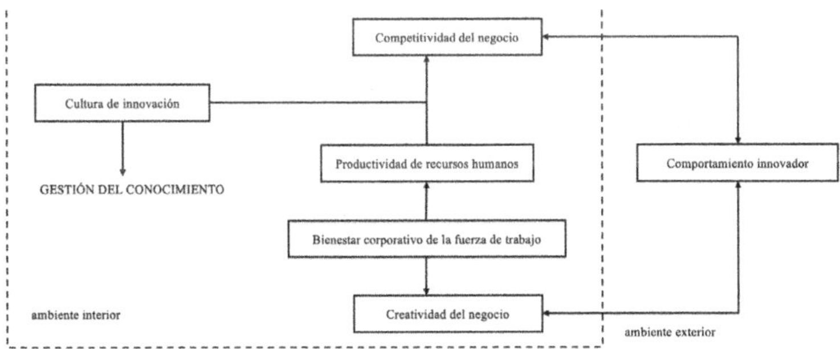

Fig. 1. Modelo generador de cultura de innovación aplicando la gestión de la felicidad. Fuente: Ravina-Ripoll, Villena-Manzanares y Gutiérrez-Montoya (2017, p. 121)

La ilustración de arriba evidencia que el HM es un modelo de gestión y no simplemente una dimensión psicosocial de los recursos humanos en la actual sociedad digital. Esto significa que el HM se erige como una filosofía gerencial y un estilo de liderazgo en la que los elementos: bienestar psicológico, salud laboral y beneficios sociales se unen con dinámicas productivas, innovadoras y organizacionales (Foncubierta-Rodríguez, 2021). A la luz de la literatura emergente sobre el HM, las empresas pueden evitar que su vida cotidiana esté vacía de semáforos en rojo (riesgos psicosociales) y llenos de abundantes colores amarillos y verdes, es decir, de felicidad corporativa y salud laboral (Abellán-Sevilla y Ortiz-de-Urbina-Criado, 2023)

2.2. Capital Preventivo

Desde la dirección estratégica de recursos humanos se pretende potenciar un capital preventivo que forme parte de los intangibles con los que cuenta la organización para alcanzar sus objetivos. En la literatura se define el capital intelectual como aquellos recursos y capacidades de que dispone la empresa para crear valor, e incluso alcanzar ventajas competitivas (Bueno, 1998; Cañibano et al., 1999; Viedma, 2007). Este capital preventivo actuaría en las organizaciones como un sistema que potenciará e impulsará conductas en los trabajadores orientadas a contrarrestar, entre otros aspectos, los efectos negativos de los riesgos psicosociales. Este capital preventivo se iniciará a través del diseño de planes y programas preventivos (Martínez, 2020). Deberá ser apoyada desde la alta dirección de las organizaciones y su puesta en marcha, debe estar asesorada y guiada por la dirección de recursos humanos.

El capital preventivo estará compuesto por tres dimensiones, de modo que se adecúa al mismo número de dimensiones de que está compuesto el capital intelectual, dada la relación que existe entre ambos conceptos y su complementariedad. De esta forma distinguiremos capital humano preventivo, capital social preventivo y capital organizacional preventivo.

El capital humano preventivo son aquellos conocimientos, capacidades y habilidades que tiene una persona con relación al campo de la prevención de riesgos laborales. Para la organización, disponer de este tipo de perfil entre sus filas, es un activo muy valioso. El capital humano preventivo se centra, no sólo en la aplicación individual de medidas preventivas de auto cuidado, sino también de aquellos conocimientos y la formación preventiva sobre los posibles riesgos psicosociales en su puesto de trabajo, que vienen recogidos en la ley 31/1995, de 9 de noviembre, de PRL.

El capital social preventivo se centra en aquellos aspectos relacionados con la generación, mantenimiento y mejora de los puntos de unión con los grupos de interés de la organización, tantos internos como externos, con el objetivo de difundir los paradigmas sobre los que se quiere elaborar la cultura preventiva de la empresa. Todas las interrelaciones con los proveedores, clientes, instituciones públicas, gobiernos, accionistas, trabajadores deben orientarse a la consecución del reconocimiento de las buenas prácticas en PRL.

El capital organizacional preventivo está representado por la cultura preventiva implantada en la organización, las normas y las rutinas relacionadas con las prácticas de prevención que se establecen en la organización, y todo aquello que esté asociado a la estructura organizativa que existe, y en la que tienen cabida los distintos sistemas de información establecidos para impulsar, desarrollar o apoyar las buenas prácticas de PRL, o cualquier otro tipo de herramienta que favorezca la prevención. En el artículo 16 de la ley 31/1995, de 9 de noviembre, de PRL viene recogida la obligación de establecer e integrar la PRL en el sistema general de la empresa, a través de un plan de prevención. El capital organizacional preventivo sería la consecución de un exitoso proceso de implantación del plan de prevención en la organización, con todas las vicisitudes y problemáticas que dicho proceso conlleva.

3. CERTIFICATION IN HAPPINESS MANAGEMENT. ¿UN INSTRUMENTO A EXPLORAR PARA LA PREVENCIÓN DE LOS RIESGOS PSICOSOCIALES?

Cuando se analiza la gestión de PRL, y en concreto la salud laboral, no sólo se debe poner el foco en el proceso de realización del trabajo requerido, además debe prestársele atención a las consecuencias de su desempeño desde el punto de vista mental, social y físico. Por este motivo es de capital importancia el papel que juega la PRL en el momento de desarrollar un contexto laboral en el que prime la calidad (Benavides et al., 2018). A pesar de que el estrés ha sido muy útil para la supervivencia del ser humano, en niveles altos o permanentes son nefastos para la salud de las personas. Debido a los continuados cambios en el contexto laboral, están apareciendo nuevos riesgos psicosociales que tienen una estrecha relación con el estrés laboral o el síndrome conocido como burnout o el trabajador quemado (Organización Internacional del Trabajo, 2019). Es tal impacto que está teniendo, que a principios de 2022 ha sido reconocido por la Organización Mundial de la Salud como una enfermedad laboral y ha sido incluida en la Clasificación Internacional de Enfermedades y Problemas de Salud Conexos (CIE-11).

Según sostienen los postulados del HM, en momentos de turbulencia, como es la pandemia originada por el Covid-19, se hace más preciso que nunca que las organizaciones cuenten con empleados felices, positivos, optimistas e innovadores (Foncubierta-Rodríguez et al.,2020). Esto ayudará a la alta dirección de las empresas a hacer frente, por un lado, a los nuevos retos que demanda el mercado globalizado. Y por otro, a vigorizar la lealtad, el trabajo en equipo, el aprendizaje organizacional, las interacciones sociales, el desempeño profesional, la comunicación afectiva o el liderazgo ético (Galván et al., 2021). Esta espiral de factores, unido a otros múltiples aspectos, contribuyen básicamente a la consecución de dos hechos. El primero, promover la sostenibilidad social y económica de las empresas a medio y a largo plazo (Ravina-Ripoll et al.,2023). Y la segunda, generar valor a los clientes a través de beneficios hedónicos y la felicidad corporativa de su capital humano (Garlick, 2010).

El impacto en la organización de no aplicar medidas de prevención se ve reflejada en el número de bajas en la plantilla. Esto repercute negativamente en la cuenta de resultados de la empresa, tal y como se puede percibir en la Fig. 2.

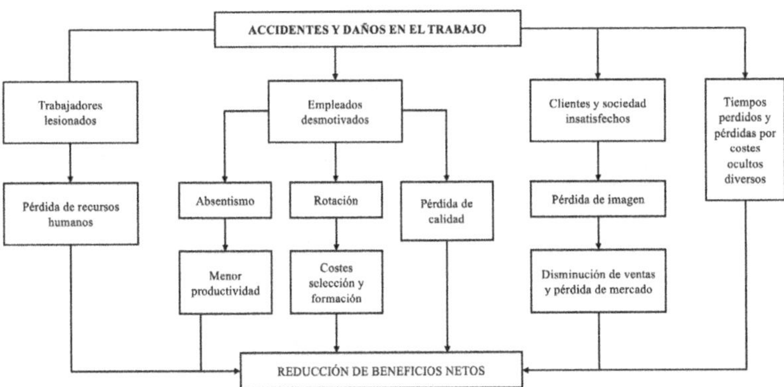

Fig.2. Impacto negativo de los accidentes y daños en el trabajo en la cuenta de resultado. Fuente: Nota Técnica de Prevención (Instituto Nacional de Seguridad y Salud en el Trabajo)

Llegados a este punto del presente apartado, conviene advertir que los estudios que han puesto de manifiesto la existencia de una asociación directa entre la felicidad de los trabajadores y la rentabilidad de la empresa han servido, entre otras cosas, para la aparición de novedosos certificados de calidad. Entre ellos cabe mencionar aquellos destinados en examinar empíricamente la satisfacción colectiva en el interior de las organizaciones. Sirva de ejemplo el CHM (Imagen 1), un certificado que surge para examinar la felicidad corporativa de los trabajadores como senda de excelencia y calidad empresarial desde los principios rectores de los Objetivos de Desarrollo Sostenible (Ravina-Ripoll et al., 2021a).

Happiness Management
Certification

Imagen 1. Logo del Certification in Happiness Management. Fuente: Oficina Española de Patentes y Marcas, 2020.http://consultas2.oepm.es/ceo/jsp/busqueda/consultaExterna.xhtml?numExp=M4026464

Para los investigadores del grupo de investigación de estudio multidisciplinario de la influencia de la creatividad y la felicidad corporativa en el desarrollo sostenible, económico, social y medioambiental de los territorios (IGOMSOH), el CHM constituye una de las piedras angulares para incrementar la innovación y las capacidades dinámicas de las empresas. Ambos elementos son fuente de progreso, eficiencia, productividad y competitividad. En consecuencia, el HM se convierte en un modelo de gestión multicultural que fomenta el círculo innovador de la felicidad colectiva. Se trae a colación este fenómeno porque con ello se puede acabar con los fallos del mercado existente actualmente en la Unión Europea, y, por ende, vigorizar el Estado de Bienestar. Sin lugar a duda una de las principales metas de los incentivos económicos de las ayudas Next Generation (2023-2026). Como el nacimiento de nuevas estrellas que se origina en el cielo, la ciudadanía europea desea que estos fondos monetarios sirvan para labrar un ecosistema productivo más humanizado, altruista y solidario. Y en estos tiene mucho que decir el mundo académico, especialmente, el HM (Galiano-Coronil et al., 2021). En este sentido, cabe recordar el artículo primero de la carta magna francesa del año 1793, "el fin de la sociedad es la felicidad común".

Por tanto, el CHM se convierte en un certificado muy útil y eficiente para maximizar la calidad de los servicios/productos de las empresas, así como su imagen corporativa en el mercado globalizado. Las razones de esta afirmación se encuentran en que el CHM tiene consecuencias muy positivas sobre: el bienestar psicológico de las personas, la salud laboral y el éxito organizacional. Todos estos parabienes hacen que las corporaciones que se acrediten como empresas felices gozarán, por un lado, de robustas ventajas competitivas, y por otro, de una cultura interna orquestada desde los principios rectores de la sostenibilidad, el intraemprendimiento, la ética y, por supuesto, el HM (Ravina-Ripoll et al.,2021b).

4. CONCLUSIONES

A pesar de que la gestión de la seguridad en las empresas y la salud laboral está asociada con el rendimiento, en muchas ocasiones las medidas de PRL se conciben como una obligación legal a cumplir, para responder a las exigencias de los delegados de prevención, en respuesta a los requerimientos de la plantilla, o para evitar posibles infracciones detectadas por la inspección laboral y sus consecuentes multas. Prueba de esta falta de motivación por prevenir posibles riesgos psicosociales son los resultados de la encuesta llevada a cabo por la EU-OSHA en 2019, en la que se puede ver como el 83% de los encuestados afirman que ya no se realizan evaluaciones de riesgo periódicas, porque se tiene la percepción de que todos los posibles riesgos en el puesto de trabajo son conocidos. Además, casi la mitad de los encuestados (42%) solo piensan en riesgos relacionados con los aspectos físicos y no mentales, cuando se les habla de los programas de salud y bienestar. Esto demuestra un total desconocimiento de la amplia gama de factores psicosociales que afectan a la salud mental y social de los trabajadores.

Es aquí donde subyace una necesidad que debe ser cubierta y a la que se le debe dar respuesta. Con la aplicación del CHM se persigue implementar una serie de medidas enfocadas a prevenir riesgos de carácter mental o social en el entorno laboral de las personas durante la realización de sus funciones. Aquellas organizaciones que implanten las acciones necesarias para obtener la CHM, pondrán a disposición de las personas encargadas de gestionar y dirigir la organización una información muy valiosa, con la que orientarán mucho mejor todos sus esfuerzos y políticas a minimizar los riesgos psicosociales que puedan existir en la vida cotidiana de las empresas. De este modo, obtendrán una mejora en el bienestar subjetivo de sus recursos humanos, y una mayor satisfacción laboral. Esto a su vez repercutirá positivamente en el proceso productivo y económico, y muy directamente al clima laboral en el que se trabaje, lo que por ende puede convertirse en un activo que favorezca la obtención de ventajas competitivas que se puedan prolongar y mantener en el medio y largo plazo. Alcanzar estos objetivos se traduce en efectos positivos en la imagen social de la empresa y, por tanto, en la fidelización de los grupos de interés de la organización, tal y como ocurre con las acciones dirigidas a potenciar la responsabilidad social corporativa.

El presente capítulo tiene importantes implicaciones económicas, laborales y sociales para las empresas de la era de la Industria 5.0. La primera, esta investigación brinda una rica información para que las gobernanzas corporativas desarrollen una dirección estratégica destinadas en fomentar la salud laboral en el interior de las organizaciones a través de la felicidad corporativa y el capital preventivo. De este modo, y como se ha explicado en los apartados anteriores, las empresas podrán maximizar su eficiencia, competitividad y sostenibilidad. La segunda, que el CHM juega un papel muy importante en la creación de entornos responsables, creativos e innovadores. La tercera, que este certificado es fundamental, por un lado, para contribuir en la generación de servicios de alta calidad y excelencia que cumplan con los principios de los Objetivos de Desarrollo Sostenible. Y por otro, para reducir los riesgos psicosociales dentro de las empresas con la finalidad de fortalecer su capital preventivo. En consecuencia, los territorios podrán gozar de organizaciones felices y preventivas donde se cultiven el bien común y el interés general de la ciudadanía. La cuarta, que las administraciones públicas lleven a cabo planes estratégicos de prevención de riesgos laborales que contemplen como hoja de ruta el CHM como garante de salud laboral, trabajo decente y éxito socioeconómico. Y, por último, y no menos importante, enseñar a los agentes sociales que la filosofía del HM es luz de seguridad laboral, bienestar psicológico y calidad de vida en el puesto de trabajo.

5. REFERENCIAS

Abellán-Sevilla, A. J., & Ortiz-de-Urbina-Criado, M. (2023). Smart human resource analytics for happiness management. *Journal of Management Development.*

Benavides, Fernando G., Jordi Delclós, & Serra, C. (2018). Estado de bienestar y salud pública: el papel de la salud laboral. *Gaceta Sanitaria, 32,* 377-380.

Campos, E. B. (1998). El capital intangible como clave estratégica en la competencia actual. *Boletín de estudios económicos, 53,* 207.

Cañibano, L., Covarsi, M. G. A., & Sánchez, M. P. (1999). La relevancia de los intangibles para la valoración y la gestión de empresas: revisión de la literatura. *Revista española de financiación y contabilidad,* 17-88.

Cloutier, S., & Pfeiffer, D. (2015). Sustainability through happiness: A framework for sustainable development. *Sustainable Development, 23*(5), 317-327.

Deaton, A., & Stone, A. A. (2013). Two happiness puzzles. *American EconomicReview, 103*(3), 591-597.

De Guzman, A. B., Largo, E., Mandap, L., & Muñoz, V. M. (2014). The mediating effect of happiness on the job satisfaction of aging Filipino workers: a structural equation model (SEM). *Educational Gerontology, 40*(10), 767-782.

Easterlin, R. A. (2001). Income and happiness: Towards a unified theory. *Theeconomicjournal, 111*(473), 465-484.

EU-OSHA (2019). Encuesta de la Agencia Europea para la Seguridad y la Salud en el trabajo ESENER 2019 "What does it tell us about safety and health in Europe's workplaces?". Recuperado de: https://osha.europa.eu/es/publications/esener-2019-policy-brief/view

Eurostat (2019). Data recogida por la oficina estadística de la Unión Europea sobre trabajo y salud. Recuperado de: https://appsso.eurostat.ec.europa.eu/nui/show.do?dataset=hsw_exp1&lang=en

Foncubierta-Rodriguez, M.J. (Dir.) (2023). *Trabajo decente. Hacia la dignidad y la realización de la persona trabajadora.* Tirant lo Blanch.

Foncubierta-Rodríguez, M. J. (2021). Influence of the entrepreneur's personal values in business governance style and their relationship with happiness at work. *Corporate Governance: The International Journal of Business in Society, 22*(3), 592-617.

Foncubierta-Rodríguez, M. J., Ravina-Ripoll, R., Ahumada-Tello, E., & Tobar-Pesantez, L. B. (2020). Are Spanish public employees happier in their work performance in the Industry 4.0 era?.*Polish Journal of Management Studies, 22.*

Foncubierta-Rodríguez, M. J., & Sánchez-Montero, J. M. (2019). Hacia la felicidad laboral: Atender motivaciones y eliminar «temores digitales. *RETOS. Revista de Ciencias de la Administración y Economía, 9*(18), 239-257.

Frey, B. S. (2020). What are the opportunities for future happiness research?.*International Review of Economics, 67*(1), 5-12.

Galiano-Coronil, A., Jiménez-Marín, G., Elías Zambrano, R., & Tobar-Pesántez, L. B. (2021). Communication, social networks and Sustainable Development Goals: A reflection from the perspective of social marketing and happiness management in the general elections in Spain. *Frontiers in psychology, 12,* 743361.

Galván Vela, E., Mercader, V., Arango Herrera, E., & Ruíz Corrales, M. (2022). Empowerment and support of senior management in promoting happiness at work. *Corporate Governance: The International Journal of Business in Society, 22*(3), 536-545.

Galván-Vela, E., Ruíz-Corrales, M., Ahumada-Tello, E., &Ravina-Ripoll, R. (2023). Eco-Innovation as a Positive and Happy Industry Externality: Evidence from Mexico. *Sustainability, 15*(8), 6417.

Garlick, R. (2010). Do happy employees really mean happy customers? Or is there more to the equation?.*Cornell Hospitality Quarterly, 51*(3), 304-307.

Giacalone, R. A., Paul, K., &Jurkiewicz, C. L. (2005). A preliminary investigation into the role of positive psychology in consumer sensitivity to corporate social performance. *Journal of Business Ethics, 58*, 295-305.

Mazzetti, G., Guglielmi, D., Chiesa, R., &Mariani, M. G. (2016). Happy employees in a resourceful workplace: Just a direct relationship? A study on the mediational role of psychological capital. *Career Development International, 21*(7), 682-696.

Organización Internacional del Trabajo (2019). Informe "Seguridad y salud en el centro del futuro del trabajo". Recuperado de: http://www.medicosypacientes.com/sites/default/files/wcms_686766.pdf

Ravina-Ripoll, R., Pesántez, L. B. T., Coronil, A. G., &Dominguez, J. M. (Eds.). (2021a). *Happiness Management and Social Marketing: A wave of sustainability and creativity*. Peter Lang AG, Internationaler Verlag der Wissenschaften. https://doi.org/10.3726/b17867

Ravina-Ripoll, R., Foncubierta-Rodríguez, M. J., & López-Sánchez, J. A. (2021b). Certification Happiness Management: an integral instrument for human resources management in post-COVID-19 era. *International Journal of Business Environment, 12*(3), 287-299.

Ravina-Ripoll, R., Galván-Vela, E., Popescu, C. R. G., & Ahumada-Tello, E. (2023). Guest editorial: Exploring happiness in the workplace as an essential theme for developing managers post-pandemic. *Journal of Management Development, 42*(6), 421-424.

Ravina-Ripoll, R., Domínguez, J. M., & Del Rio, M. Á. M. (2019). Happiness Management in the age of Industry 4.0/Happiness Management en la época de la Industria 4.0. *Retos, 9*(18), 183-195.

Ravina Ripoll, R., Villena Manzanares, F., & Gutiérrez Montoya, G. A. (2017). Una aproximación teórica para mejorar los resultados de innovación en las empresas desde la perspectiva del "Happiness Management". *RETOS. Revista de Ciencias de la Administración y Economía, 7*(14), 113-129.

Rojas, Mariano. 2008. *El estudio científico de la felicidad*. Fondo de Cultura Económica,

Salas-Vallina, A., Alegre, J., & Guerrero, R. F. (2018). Happiness at work in knowledge-intensive contexts: Opening the research agenda. *European research on management and business economics, 24*(3), 149-159.

Sánchez-Vázquez, J. F., & Sánchez-Ordóñez, R. (2019). « Happiness Management»: Review of scientific literature in the framework of happiness at work. *Retos, Revista de Ciencias Administrativas y Económicas, 9*(18).

Stevenson, B., &Wolfers, J. (2008). *Economic growth and subjective well-being: Reassessing the Easterlin paradox* (No. w14282). National Bureau ofEconomicResearch.

Stiglitz, Joseph E. 2020. *Capitalismo progresista: La respuesta a la era del malestar.* Editorial Taurus.

Viedma, José María. 2007. In search of an Intellectual Capital comprehensive theory. *Electronic Journal of Knowledge Management, 5*(2),245-256.

Zelenski, J. M., Murphy, S. A., & Jenkins, D. A. (2008). The happy-productive worker thesis revisited. *Journalof Happiness studies, 9*(4), 521-537.

José-Luis Perea-Vicente. Es Doctor en Dirección de Empresas por la Universidad de Cádiz (España). Actualmente es Profesor Ayudante Doctor en el Departamento de Organización de Empresas de la Universidad de Cádiz.Sus trabajos han aparecido en destacadas revistas internacionales, como *Journal of Technology Transfer, R&D Management, IEEE Transactions on Engineering Management* y *Economics of Innovation and New Technology,* entre otras. Su investigación se centra en los campos del emprendimiento, la innovación, la gestión estratégicay la gestión de la felicidad en la organización. Sus principales intereses de investigación se centran en el espíritu empresarial, la gestión de la felicidad y sus aplicaciones en la organización, la gestión estratégica de los recursos humanos, el capital humano, el liderazgo y las cuestiones de estrategia relacionadas con los científicos como investigadores principales.

Rafael Ravina-Ripoll. Es Doctor en Historia desde 2015. Es Profesor Asociado de Organización de Empresas en la Universidad de Cádiz (España). Sus líneas prioritarias de investigación son la felicidad y el *happiness management.* Es autor de más de 100 artículos de investigación publicados en diversas revistas académicas indexadas en Scopus y Wos; así como de numerosos capítulos publicados en editoriales relevantes en el SPI. Su investigación cuenta con más de 200 citas en Wos, y su índice h es igual a 11. Ha revisado más de 200 artículos, como se refleja en plataforma Wos. Además, ha sido editor invitado de las revistas *Energies, Journal Corporate Governance, Journal Management and Development* y *Management Decision.* Forma parte del consejo editorial de *Humanities & Social Sciences Communications, BMC Public and Health, Journal Happiness and Development, Decision Analytics Journal and Healthcare Analytics,* Retos y Revista Jurídicas CUC. Actualmente es Director de la Red Universitaria Internacional de la Felicidad.

Desarrollo de un nuevo indicador de eficiencia energética de edificios considerando el confort térmico: prueba de concepto

JUAN LUIS FONCUBIERTA BLÁZQUEZ
Universidad de Cádiz
Juanluis.foncubierta@uca.es

MARÍA JESÚS JIMÉNEZ COME
Universidad de Cádiz
Mariajesus.come@uca.es

JESÚS DANIEL MENA BALADÉS
Universidad de Cádiz
Jesusdaniel.mena@uca.es

ISMAEL RODRÍGUEZ MAESTRE
Universidad de Cádiz
Ismael.rodriguez@uca.es

Resumen. La gestión estratégica y sistemática de la energía en una organización es importante para lograr una reducción continua en el uso de energía y su coste, por lo que en la práctica es fundamental definir e implementar indicadores de rendimiento energético. El objetivo de este estudio es presentar una nueva metodología para la obtención e implementación de indicadores energéticos en edificios que incluya aspectos relacionados con el confort térmico, dotándolo de una mayor coherencia que permita mejorar los análisis comparativos. El objetivo es combinar los indicadores clásicos de consumo energético con los indicadores de confort térmico. La definición del nuevo indicador de rendimiento energético se basa en la evaluación del consumo energético relativo al área de confort. Para caracterizar el clima térmico interior y poder definir el área de confort, se ha considerado la temperatura del aire interior, al ser el parámetro sobre el que influyen los equipos de climatización. Además, se propone una escala que permita clasificar el resultado del indicador de forma cualitativa, añadiendo información al resultado numérico del indicador. El modelo presentado está relacionado con el método estandarizado y general para el desarrollo e implementación de los indicadores de eficiencia energética dentro de un sistema de gestión de energía de acuerdo con las normas ISO 50001 e ISO 50006.

Palabras Clave: confort térmico, indicador energético, consumo energético, área de confort.

1. INTRODUCCIÓN

El acuerdo de París de 2015 sobre el cambio climático impulsa los esfuerzos de los países de la Unión Europea para descarbonizar su parque inmobiliario priorizando la eficiencia energética y estudiando el despliegue de las energías renovables. El hecho de que casi el 50% del consumo de energía final de la Unión se destine a refrigeración y calefacción, de la cual el 80% es consumida en edificios, ha hecho que la mejora de la eficiencia energética de edificios se considere como aspecto clave para alcanzar los objetivos energéticos establecidos por la Unión Europea.

La Directiva de Eficiencia Energética (2012/27/EU) exigía a los estados miembros lograr un aumento de la eficiencia energética del 20% (European Parliament and the Council of the European Union, 2012). Sin embargo, este objetivo fue modificado por la Comisión en 2018 estableciendo un valor del 32,5 % para 2030 (European Parliament & Council of the European Union, 2018). Con el objetivo de transformar a la Unión Europea en una sociedad eficiente en recursos y competitiva, la Comisión Europea publica el Pacto Verde Europeo (Comisión Europea, 2019). Con este pacto, se establece como punto clave la renovación en el sector de la construcción para lo que la certificación energética de los edificios adquiere un papel fundamental.

Con el fin de poder alcanzar estos objetivos, se han presentado normas que proporcionan una forma práctica de mejorar el uso de la energía mediante el desarrollo de un sistema de gestión de la energía. La norma ISO 50001 trata de ser una herramienta que permita mejorar continuamente el uso de la energía, incluyendo la eficiencia energética. Dicha norma establece los requisitos de un sistema de gestión de la energía situando al desempeño energético como elemento clave. Como aspecto a destacar, la norma presenta los indicadores de desempeño energético (IDEn), los cuales representan los resultados medibles relacionados con la eficiencia energética, el consumo y el uso de la energía. Un indicador energético es un valor o medida que cuantifica resultados relacionados con la eficiencia, uso y consumo energético en instalaciones, sistemas, procesos y equipos (Trianni, Cagno, Bertolotti, Thollander, & Andersson, 2019). Según la norma, estos indicadores se pueden definir mediante una métrica simple, una relación o un modelo en función del campo en el que se esté aplicando (Ibarguen-Valverde, Angulo-López, Rodríguez-Salcedo, & Prías-Caicedo, 2017). Sin embargo, como característica fundamental debe cumplir que sea apropiado para la medición y el seguimiento del desempeño energético, para así poder convertirse en una herramienta capaz de demostrar la mejora del desempeño energético de un sistema (Kanneganti et al., 2017). Establecer un Sistema de Gestión de Energía basado en la norma ISO 50001, empleando los indicadores de desempeño energético, permitirá tener en cuenta todos los posibles factores que pueden influir en el uso y consumo de la energía dentro de cada actividad. De forma que se pueda obtener información en tiempo real, adecuada y oportuna, facilitando la toma de decisiones para implementar las acciones correctivas o de mejora antes de que las consecuencias afecten significativamente los resultados o estos sean irreversibles.

De forma complementaria a la ISO 50001, la norma internacional ISO 50006, proporciona una guía práctica sobre cómo cumplir con los requisitos de la norma ISO 50001 relacionados con el establecimiento, uso y mantenimiento de los indicadores energéticos y líneas de base energéticas, las cuales se establecen como punto de referencia cuantitativa estableciendo la base de comparación para evaluar el desempeño energético. Tanto en el diseño de los indicadores energéticos como las líneas de base energética, se deben considerar objetivos de rendimiento energético. Las razones principales para desarrollar y monitorear los distintos indicadores energéticos incluyen apoyar el establecimiento de objetivos energéticos y la toma de decisiones dentro del sistema de gestión energético, así como facilitar el establecimiento de objetivos para la estrategia energética a largo plazo (Benedetti et al., 2017). Además, estos indicadores van a permitir conocer el comportamiento energético de un edificio proporcionando la calificación energética del mismo.

Por tanto, una de las etapas fundamentales para la evaluación de la eficiencia energética es la definición de los indicadores energéticos. Las principales características que deben tener estos indicadores son confiabilidad, relacionado con la disponibilidad de datos, credibilidad de la metodología y adecuación del alcance; viabilidad, vinculada a los costos y verificabilidad, relacionado con el seguimiento, garantía de datos y por último, trazabilidad del resultado de la implementación (Tanaka, 2008). Sin embargo, tal y como revela la literatura científica, en muchas ocasiones no se emplean los indicadores necesarios con un nivel suficientemente detallado para lograr un apoyo efectivo en la toma de decisión para conseguir la optimización la gestión energética interna (Sivill et al., 2013). La falta de indicadores relevantes se ha identificado como una brecha de conocimiento en el sector energético (Bunse et al., 2011). A la luz de esto, se han desarrollado modelos generales para la elaboración de indicadores energéticos (May et al., 2015).

Cada país de la Unión ha traspuesto la Directiva UE 2018 de diferentes formas. Así, en el caso de España, el Real Decreto 390/2021 marca las condiciones técnicas y administrativas que se deben cumplir para la realización de las certificaciones de eficiencia energética. Dicho Decreto, establece el Procedimiento básico que debe cumplir la metodología de cálculo de la calificación de eficiencia energética, teniendo en cuenta aquellos factores con mayor incidencia en el consumo energético. Con la aprobación de dicho procedimiento, el objetivo es la promoción de la eficiencia energética en los edificios, así como, que la energía que éstos utilicen sea cubierta mayoritariamente por energía procedente de fuentes renovables, con la consiguiente reducción de las emisiones de CO_2 en el sector de la edificación. La calificación energética se expresa mediante el uso de varios indicadores, en base anual y referidos a la unidad de superficie útil del edificio que pueden ser obtenidos de la energía consumida por el edificio.

Sin embargo, según el conocimiento de los autores, no se ha encontrado en la literatura la definición de algún indicador energético empleado para las certificaciones energéticas en el que se considere las condicionantes laborales, en concreto, aspectos relacionados con la ergonomía. La ergonomía juega un papel importante en el diseño de ambientes interiores ya que impulsa al desarrollo de la actividad laboral de forma eficaz, eficiente y con confort (Leal, Ferreira, & Fernandes, 2008). La ergonomía trata de alcanzar un ambiente con impacto positivo en el desempeño laboral, consumo energético y la salud humana, es por ello, que se cree necesario incluir factores ergonómicos en la evaluación de la eficiencia energética de los edificios con objeto de poder disponer de espacios interiores más saludables y eficientes desde el punto de vista energético. Del amplio abanico de factores que se podrían abordar dentro de la ergonomía, este estudio se acota a considerar el confort térmico.

El confort térmico es aquella condición mental que expresa satisfacción con el ambiente térmico. Debido a que existen grandes variaciones, fisiológicas y psicológicas en función de la persona, es difícil satisfacer a todos en un espacio. Así, las condiciones ambientales requeridas para el confort no son las mismas para todos (ASHRAE 55, 2013). La sensación térmica del ser humano está relacionada principalmente con el equilibrio térmico del cuerpo como un todo. Este equilibrio está influenciado por la actividad física que desarrolla y la vestimenta empleada, así como por parámetros ambientales tales como la temperatura radiante de las superficies circundantes, temperatura bulbo seco del aire, velocidad del aire y humedad. Los primeros dos factores son características de los ocupantes, mientras que los cuatro factores restantes son condiciones del ambiente térmico (Royo, Lanceta, Martínez, & Biosca, 2016).

En los últimos 50 años han sido numerosos los índicadores de que se han desarrollado para la evaluación y el diseño de las condiciones de confort térmico (Djongyang, Tchinda, & Njomo, 2010; Rupp, Vásquez, & Lamberts, 2015). Según Atzeri et al. (Atzeri, Cappelletti, Tzempelikos, & Gasparella, 2016) existen muchos indicadores para medir el confort térmico. Aunque no es objeto del presente artículo numerarlos, una revisión de los más importantes puede encontrarse en (Enescu, 2017; Rupp et al., 2015). Entre ellos, uno de los más empleados ha sido el índice PMV (*Predicted Mean Vote*). El índice PMV predice el valor medio de la sensación térmica general de un grupo de personas considerando aspectos como la tasa metabólica, el aislamiento de la ropa y cuatro parámetros ambientales: temperatura del aire, temperatura radiante media, velocidad del aire y humedad del aire. Dicho índice integra los efectos de los parámetros personales junto con parámetros ambientales en el balance térmico, dando lugar a la predicción de la sensación térmica evaluada en función de una escala previamente establecida. Por otra parte, tal y como se muestra en la ISO 7730 el confort térmico también se puede evaluar mediante el índice PPD (*Predicted Percentage Dissatisfied*). Este índice predice el número de personas que probablemente se sientan incómodos por calor o frío. Ambos índices se pueden utilizar para evaluar el confort térmico general en una amplia gama de edificios con diferentes sistemas HVAC (calefacción, ventilación y aire acondicionado), así como para diferentes combinaciones de actividad, hábitos de vestimenta y parámetros ambientales.

En este estudio, se propone un nuevo indicador de desempeño energético combinado, orientado a la certificación de rendimiento energético, considerando el confort térmico como aspecto clave. La metodología propuesta se aplica a un caso de estudio enfocado al sector residencial considerando diversos factores. El modelo presentado está relacionado con el método estandarizado y general para el desarrollo e implementación de indicadores energéticos dentro de un sistema de gestión de energía de acuerdo con ISO 50001 e ISO 50006.

El documento está estructurado de la siguiente manera: en primer lugar, se ha presentan los antecedentes de los indicadores energéticos en el sector de la edificación, seguidos de una descripción de la metodología. Posteriormente, se muestran los resultados de algunos casos seleccionados con objeto de hacer un estudio comparativo. Finalmente, se exponen las principales conclusiones obtenidas del estudio presentado.

2. METODOLOGÍA

El objetivo general de esta investigación es incorporar factores ergonómicos en la evaluación de la eficiencia energética de un edificio. El enfoque principal es la incorporación de aspectos relacionados con el confort térmico a los indicadores energéticos empleados tradicionalmente en la literatura, de forma que se garantice alcanzar los niveles adecuados de comodidad térmica a través del diseño y que se seleccionen los controles para mantener un ambiente térmicamente confortable para los ocupantes dentro del edificio. El indicador combinado servirá como herramienta para poder comparar el comportamiento de los distintos lugares de trabajo desde el punto de vista de la eficiencia energética, teniendo en cuenta, además, las condiciones ergonómicas que en él se dan.

La metodología debe establecer indicadores y parámetros energéticos que se puedan obtener tanto por simulación como por monitorización para estudiar los aspectos energéticos y poder así simular su comportamiento desde el punto de vista de la eficiencia energética.

2.1. Indicador propuesto

El indicador energético combinado propuesto en este estudio se basa en la idea de considerar el consumo anual de energía primaria no renovable, empleado tradicionalmente en los procedimientos de certificación energética, junto con aspectos relacionados con la ergonomía, en concreto, el confort térmico.

El indicador combinado se define como "Consumo efectivo, C_e" expresado en kWh consumidos al año por unidad de superficie y se define según la siguiente expresión:

$$C_e = \frac{C_t}{A_{CF}} \qquad (1)$$

Siendo C_t el consumo total correspondiente a la energía consumida por los sistemas HVAC (Heating, Ventilation, and Air Conditioning) de los que disponga el edificio; mientras que ACF es el área de confort que se define como el área equivalente que se mantiene en confort bajo las condiciones de operación de los sistemas HVAC. De forma que, en una situación óptima, cuando el sistema HVAC está bien dimensionado, el área de confort coincidirá con el área atendida por dicho sistema.

En este estudio, el área de confort será definida en función de la temperatura de aire en el interior, la cual dependerá del correcto dimensionamiento de los equipos HVAC. Por este motivo, es necesario añadir un factor de corrección, F, que permita ponderar el grado de confort térmico que se consigue en cada área climatizada del edificio. De esta forma, el Área confort quedará definida mediante siguiente expresión:

$$A_{CF} = A_{CL} \cdot F \qquad (2)$$

El factor de corrección, F, vendrá definido por la ecuación (3):

$$F = \sum_{i=1}^{N} CF_{Edificio,i} \cdot P_i \qquad (3)$$

donde CF_i corresponde al confort de cada área evaluada, siendo N el número total de áreas y Pi es un factor que permite penalizar en mayor medida las desviaciones más alejadas de la temperatura del aire en el interior con respecto al valor de temperatura establecido como consigna en los equipos HVAC. Se trata, por tanto, de un factor que aporta información de cuánto se aleja el sistema del punto definido como condiciones de confort térmico.

La función de penalización propuesta por los autores en este estudio es la siguiente:

$$P_i = 1 - \frac{2 * \tan^{-1}\left(\left(\frac{t_i}{t_{0,5}} \right)^{\log_{\left(\frac{t'}{t_{0,5}}\right)} \left(\frac{(1-p')*\pi}{2} \right)} \right)}{\pi} \qquad (4)$$

donde t0,5 es la temperatura a la cual el factor P es 0.5, y t', P' es un punto aleatorio. En este caso, t0,5 se establece como 2°C y P se considera 0.7 para 1.75°C (Fig. 1).

Por otra parte, el número de desviaciones (N) a considerar en la ecuación (3) corresponden a la resultante de dividir el intervalo [0,4°C] en tramos de 0.25°C.

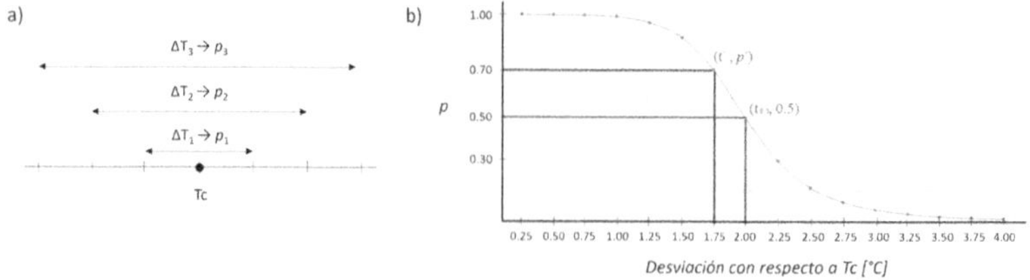

Figura 1. A) Penalización con respecto a la desviación de la Temperatura de control; b) Función de penalización.

Por otra parte, el término de Confort del Edificio, al que hace referencia la ecuación 3, se define teniendo en cuenta el grado de confort térmico de las áreas del edificio en relación con el área total sobre la que trabajan los sistemas HVAC, tal y como se pone de manifiesto en la ec. (5).

$$\text{CONFORT}_{\text{Edif}}(\%) = \frac{\sum_{i=1}^{\text{Nzonas}} \text{CONFORT}_i(\%) \cdot \text{Área}_i}{\text{Área Total Acondicionada}} \qquad (5)$$

La ecuación (5) define el Confort térmico del Edificio, considerando el grado de confort térmico que se alcanza en cada una de las zonas, CF_i, en relación con el área total acondicionada, A_{tc}. Dicho grado de confort térmico se expresa, mediante la ec. (6), como la relación del número de horas que el área considerada está en condiciones de confort térmica (t_{CF}) con relación al número de horas totales (tT) que se toman en la evaluación:

$$\text{CONFORT}_i(\%) = \frac{\text{N° Horas en Confort}}{\text{N° Horas Totales}} \qquad (6)$$

El número de horas en condiciones de confort térmico dependerá del indicador que se utilice para cuantificar dicho confort. Como se ha indicado anteriormente, el presente estudio propone el uso de un indicador energético combinado donde se considera la incorporación de factores ergonómicos en la evaluación de la eficiencia energética de un edificio. En este caso, como indicador energético se define el consumo energético de los sistemas HVAC, mientras que, como indicador relacionado con el aspecto ergonómico, se define el confort térmico evaluado en función de la temperatura de aire en el interior del edificio, ya que entre los muchos factores que intervienen en el confort térmico, es la temperatura del aire el parámetro sobre el que puede influir el funcionamiento de los sistemas HVAC. De esta forma, el número de horas en condiciones de confort térmico será evaluado considerando el cómputo de horas en los que la temperatura del aire interior se mantiene dentro de un cierto intervalo definido, teniendo en cuenta la temperatura de consigna establecida para el funcionamiento de los equipos de climatización (Tc ± ΔT).

Definido el CONFORTi, es necesario establecer el momento en que se debe realizar la evaluación. Para ello, se plantean dos opciones. La primera opción consiste en realizar la medición siempre que el equipo esté disponible. En este caso, el equipo podría funcionar si su algoritmo de control así lo especificara. Como segunda opción, se podría evaluar siempre que el equipo esté funcionando, es decir, calentando o refrigerando. La principal desventaja que presenta la primera opción es que el equipo se penaliza en situaciones en las que no se alcanza el confort térmico, donde los sistemas HVAC no pueden proporcionar refrigeración o calefacción debido al perfil de funcionamiento asignado por el usuario. Por otra parte, la segunda opción presenta la desventaja de no penalizar el sobrecalentamiento o subenfriamiento debido a un sobredimensionamiento del equipo, como podría ser el caso de tener una temperatura interior demasiado fría en verano.

Para solventar estos inconvenientes, en este estudio se propone una tercera opción. Esta alternativa consiste en contabilizar las horas en las que se mantiene el confort térmico cuando el equipo está disponible, mientras que el sobrecalentamiento y subenfriamiento se computa únicamente si los sistemas HVAC se encuentran funcionando (ver Fig. 2).

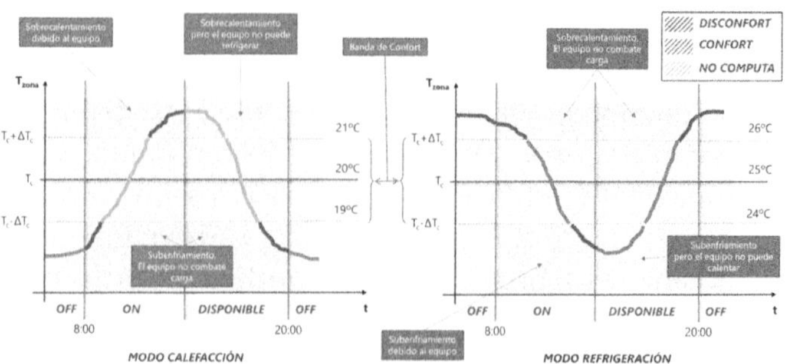

Figura 2. Ejemplo de cómputo del indicador

2.2. Escala

Una vez definido el indicador, se propone la definición de una escala. El uso de esta escala tiene como objeto clasificar el resultado del indicador, añadiendo información cualitativa relativa al confort térmico al resultado numérico del indicador combinado basado en el consumo efectivo.

Aspecto a destacar, es el hecho de que el indicador propuesto se puede calcular a través de simulación, por lo que resulta adecuado en *Asset Rating EPCs.* Partiendo de este programa de certificación, la metodología desarrollada en este estudio, tal y como se expone en la sección de resultados, se define a continuación:

a. Elaboración de una base de datos con los sistemas y edificios más representativos del país.

b. Elaboración de una batería de casos suficientes a simular siendo representativa de la base de datos anterior.

c. Calcular el indicador para cada caso.

d. Sobre la distribución estadística del indicador obtenida, establecer los valores que delimitan los distintos intervalos de la escala y poder asignar así una categoría para cada uno de ellos.

2.2. Casos de Estudio

Los casos de estudio se han diseñado para contemplar distintas meteorologías representativas del clima en España (Sevilla, Madrid y Burgos), así como las distintas topologías frecuentes en el parque edificatorio: tres edificios del sector terciario, entre los que se seleccionaron dos de oficinas y una estación de autobús y dos edificios correspondientes al sector residencial, seleccionando en este caso, un bloque de viviendas y una vivienda unifamiliar. También se han considerado los dos sistemas de climatización sistema de climatización autónomo Split o VRV (Volumen de Refrigerante Variable) por conductos ampliamente extendidos.

A pesar de la gran heterogeneidad de los sistemas de control existentes, los sistemas por conductos se pueden clasificar en dos grandes grupos: control zonificado y control no zonificado. Los primeros permiten regular la temperatura de forma independiente en todas las zonas a las que abastece el sistema de climatización, mientras que en los segundos, la regulación se realiza a partir de la temperatura de una única zona, llamada zona de control. Esto puede dar lugar a situaciones en la que el resto de zonas puedan estar siendo refrigeradas/calefactadas cuando no lo necesitan y viceversa.

Tanto las calidades constructivas, como las cargas internas se han elegido siguiendo los valores recomendados por el CTE. Se han establecido tres perfiles de funcionamiento distintos: 8, 12 y 24 horas. Todos los edificios se encuentran completamente climatizados. Además, con objeto de demostrar la validez de la metodología propuesta y poder obtener un procedimiento generalizado, el estudio se realiza considerando el sistema con potencia suficiente para que éstos sean capaces de combatir la carga máxima del edificio. La zona de control para el sistema no zonificado corresponde con la zona de mayor área. En ambos casos, las características nominales de los equipos se han mantenido constantes. En la siguiente table se resumen las condiciones consideradas para la simulación.

<table>
<tr><th>Tipo de Edificio</th><th>Sistema</th><th>Localidad</th><th>Control</th><th>Perfil de funcionamiento</th></tr>
<tr><td>Edificio de oficinas 1</td><td rowspan="3">Split</td><td rowspan="2">Sevilla</td><td rowspan="3">Zonificado</td><td rowspan="2">8 horas</td></tr>
<tr><td>Edificio de oficinas 2</td></tr>
<tr><td>Estación de Bus</td><td rowspan="2">Madrid</td><td rowspan="2">12 horas</td></tr>
<tr><td>Bloque de viviendas</td><td rowspan="2">VRV</td><td rowspan="2">No zonificado</td></tr>
<tr><td>Vivienda unifamiliar</td><td>Burgos</td><td>24 horas</td></tr>
</table>

Tabla 1: Factores considerados en la simulación para los casos de estudio.

2.2. Modelo numérico

El modelado numérico se ha realizado en dos fases:

a) Resolución de la demanda del edificio mediante la Herramienta Unificada Lider Calener (HULC).

b) modelado del sistema de climatización mediante la herramienta AIRZONESIM.

Aunque no es el objetivo del presente trabajo exponer en detalle el modelo numérico de simulación, de forma resumida puede exponerse que para el cálculo de la demanda del edificio se han contemplado las siguientes características:

- Cargas internas: iluminación, ocupación y equipos
- Materiales constructivos: definidos a través de sus propiedades térmicas (densidad, calor específico, conductividad, etc.) y/u ópticas (factor solar, absortividad, etc.).
- Cerramientos exteriores e interiores opacos: muros al exterior o en contacto con el terreno y cubiertas definidos a través de sus materiales constructivos.
- Cerramientos exteriores e interiores semitransparentes: vidrios y ventanas.

- Meteorología: a través base de datos de ficheros climáticos que incluyen entre otras, la temperatura exterior, radiación solar, humedad absoluta exterior, etc.
- Sombreamiento: dispositivos locales (voladizos, salientes, etc.) y externos (edificios adyacentes, etc.).
- Perfiles: para la definición del horario de ocupación, iluminación, etc.

Una descripción más detallada del modelo puede encontrarse en el manual de referencia.

Calculada la demanda térmica del edificio, ésta se acopla con el modelo del sistema a través del software de simulación AIRZONESIM desarrollado por el Grupo de Investigación de Ingeniería Térmica de la Universidad de Cádiz para la empresa AirZone. Aunque tampoco es objeto del presente artículo desarrollar en detalle el modelo de simulación de AIRZONESIM, de forma resumida puede indicarse que el acoplamiento de los sistemas con la simulación HULC se basa en la obtención de las funciones de transferencia del edificio. Las funciones de transferencia permiten obtener la respuesta en temperatura del espacio ante un impulso de aporte de calor. Mediante el principio de superposición, es posible calcular la contribución de las distintas ganancias al espacio (transferencia a través de muros exteriores, cargas internas, equipos, etc.), permitiendo recalcular la temperatura resultante en el espacio sin la necesidad de simular nuevamente el edificio. Los equipos de climatización son simulados a través de sus curvas de comportamiento. Los caudales a través de los conductos de aire son resueltos mediante el modelado de la red a través de sus pérdidas de carga y la curva del ventilador del equipo. La simulación se realiza en paso de tiempo horario.

Escala

Como es sabido, los edificios se clasifican para cada uno de los indicadores de eficiencia energética, dentro de una escala de 7 letras que corresponden a diferentes categorías, la cual va desde la A (edificio más eficiente) a la letra G (edificio menos eficiente).

De forma análoga, la escala propuesta en este estudio para el indicador de grado de confort propuesto se divide en siete tramos (de A a G). Los límites de cada categoría se han establecido considerando que la distribución del grado de confort en el parque edificatorio total debe ser de tipo normal. Se establecen los límites máximo y mínimo entre 1 (correspondiente a la categoría A para 100% de confort) y 0 (correspondiente a la Categoría G para 0% de confort), respectivamente, y dividiendo la distribución normal en 7 intervalos de percentiles iguales. La escala resultante se muestra en la Fig. 3.

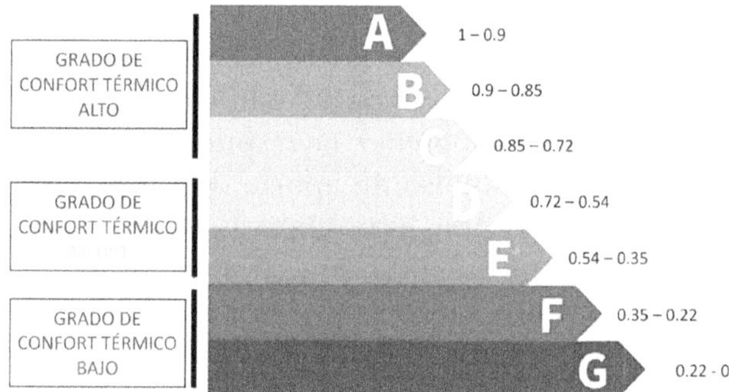

Figura 3: Escala de calificación en función del confort térmico

RESULTADOS

A continuación, se presentan los resultados en relación con el análisis de Consumo efectivo, Grado de Confort y Calificación de Confort arrojados por las simulaciones realizadas en los distintos casos de estudio definidos metodología. En la Figura 4 se muestran algunos de los resultados más relevantes.

Tal y como se observa en la figura, los resultados obtenidos se han dividido en dos bloques. En el primero se muestran los resultados asociados al indicador de confort, donde se puede apreciar la calificación obtenida, el grado de confort y las áreas que se encuentran en condiciones climatizadas y en confort, respectivamente. Cabe recordar que el grado de confort resulta del cociente entre estas dos áreas. El segundo bloque hace referencia a los datos de consumo efectivo, donde se ha dividido en función de su contribución a la refrigeración y a la calefacción. Al mismo tiempo, ambos bloques permiten comparar los tipos de control Zonificado y No Zonificado.

A partir de los resultados obtenidos, se observa como la calificación en confort obtenida por el control zonificado es A, mientras que para el no zonificado ésta oscila desde B hasta F. Estos resultados pueden explicarse considerando la naturaleza intrínseca de ambos controles. Es decir, el sistema zonificado es capaz de adaptar la demanda del equipo en cada zona, ya que éstas disponen del control de la temperatura de forma independiente. Si el sistema está bien dimensionado (cabe recordar que las simulaciones se han realizado bajo esta premisa), el confort deberá estar próximo al 100%. Las ligeras variaciones existentes son producto de la pequeña histéresis que presentan los equipos en su control (que normalmente ronda 1°C). En cambio, el desempeño de los sistemas no zonificados dependerá en gran medida de dónde se establezca la zona de control. Si el comportamiento térmico de esta zona difiere del resto de zonas térmicas a las que atiende el sistema, puede dar lugar a situaciones donde el equipo aporte frío o calor a zonas que no lo necesitan o viceversa. Esto puede dar lugar a situaciones donde el control no zonificado consuma menos que el sistema zonificado. Esta situación se ilustra en el caso "El Carmen-Sevilla-Split 24h". En este caso, el consumo del sistema no zonificado asciende a 11.82 kWh/m^2·año, es decir, los

14.42 kWh/m2- confort·año ´ 0.8186, mientras que para el sistema zonificado el consumo es de 14.05 kWh/m2·año. Sin embargo, como se ha comentado a lo largo del trabajo, estos dos consumos no son comparables, ya que el sistema zonificado ha mantenido confort en un 99% aproximadamente (calificación A), mientras que el no zonificado lo ha mantenido en un 82% (calificación C). En cambio, la normalización del consumo por el grado de confort permite que los sistemas puedan ser comparables entre sí, dando lugar a un consumo efectivo menor en el caso del zonificado. Es decir, si el sistema no zonificado fuera capaz de mantener el mismo grado de consumo que el sistema zonificado, entonces, el consumo absoluto del sistema no zonificado sería mayor que el del sistema zonificado.

Adosado – Split – 8h - Sevilla

Confort	*No Zonificado*	*Zonificado*
Calificación Confort:	C	A
Confort (%):	78.13	100.0
Área total (m²):	46.67	46.67
Área confort (m²):	37.28	46.66

Consumo efectivo (kWh/m²Confort·año)	*No Zonificado*	*Zonificado*
Calefacción:	9.67	6.05
Refrigeración:	5.79	5.61
Total:	15.46	11.66

Adosado – VRV – 8h - Sevilla

Confort	*No Zonificado*	*Zonificado*
Calificación Confort:	B	A
Confort (%):	88.6	100.0
Área total (m²):	46.67	46.67
Área confort (m²):	41.56	46.67

Consumo efectivo (kWh/m²Confort·año)	*No Zonificado*	*Zonificado*
Calefacción:	13.97	12.89
Refrigeración:	11.51	13.0
Total:	25.48	25.89

Casa AIDO – Split – 8h - Sevilla

Confort	*No Zonificado*	*Zonificado*
Calificación Confort:	B	A
Confort (%):	85.82	98.37
Área total (m²):	359.41	359.41
Área confort (m²):	310.63	353.33

Consumo efectivo (kWh/m²Confort·año)	*No Zonificado*	*Zonificado*
Calefacción:	7.62	6.17
Refrigeración:	7.94	7.13
Total:	15.56	13.3

Bus – Split – 12h - Sevilla

Confort	*No Zonificado*	*Zonificado*
Calificación Confort:	F	A
Confort (%):	36.46	97.86
Área total (m²):	563.27	563.27
Área confort (m²):	132.32	550.3

Consumo efectivo (kWh/m²Confort·año)	*No Zonificado*	*Zonificado*
Calefacción:	116.23	38.37
Refrigeración:	213.39	27.3
Total:	329.62	65.67

El Carmen – Split – 24h – Sevilla*

Confort	*No Zonificado*	*Zonificado*
Calificación Confort:	C	A
Confort (%):	81.86	99.8
Área total (m²):	82.28	82.28
Área confort (m²):	64.57	82.02

Consumo efectivo (kWh/m²Confort·año)	*No Zonificado*	*Zonificado*
Calefacción:	0.61	3.27
Refrigeración:	13.81	10.81
Total:	14.42	14.08

Oficinas – Split – 8h - Sevilla

Confort	*No Zonificado*	*Zonificado*
Calificación Confort:	[illegible]	A
Confort (%):	65.45	99.72
Área total (m²):	900.0	900.0
Área confort (m²):	572.05	899.62

Consumo efectivo (kWh/m²Confort·año)	*No Zonificado*	*Zonificado*
Calefacción:	6.64	3.48
Refrigeración:	13.88	6.93
Total:	20.51	10.4

Casa AIDO – Split – 8h - Madrid

Confort	*No Zonificado*	*Zonificado*
Calificación Confort:	C	A
Confort (%):	82.33	99.81
Área total (m²):	359.41	359.41
Área confort (m²):	295.48	358.96

Consumo efectivo (kWh/m²Confort·año)	*No Zonificado*	*Zonificado*
Calefacción:	22.07	17.62
Refrigeración:	2.69	2.31
Total:	24.76	19.93

Casa AIDO – Split – 8h - Burgos

Confort	*No Zonificado*	*Zonificado*
Calificación Confort:	B	A
Confort (%):	85.67	98.74
Área total (m²):	359.41	359.41
Área confort (m²):	309.45	354.41

Consumo efectivo (kWh/m²Confort·año)	*No Zonificado*	*Zonificado*
Calefacción:	11.18	9.05
Refrigeración:	5.94	5.27
Total:	17.12	14.32

Figura 4: Resultados obtenidos de las simulaciones para los casos seleccionados.

La Figura 5 muestra el histograma de frecuencias del indicador para todos los casos simulados. Puede comprobarse como aproximadamente el 35% de los casos presentan un indicador superior a 0.8.

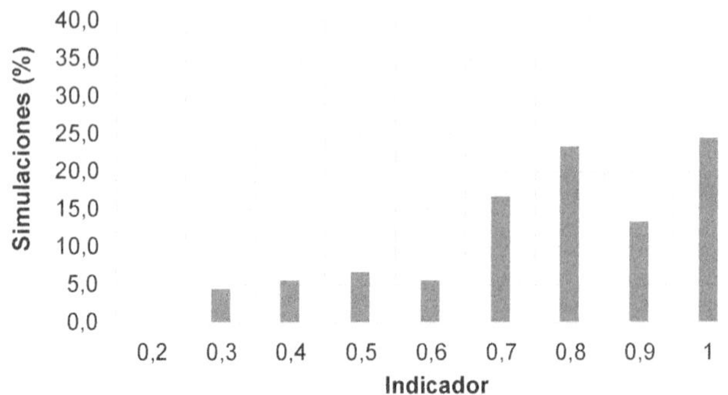

Figura 5. Histograma de todos los casos considerados en la simulación.

En la Fig. 6, se muestran únicamente los casos con control no zonificado. Como era de esperar, puede apreciarse como aproximadamente el 2.5% de los casos supera el 0.8.

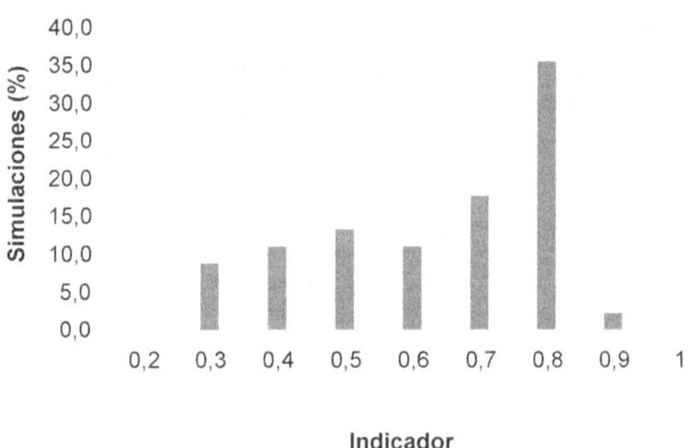

Figura 6. Histograma de los casos con control no zonificado.

CONCLUSIÓN

La Eficiencia Energética se puede definir como la optimización del consumo energético que permita el abastecimiento de energía suficiente para desarrollar las actividades demandadas por la sociedad. La Norma ISO 50001 es uno de los principales estándares para medir y calcular la eficiencia energética, estableciendo los indicadores energéticos como herramienta clave en la evaluación de la eficiencia energética en todo proceso de certificación energética.

Con objeto de considerar aspectos ergonómicos en la evaluación de la eficiencia energética en cualquier sector, se ha presentado el uso de un nuevo indicador energético combinado. El indicador combinado propuesto se define por un valor cuantitativo que sirve para evaluar y aportar información sobre el uso y consumo de la energía considerando el confort térmico, lo que resulta fundamental para la aplicación de los procedimientos de certificación energética de edificios.

El hecho de considerar un indicador energético combinado que considere por una parte el consumo energético junto con factores ergonómicos supone un gran avance y deberían tenerse en cuenta en el procedimiento básico de certificación energética, ya que permite detectar potenciales de ahorro de energía. Además, el uso de la escala propuesta, considerando el confort térmico, aporta información cualitativa adicional en relación con las condiciones de confort evaluadas. La normalización del consumo energético por el grado de confort permite que los sistemas puedan ser comparados entre sí para poder establecer medidas que permitan conseguir una reducción significativa de los consumos y costos energético sin sacrificar el confort térmico.

REFERENCIAS

Atzeri, A. M., Cappelletti, F., Tzempelikos, A., & Gasparella, A. (2016). Comfort metrics for an integrated evaluation of buildings performance. *Energy and Buildings, 127,* 411–424. https://doi.org/10.1016/j.enbuild.2016.06.007

Comisión Europea. (2019). El Pacto Verde Europeo. *Comunicación de La Comisión Al Parlamento Europeo, Al Consejo Europeo, Al Consejo, Al Comité Económico y Social Europeo y Al Comité de Las Regiones.*, 28.

Djongyang, N., Tchinda, R., & Njomo, D. (2010). Thermal comfort: A review paper. *Renewable and Sustainable Energy Reviews, 14*(9), 2626–2640. https://doi.org/10.1016/j.rser.2010.07.040

Enescu, D. (2017). A review of thermal comfort models and indicators for indoor environments. *Renewable and Sustainable Energy Reviews, 79*(May), 1353–1379. https://doi.org/10.1016/j.rser.2017.05.175

European Parliament and the Council of the European Union. (2012). Directive 2012/27/EU on energy efficiency, amending Directives 2009/125/EC and 2010/30/EU and repealing Directives 2004/8/EC and 2006/32/EC. *Official Journal of the European Union, 55,* 1–57.

European Parliament, & Council of the European Union. (2018). Directive (EU) 2018/2002 of the European Parliament and of the Council of 11 December 2018 amending Directive 2012/27/EU on energy efficiency. *Official Journal of the European Union, 328*(L), 210–230. Retrieved from https://eur-lex.europa.eu/legal-content/EN/TXT/PDF/?uri=CELEX:32018L2002&from=EN

Ibarguen-Valverde, J. L., Angulo-López, J. E., Rodríguez-Salcedo, J., & Prías-Caicedo, O. (2017). Indicators of energetic performance: A path to sustainability. "a case study of a high-roasting industry of coffee." *DYNA (Colombia), 84*(203), 184–191. https://doi.org/10.15446/dyna.v84n203.65336

Kanneganti, H., Gopalakrishnan, B., Crowe, E., Al-Shebeeb, O., Yelamanchi, T., Nimbarte, A., ... Abolhassani, A. (2017). Specification of energy assessment methodologies to satisfy ISO 50001 energy management standard. *Sustainable Energy Technologies and Assessments, 23*(August 2016), 121–135. https://doi.org/10.1016/j.seta.2017.09.003

Leal, V., Ferreira, H., & Fernandes, E. O. (2008). Relating energy indicators of regulations to passive comfort in residential buildings. *PLEA 2008 - Towards Zero Energy Building: 25th PLEA International Conference on Passive and Low Energy Architecture, Conference Proceedings,* (February 2015).

Royo, F. J., Lanceta, D., Martínez, J., & Biosca, J. (2016). MOEEBIUS - Modelling Optimization of Energy Efficiency in Buildings for Urban Sustainability. *European Commission, 1*(680517), 1–135. Retrieved from http://www.moeebius.eu/images/MOEEBIUS_D7_2_MOEEBIUS_Living_Lab_Activities_Planning_v1_0_fv.pdf

Rupp, R. F., Vásquez, N. G., & Lamberts, R. (2015). A review of human thermal comfort in the built environment. *Energy and Buildings, 105,* 178–205. https://doi.org/10.1016/j.enbuild.2015.07.047

Tanaka, K. (2008). Assessment of energy efficiency performance measures in industry and their application for policy. *Energy Policy, 36*(8), 2887–2902. https://doi.org/10.1016/j.enpol.2008.03.032

Trianni, A., Cagno, E., Bertolotti, M., Thollander, P., & Andersson, E. (2019). Energy management: A practice-based assessment model. *Applied Energy, 235*(March 2018), 1614–1636. https://doi.org/10.1016/j.apenergy.2018.11.032

Bienestar laboral de los empleados: examinando la influencia de las demandas y los recursos laborales en la satisfacción laboral dentro del modelo JD-R

CLAUDIA TOBÍAS MARÍN
Universidad de La Rioja
claudia.tobias@unirioja.es

MAGDALENA HOLGADO HERRERO
Universidad de Cádiz
magdalena.holgado@uca.es

ALFONSO JESÚS GIL LÓPEZ
Universidad de La Rioja
alfonso.gil@unirioja.es

CARMELO ARTURO JUÁREZ CASTELLÓ
Universidad de La Rioja
carmelo.juarez@unirioja.es

Resumen. El modelo JD-R (Job Demands-Resources) propuesto por Bakker y Demerouti en 2007 ha sido fundamental para comprender la relación entre las demandas y los recursos laborales, y el bienestar de los empleados. Este estudio se enfoca en analizar cómo estas demandas y recursos afectan la satisfacción laboral, un indicador crucial del bienestar en el entorno laboral. Las demandas laborales, como el agotamiento debido a la sobrecarga de trabajo, se cree que agotan la energía de los empleados, llevándolos a la fatiga crónica. Por otro lado, los recursos laborales, como el reconocimiento del trabajo y el desarrollo profesional, se supone que motivan intrínseca o extrínsecamente, mejorando el compromiso en el trabajo. Este estudio empleó una encuesta para recopilar datos de una muestra incidental de trabajadores en la Comunidad Autónoma de la Rioja. Se evaluaron tres tipos de demandas laborales y tres tipos de recursos laborales. Las hipótesis planteadas se probaron mediante análisis de regresión. Los resultados indican que solo la falta de aprendizaje se relaciona negativamente y de manera significativa con la satisfacción laboral, mientras que las otras demandas laborales no mostraron significancia estadística. En contraste, todas las variables de recursos laborales propuestas se relacionaron positiva y significativamente con la satisfacción laboral. Este estudio destaca la importancia del aprendizaje en el trabajo y varios recursos laborales en la satisfacción laboral. Estos hallazgos sugieren que las organizaciones deben centrarse en proporcionar oportunidades de aprendizaje significativas y reconocimiento laboral para mejorar la satisfacción y el bienestar de los empleados. Además, este trabajo subraya la necesidad de investigaciones adicionales para comprender por qué ciertas demandas afectan negativamente a la satisfacción laboral, mientras que otras no, y cómo las estrategias de recursos humanos pueden desarrollar estos recursos críticos para mejorar el bienestar laboral en general.

Palabras Clave: Modelo JD-R; Satisfacción Laboral; Demandas Laborales; Recursos Laborales; Bienestar Laboral.

1. INTRODUCCIÓN

En el ámbito laboral, el bienestar de los empleados es un elemento fundamental que influye en la productividad y el ambiente laboral en su totalidad. Investigaciones recientes han examinado detenidamente las complejas interacciones entre las demandas y los recursos laborales, y su relación con el bienestar de los trabajadores. En este contexto, el Modelo JD-R (Job Demands-Resources) ha emergido como un marco teórico crucial para entender estas dinámicas. Utilizando el enfoque de las "job demands–resources" (JD-R) como marco general (Demerouti et al., 2001), este trabajo examina las relaciones entre las demandas y los recursos laborales y la satisfacción laboral.

Según el Modelo JD-R, las demandas y los recursos laborales desempeñan roles distintos pero interconectados en el bienestar de los empleados (Bakker y Demerouti, 2007). Las demandas laborales, como la monotonía en el trabajo, la falta de aprendizaje y la incertidumbre laboral, pueden agotar la energía de los empleados y conducir a la fatiga crónica. En contraste, los recursos laborales, como el reconocimiento del trabajo, el desarrollo profesional y la conciliación entre la vida laboral y personal, se consideran motivadores intrínsecos o extrínsecos que mejoran el compromiso y la satisfacción laboral. La satisfacción laboral, por otro lado, se presenta como un indicador clave del bienestar laboral.

El presente estudio se enfoca en analizar las complejas relaciones entre las demandas y los recursos laborales con la satisfacción laboral de los empleados. Proponemos dos hipótesis centrales: primero, que las demandas laborales están negativamente relacionadas con la satisfacción laboral; y segundo, que los recursos laborales están positivamente relacionados con la satisfacción laboral. Para llevar a cabo esta investigación, se utilizó una metodología basada en encuestas, recolectando datos de una muestra incidental de trabajadores de la Comunidad Autónoma de la Rioja. Las hipótesis planteadas fueron contrastadas rigurosamente mediante análisis de regresión, lo que proporcionó una comprensión profunda de las relaciones entre las variables clave. Los resultados revelan hallazgos significativos, únicamente la falta de aprendizaje se relaciona negativamente y de manera estadísticamente significativa con la satisfacción laboral, mientras que todas las variables de recursos laborales propuestas se relacionan de manera positiva y significativa con la satisfacción laboral. Este estudio no solo contribuye a ampliar la comprensión dentro del marco del Modelo JD-R, explorando las relaciones entre demandas y recursos laborales con la satisfacción laboral, sino también abre nuevas vías para futuras investigaciones en el campo de la satisfacción laboral.

2. REVISIÓN DE LA LITERATURA

2.1. El modelo JD-R

El Modelo JD-R (Job Demands-Resources) proporciona un marco teórico crucial para entender las complejas relaciones entre las demandas y los recursos laborales, y su impacto en el bienestar de los empleados. Según este modelo, las demandas laborales pueden agotar la energía de los trabajadores, llevándolos a la fatiga crónica, mientras que los recursos laborales actúan como motivadores, mejorando el compromiso y la satisfacción en el trabajo. Esta interacción dinámica entre demandas y recursos influye directamente en el bienestar laboral, desempeñando un papel fundamental en la productividad y la retención del personal en las organizaciones.

El modelo JD-R asume que, si bien cada ocupación tiene sus propios factores que pueden influir en el bienestar de los empleados (Van den Broeck et al., 2011), estos factores se pueden clasificar en dos categorías generales: demandas laborales y recursos laborales, que constituyen un modelo general que puede ser aplicable a diferentes entornos ocupacionales, independientemente de los recursos particulares y las demandas involucradas (Miao et al., 2017).

Las demandas laborales se refieren a los aspectos físicos, psicológicos, sociales u organizativos del trabajo que requieren un esfuerzo o habilidades físicas y / o psicológicas (cognitivas y emocionales) sostenidas y, por lo tanto, están asociadas con ciertos costos fisiológicos y / o psicológicos (Bakker y Demerouti, 2007). Y los recursos laborales se definen como aquellos aspectos físicos, psicológicos, sociales u organizativos del trabajo que son funcionales para lograr los objetivos del trabajo, reducir las demandas laborales y los costos fisiológicos y psicológicos asociados, estimular el crecimiento personal, el aprendizaje y el desarrollo (Bakker y Demerouti, 2007).

2.2. La Satisfacción Laboral

Hopkins (1983) definió la satisfacción laboral como la realización o gratificación derivada del trabajo. La satisfacción laboral es un estado emocional placentero que resulta del propio trabajo o de las experiencias laborales (Cranny et al., 1992).

Según indican diversos autores, entre otros Alonso y Aguilera (2021), la satisfacción laboral depende de circunstancias psicológicas, fisiológicas y ambientales. Y también puede indicarse que la satisfacción laboral es la respuesta positiva o negativa que experimentan los empleados mientras hacen su trabajo (Muñoz, 2002).

2.3. La satisfacción laboral y el modelo de demandas y recursos laborales

Investigaciones anteriores han profundizado en las complejidades del Modelo JD-R y sus implicaciones para el bienestar laboral (Bakker y Demerouti, 2007). Estudios han demostrado consistentemente que las demandas laborales excesivas y la falta de recursos adecuados pueden tener un impacto negativo en la satisfacción laboral y, por ende, en el bienestar general de los empleados (Loukidou et al. 2009; Ellison y Caudill, 2020; Giménez et al. 2020). Además, investigaciones como la de Bakker et al., (2007), han identificado la importancia de ciertos recursos laborales, como el reconocimiento y las oportunidades de desarrollo, en la mejora de la satisfacción laboral y el rendimiento en el trabajo.

Estas investigaciones previas han establecido una base sólida para este estudio, pero aún existen lagunas en el conocimiento, especialmente en cuanto a las diferencias en la forma en que ciertas demandas laborales afectan la satisfacción laboral en comparación con otras. Esta investigación se propone profundizar en la comprensión de las relaciones entre las demandas y los recursos laborales y su impacto en la satisfacción laboral, contribuyendo así al crecimiento del campo y proporcionando información valiosa para las prácticas de recursos humanos y la gestión organizacional.

Los modelos más reconocidos para evaluar la salud organizativa basados en estas dos variables son el modelo de demanda-control-apoyo del trabajo (JDCS) y el recurso de la demanda del trabajo (JD-R) (Karasek y Theorell, 1990; Demerouti et al., 2001).

Estos modelos propusieron que el entorno de trabajo psicológico se define por una combinación de demandas laborales, control laboral y apoyo social (Baka, 2015). En la evaluación del riesgo psicosocial de las organizaciones, estas variables se han valorado mayoritariamente en relación con el burnout y la satisfacción laboral, demostrando su capacidad predictiva (Tomás et al., 2019; Llanos-Contreras et al. 2023).

3. HIPÓTESIS

3.1. Hipótesis relacionadas con las demandas laborales

Las demandas laborales están asociadas con el estrés que provoca ansiedad y la falta de satisfacción (Ellison y Caudill, 2020). Por ello, se proponen las siguientes tres hipótesis.

Las demandas laborales, como se ha señalado en investigaciones previas (Ellison y Caudill, 2020), han demostrado estar fuertemente asociadas con niveles elevados de estrés y ansiedad en los empleados. Además, estas demandas pueden generar un ambiente de trabajo insatisfactorio, impactando negativamente en la satisfacción laboral. Por tanto, las hipótesis relacionadas con las demandas laborales están fundamentadas en la comprensión existente del impacto negativo que estas pueden tener en el bienestar emocional y profesional de los empleados.

La monotonía en el trabajo implica realizar tareas repetitivas y rutinarias, lo que puede llevar al aburrimiento y a la falta de interés en el trabajo (Loukidou et al. 2009). La monotonía no solo afecta el compromiso del empleado, sino que también contribuye a una disminución en la satisfacción laboral (Giménez et al. 2020). Las personas tienden a sentirse más satisfechas y comprometidas en un entorno laboral que ofrece variedad y desafíos (Sushil, 2014).

Hipótesis 1a. *La monotonía en el trabajo se relaciona negativamente con la satisfacción laboral.*

La falta de oportunidades para aprender y desarrollarse profesionalmente puede generar descontento en los empleados (Blau et al. 2008). La posibilidad de adquirir nuevas habilidades y conocimientos no solo es esencial para el crecimiento personal, sino que también contribuye significativamente a la satisfacción en el trabajo (Nguyen y Duong, 2020). La ausencia de oportunidades de aprendizaje puede llevar a la sensación de estancamiento, disminuyendo así la satisfacción laboral (Pathak, 2012).

Hipótesis 1b. *El déficit de aprendizaje se relaciona negativamente con la satisfacción laboral.*

La inseguridad laboral y la percepción de que se podría perder el empleo generan ansiedad y estrés en los empleados (Morán y Gil-Lacruz, 2016). Esta ansiedad no solo afecta el bienestar emocional, sino que también se traduce en una insatisfacción laboral general (Witte, 1999). La estabilidad en el empleo y la sensación de seguridad son aspectos fundamentales para el bienestar psicológico de los empleados y, por ende, para su satisfacción laboral (Vásquez y Agudelo, 2017).

Hipótesis 1c. *La percepción de perdida de trabajo se relaciona negativamente con la satisfacción laboral.*

Al poner a prueba estas hipótesis, este estudio busca validar empíricamente estas asociaciones, proporcionando evidencia sólida sobre cómo las diferentes demandas laborales afectan la satisfacción laboral.

3.2. Hipótesis relacionadas con los recursos laborales

La literatura ha indicado que el apoyo social (Bakker y Bal, 2010), como otros recursos laborales, se relacionan positivamente con la satisfacción laboral pues favorece las experiencias positivas en el contexto de la organización. Estos recursos no solo proporcionan un ambiente de trabajo favorable, sino que también fomentan las interacciones positivas y el desarrollo personal y profesional (Bakker et al., 2007). Basándose en estas premisas, las siguientes hipótesis relacionadas con los recursos laborales han sido formuladas para este estudio.

El reconocimiento del trabajo es esencial para el sentido de logro y valoración de un empleado (Matabanchoy-Tulcánet al. 2019). Cuando los logros y las contribuciones de un individuo son reconocidos y valorados, esto no solo aumenta la autoestima del empleado, sino que también mejora su satisfacción laboral. El reconocimiento proporciona una validación tangible de los esfuerzos de los empleados, generando un ambiente laboral positivo y favoreciendo las actitudes y comportamientos positivos en el trabajo (Vecchio-Sadus y Griffiths, 2004).

Hipótesis 2a. *El reconocimiento del trabajo se relaciona positivamente con la satisfacción laboral.*

El desarrollo profesional, que incluye oportunidades de formación, crecimiento y promoción, está vinculado directamente a la satisfacción laboral (Salinas-Oviedo et al., 1994). Los empleados que tienen la posibilidad de desarrollar nuevas habilidades, asumir desafíos y avanzar en sus carreras suelen estar más satisfechos en sus puestos de trabajo (Tims y Bakker, 2010). Estas oportunidades no solo promueven el crecimiento personal, sino que también fomentan la lealtad hacia la organización y contribuyen significativamente a la satisfacción laboral general.

Hipótesis 2b. *El desarrollo profesional se relaciona positivamente con la satisfacción laboral.*

La conciliación entre la vida laboral y personal es esencial para el equilibrio y el bienestar de los empleados. Las organizaciones que ofrecen políticas y prácticas que apoyan la conciliación entre el trabajo y la vida personal no solo promueven la satisfacción laboral, sino que también contribuyen a la retención del talento y a la creación de un ambiente laboral positivo (Carlier, 2006; Rodríguez y Dabos, 2017). Los empleados que pueden equilibrar sus responsabilidades laborales y familiares experimentan menos estrés y tienen una mayor satisfacción laboral en general.

Hipótesis 2c. *La conciliación en el trabajo se relaciona positivamente con la satisfacción laboral.*

4. METODOLOGÍA

4.1. Diseño del estudio

En este estudio, se empleó un enfoque cuantitativo mediante encuestas estructuradas para analizar las relaciones entre las demandas y los recursos laborales con la satisfacción laboral de los empleados.

4.2. Muestra

La muestra de este estudio consistió en empleados de la Comunidad Autónoma de la Rioja. La selección de la muestra fue incidental, incluyendo participantes de diversas industrias y niveles de empleo para garantizar la representatividad y la diversidad en las respuestas.

Para recopilar datos, se diseñó un cuestionario estructurado que incluía preguntas específicas sobre las demandas laborales (monotonía en el trabajo, deficiencia en los aprendizajes y posibilidad de perder el empleo) y los recursos laborales (reconocimiento del trabajo, desarrollo profesional y conciliación de la vida laboral y personal).

Los datos recopilados fueron analizados utilizando técnicas estadísticas avanzadas, específicamente análisis de regresión. Este método permitió explorar las relaciones entre las variables independientes (demandas y recursos laborales) y la variable dependiente (satisfacción laboral). Además, se llevaron a cabo análisis descriptivos para tener una comprensión detallada de las tendencias y patrones en los datos.

Esta metodología rigurosa aseguró la precisión y la confiabilidad de los resultados obtenidos, proporcionando una comprensión sólida de las complejas interacciones entre las demandas y los recursos laborales en relación con la satisfacción laboral de los empleados en el contexto de la Comunidad Autónoma de la Rioja.

La Tabla 1 presenta datos significativos de la muestra del estudio, indicando que el 66,3% de los participantes se ubica en el sector de servicios, mientras que el 62,0% pertenece a organizaciones con 1 a 49 empleados. Respecto al nivel educativo, el 57,2% de los participantes ha alcanzado la educación superior. En relación con la categoría laboral, el 68,0% se clasifica como empleados.

Variables	N Muestra	% Muestra
Actividad de la organización		
Industrial	101	33,7
Servicios	199	66,3
Tamaño de la organización		
1 a 49 empleados	186	62,0
50 o más empleados	114	38,0
Nivel de educción		
Hasta estudios universitarios	136	42,8
Educación superior	182	57,2

Categoría laboral		
Directivos o mandos intermedios	96	32,0
Empleados	204	68,0
N	**300**	**100**

Tabla 1. Participantes en el estudio

4.3. Variables en el estudio

En este estudio, se exploraron diversas variables relacionadas con las demandas y los recursos laborales, siguiendo el marco teórico del Modelo JD-R propuesto por Bakker y Demerouti (2007), identificamos 6 variables independientes:

- Demandas Laborales: (1) Monotonía en el trabajo; (2) Déficit de aprendizaje; (3)Pérdida del trabajo.
- Recursos Laborales: (4) Reconocimiento y apoyo; (5) Desarrollo profesional; (6)Conciliación familiar.

Y como variable dependiente:

- Satisfacción Laboral.

4.4. Análisis de datos

En este estudio se utilizó el Paquete Estadístico para Ciencias Sociales de IBM (SPSS) versión 22. Se realizó un análisis descriptivo para analizar las variables categóricas y se realizó un análisis de regresión. La regresión ayuda a agregar información valiosa a la calidad de los predictores (Khdour et al., 2020). Las variables predictoras se sumaron y se utilizó un análisis de regresión lineal múltiple.

5. RESULTADOS

La tabla proporciona una visión general de las puntuaciones medias, desviaciones típicas, y los valores mínimos y máximos para cada una de las variables estudiadas. Estos resultados son fundamentales para entender la distribución y la variabilidad de las respuestas de los participantes en relación con las diversas dimensiones del trabajo y la satisfacción laboral.

Variable	Media	Desviación típica	Mínimo	Máximo
(1) Satisfacción laboral	4,08	1,84	1	7
(2) Monotonía trabajo	5,10	1,31	1	7
(3) Déficit de aprendizaje	3,74	1,90	1	7
(4) Pérdida del trabajo	3,25	1,97	1	7
(5) Reconocimiento	4,57	1,53	1	7
(6) Desarrollo personal	4,47	1,75	1	7
(7) Conciliación familiar	3,99	1,69	1	7

Tabla 2. Análisis descriptivos

La monotonía en el trabajo, representada por una puntuación media relativamente alta de 5.10 en la escala de 1 a 7, es un aspecto crucial que considerar en cualquier entorno laboral. Esta variable resalta la repetitividad y falta de variedad en las tareas asignadas a los empleados. La importancia de abordar la monotonía radica en su potencial para impactar negativamente en la motivación y la satisfacción de los empleados. Cuando las tareas se vuelven predecibles y rutinarias, los empleados pueden experimentar una disminución en su interés y compromiso en el trabajo. Esto no solo afecta su productividad, sino que también puede tener repercusiones en su bienestar emocional. Por ende, las organizaciones deben buscar estrategias para introducir variedad en las responsabilidades laborales, proporcionar oportunidades para el crecimiento y el aprendizaje, y fomentar un ambiente que estimule la creatividad y la innovación. Abordar la monotonía en el trabajo puede mejorar significativamente la satisfacción laboral, el compromiso de los empleados y, en última instancia, la productividad y el éxito general de la organización.

La variable del reconocimiento en el trabajo, con una puntuación media relativamente alta de 4.57 en una escala de 1 a 7, subraya la importancia crítica de valorar y apreciar las contribuciones de los empleados. El reconocimiento no se trata simplemente de elogios ocasionales; implica una apreciación genuina y visible por el arduo trabajo y el esfuerzo dedicado de los empleados. Esta variable tiene un impacto profundo en el clima laboral y la satisfacción de los empleados. Cuando los empleados se sienten reconocidos y valorados, están más inclinados a sentirse motivados, comprometidos y satisfechos en sus roles. El reconocimiento adecuado también contribuye a un sentido de pertenencia y conexión con la organización. Las prácticas efectivas de reconocimiento incluyen elogios públicos, premios, oportunidades de crecimiento profesional y expresiones sinceras de gratitud por el trabajo bien hecho. Al priorizar y fortalecer el reconocimiento en el entorno laboral, las organizaciones pueden mejorar significativamente la moral de los empleados, aumentar la retención del personal y fomentar un ambiente laboral positivo y colaborativo.

La Tabla 3 presenta las correlaciones de Pearson entre las variables estudiadas. Estos coeficientes de correlación proporcionan información sobre la fuerza y la dirección de las relaciones entre las diferentes variables.

Variable	(1)	(2)	(3)	(4)	(5)	(6)	(7)	(8)	(9)	(10)	(11)
(1) Satisfacción laboral	1										
(2) Monotonía trabajo	0,001	1									
(3) Déficit de aprendizaje	**-0,143***	0,176**	1								
(4) Pérdida del trabajo	-0,077	0,035	0,091	1							
(5) Reconocimiento	**0,503****	0,025	-0,058	-0,147*	1						
(6) Desarrollo personal	**0,344****	-0,100	-0,066	-0,286**	**0,508****	1					
(7) Conciliación familiar	-0,096	0,149**	-0,054	0,271**	-0,232**	-0,212**	1				
(8) Tamaño	0,002	-0,049	-0,142*	-0,071	-0,112	0,059	0,072	1			
(9) Sector	**0,216****	0,008	0,110	0,240	0,222**	0,096	0,148*	**-0,314***	1		
(10) Educación	**0,196****	-0,161**	-0,131	0,124	0,198**	0,200	0,091	0,070	0,251	1	
(11) Categoría	0,025	0,289**	0,158**	0,086	-0,193**	-0,300**	0,031	0,051	-0,126*	**-0,409****	1
Nota: * y ** denotan significación al 0,05 y 0,01											

Tabla 3. Correlaciones de Pearson

Las relaciones identificadas entre ciertas variables clave y la satisfacción laboral tienen implicaciones significativas para la gestión del talento y el diseño de estrategias organizacionales. En particular, las correlaciones 3-1 (Déficit de Aprendizaje y Satisfacción Laboral) y 3-2 (Déficit de Aprendizaje y Monotonía en el Trabajo) destacan la importancia crítica de fomentar un ambiente de aprendizaje en el lugar de trabajo. Cuando los empleados tienen acceso limitado a oportunidades de desarrollo y aprendizaje, no solo se sienten insatisfechos, sino que también tienden a verse atrapados en tareas monótonas y repetitivas. Esto subraya la necesidad de inversiones continuas en programas de capacitación y desarrollo para promover la satisfacción laboral al introducir variedad en las responsabilidades laborales y estimular el crecimiento profesional.

Además, las relaciones 5-1 (Reconocimiento y Satisfacción Laboral) y 6-1 (Desarrollo Personal y Satisfacción Laboral) y 6-2 (Desarrollo Personal y Monotonía en el Trabajo) resaltan la importancia del reconocimiento y el desarrollo profesional en el bienestar de los empleados. Cuando los logros y las contribuciones de los empleados son reconocidos y cuando se les brindan oportunidades para crecer y aprender, se crea un ambiente laboral positivo que se traduce en niveles más altos de satisfacción. Estas conexiones enfatizan la necesidad de implementar políticas y prácticas que valoren y apoyen a los empleados, estimulando su desarrollo personal y profesional mientras alivian la monotonía en el trabajo.

Con relación a la comparativa de dos modelos de regresión lineal múltiple que investigan los factores que influyen en la satisfacción laboral. En la Tabla 2 podemos ver que, en ambos modelos, la variable dependiente es “satisfacción laboral”. Se incluyen variables de control en ambos modelos, y el Modelo 2 también incorpora variables dependientes además de las variables de control.

Variable dependiente: "satisfacción laboral"	Variables de control				Variables de control y variables dependientes			
	Modelo 1	ß	t	*p*	Modelo 2	ß	t	*p*
Constante			18,786	0,000			5,551	0,001
Monotonía trabajo (H1a)						-0,017	-0,321	0,748
Déficit aprendizaje (H1b)						-0,135	-2,703	**0,007**
Pérdida del trabajo ((H1c)						-0,032	-0,600	0,549
Reconocimiento (H2a)						0,412	7,067	**0,001**
Desarrollo (H2b)						0,141	2,353	**0,019**
Conciliación (H2c)						-0,016	-0,294	0,769
Tamaño (pequeña)		0,069	1,181	0,239		0,062	1,204	0,230
Sector (industria)		0,203	3,359	**0,001**		0,161	2,932	**0,004**
Educación (no universitarios)		0,203	3,247	**0,001**		0,137	2,497	**0,013**
Categoría (dirección)		0,130	2,133	**0,034**		0,249	4,464	**0,001**
R^2	0,087				0,383			
Ajustada R^2	0,074				0,632			
ANOVA (F)	7,003***				15,337***			
Max. VIF	1,263				1,438			
Durbin-Watson	1,819				1,946			
Nota: VIF "variance inflaction fator; * significación al 0,05; ** significación al 0,01; y significación al 0,001								

Tabla 4. Resultado del modelo de estudio (efectos individuales)

Los datos del modelo 1 muestran que el déficit de aprendizaje tiene un impacto significativo y negativo en la satisfacción laboral (ß = -0,135, p = 0,007), lo que indica que la falta de oportunidades de aprendizaje está asociada con niveles más bajos de satisfacción en el trabajo. Además, el reconocimiento (ß = 0,412, p = 0,001) y el desarrollo profesional (ß = 0,141, p = 0,019) tienen influencias positivas en la satisfacción laboral, sugiriendo que el reconocimiento y las oportunidades de crecimiento están vinculados a niveles más altos de satisfacción laboral.

En el Modelo 2, además de las variables del Modelo 1, se incluyen variables dependientes adicionales. Los datos revelan que la relación negativa entre el déficit de aprendizaje y la satisfacción laboral se mantiene (ß = -0,135, p = 0,007). Además, se encuentran asociaciones significativas entre la categoría laboral (ß = 0,249, p = 0,001) y la satisfacción laboral, indicando que ciertos niveles jerárquicos están relacionados con niveles más altos de satisfacción. Por otro lado, la monotonía en el trabajo y la pérdida del trabajo no muestran una relación significativa con la satisfacción laboral en este modelo.

Respecto al impacto del Aprendizaje en la Satisfacción Laboral (Modelo 1 y 2), los datos muestran que el déficit de aprendizaje tiene una influencia negativa y significativa en la satisfacción laboral en ambos modelos. Esto nos indica que la falta de oportunidades para aprender y crecer profesionalmente disminuye la satisfacción laboral. Las organizaciones pueden mejorar este aspecto proporcionando programas de formación, capacitación y desarrollo profesional para sus empleados, lo que puede aumentar significativamente su satisfacción laboral y su compromiso con la empresa.

En relación con la importancia del Reconocimiento (Modelo 1 y 2), los datos nos muestran que el reconocimiento en el trabajo tiene un impacto positivo y significativo en la satisfacción laboral en ambos modelos. Lo que nos indica que el reconocimiento adecuado por el trabajo bien hecho contribuye significativamente a la satisfacción laboral. Las organizaciones pueden implementar programas de reconocimiento, recompensas y retroalimentación positiva para mejorar la moral y la satisfacción de los empleados.

Por otra parte, puede observarse la relevancia que toma la Categoría Laboral (Modelo 2), pues se observa que ciertas categorías laborales están asociadas con niveles más altos de satisfacción laboral. Lo que resalta la importancia del ascenso y el crecimiento profesional dentro de la organización. Las oportunidades de promoción y el desarrollo de trayectorias profesionales claras pueden aumentar la satisfacción y el compromiso de los empleados.

En conjunto, estos hallazgos proporcionan orientación específica para las acciones de recursos humanos y la toma de decisiones en las organizaciones. Identifican áreas críticas, como el aprendizaje, el reconocimiento y las oportunidades de ascenso, que las empresas pueden focalizar para mejorar la satisfacción laboral. Al abordar estas áreas, las organizaciones no solo mejorarán la satisfacción de sus empleados, sino que también promoverán un mayor bienestar emocional y un mayor compromiso.

6. DISCUSIÓN

La presente investigación ha arrojado luz sobre cuestiones cruciales relacionadas con el bienestar laboral, centrándose en las demandas y recursos laborales y su influencia en la satisfacción laboral de los empleados. Los resultados y hallazgos proporcionados han impulsado una discusión sustancial sobre las principales dimensiones estudiadas.

En relación con la primera pregunta de investigación, que indagaba si las demandas laborales se relacionan negativamente con la satisfacción laboral, los resultados revelaron que solo la deficiencia de aprendizaje se relacionaba significativa y negativamente con la satisfacción laboral. Esto destaca la importancia de proporcionar a los empleados oportunidades para el desarrollo y el aprendizaje, ya que la falta de estas oportunidades parece estar vinculada a una disminución en la satisfacción laboral. Sorprendentemente, ni la monotonía en el trabajo ni la percepción de pérdida del trabajo mostraron relaciones estadísticamente significativas con la satisfacción laboral. Sin embargo, es fundamental tener en cuenta que la alta puntuación en monotonía puede tener efectos negativos en el entorno laboral, lo que podría requerir una atención específica por parte de las organizaciones.

Respecto a la segunda pregunta de investigación, que exploraba si los recursos laborales se relacionan positivamente con la satisfacción laboral, los resultados demostraron que tanto el reconocimiento como el desarrollo se relacionan positivamente con la satisfacción laboral. Esto sugiere que el contexto laboral se comporta como un contexto social en el que el reconocimiento desempeña un papel fundamental para el buen funcionamiento y el bienestar de los empleados. Contrariamente a lo que se había planteado como hipótesis, la conciliación no se relacionó positivamente con la satisfacción laboral. Esta observación plantea la necesidad de investigar más a fondo cómo la conciliación laboral y personal afecta a otros aspectos de la relación laboral y la vida familiar.

Desde una perspectiva teórica, este estudio se suma a la creciente evidencia que subraya que las influencias positivas de los recursos laborales en la satisfacción laboral superan en importancia a los efectos negativos de las demandas laborales. Esto refuerza la idea de que el fomento de un ambiente laboral positivo y enriquecedor es esencial para el bienestar de los empleados.

Desde una perspectiva práctica, los resultados tienen implicaciones significativas para la gestión de recursos humanos. Los datos resaltan la importancia del reconocimiento y el desarrollo para aumentar la satisfacción laboral de los empleados. Este enfoque podría considerarse un doble deber de las organizaciones, ya que no solo se trata de satisfacer las necesidades de los empleados, sino también de impulsar su crecimiento profesional.

Los resultados se basan en datos autoinformados, que podrían haber aumentado el riesgo de sobrestimar las relaciones debido a la variación del método estándar (Podsakoff et al., 2012). Sin embargo, se ha verificado tanto la fiabilidad como la validez del modelo de medición. Quizás otro tipo de investigación más experimental podría aumentar el poder explicativo del modelo (McClelland y Judd, 1993).

7. REFERENCIAS

Alonso Carracedo, P., & Aguilera Luque, A. M. (2021). Relación entre satisfacción laboral y clima organizacional: un metaanálisis. *Apuntes de Psicología, 39 (1), 27-38.*

Baka, Ł. (2015). Does job burnout mediate negative effects of job demands on mental and physical health in a group of teachers? Testing the energetic process of Job Demands-Resources model. *International Journal of Occupational Medicine and Environmental Health*, 28(2), 335-46.

Bakker, A. B., & Bal, M. P. (2010). Weekly work engagement and performance: A study among starting teachers. *Journal of occupational and organizational psychology*, *83*(1), 189-206.

Bakker, A. B., & Demerouti, E. (2007). The job demands-resources model: State of the art. *Journal of managerial psychology*, *22*(3), 309-328.

Bakker, A. B., Hakanen, J. J., Demerouti, E., & Xanthopoulou, D. (2007). Job resources boost work engagement, particularly when job demands are high. *Journal of educational psychology*, 99(2), 274.

Blau, G., Andersson, L., Davis, K., Daymont, T., Hochner, A., Koziara, K., & Holladay, B. (2008). The relation between employee organizational and professional development activities. *Journal of Vocational Behavior*, *72*(1), 123-142.

Demerouti, E., Bakker, A. B., De Jonge, J., Janssen, P. P., & Schaufeli, W. B. (2001). Burnout and engagement at work as a function of demands and control. *Scandinavian journal of work, environment & health*, 27(4), 279-286.

Ellison, J. M., & Caudill, J. W. (2020). Working on local time: Testing the job-demand-control-support model of stress with jail officers. *Journal of Criminal Justice, 70*, 101717.

García-Morán, M.C., & Gil-Lacruz, M. (2016). El estrés en el ámbito de los profesionales de la salud. *Persona: Revista de la Facultad de Psicología*, (19), 11-30.

Giménez-Espert, M. D. C., Prado-Gascó, V., & Soto-Rubio, A. (2020). Psychosocial risks, work engagement, and job satisfaction of nurses during COVID-19 pandemic. *Frontiers in public health, 8*, 1-10.

Hopkins, A. H. (1983). *Work and job satisfaction in the public sector.* Totowa, NJ: Rowman & Allanheld.

Idrovo Carlier, S. (2006). Las políticas de conciliación trabajo–familia en las empresas colombianas. *Estudios Gerenciales*, 22(100), 49-70.

Karasek, R. & Theorell, T. (1990). *Healthy Work: Stress, Productivity, and the Reconstruction of Working Life.* New York: Basic Books.

Khdour, N., Masa'deh, R. E., & Al-Raoush, A. (2020). The impact of organizational storytelling on organizational performance within Jordanian telecommunication sector. *Journal of Workplace Learning, 32*(5), 335-361.

Loukidou, L., Loan-Clarke, J., & Daniels, K. (2009). Boredom in the workplace: More than monotonous tasks. *International Journal of Management Reviews, 11*(4), 381-405.

Llanos-Contreras, O., Ibáñez, M. J., & Prado-Gascó, V. J. (2023). Job-demand and family business resources in pandemic context: How they influence burnout and job satisfaction. *Frontiers in Psychology, 13*, 1-10.

Matabanchoy-Tulcán, S. M., Álvarez-Pabón, K. M., & Riobamba-Jiménez, O. D. (2019). Efectos de la evaluación de desempeño en la calidad de vida laboral del trabajador: Revisión del tema entre 2008-2018. *Universidad y salud, 21*(2), 176-187.

McClelland, G. H., & Judd, C. M. (1993). Statistical difficulties of detecting interactions and moderator effects. *Psychological bulletin, 114*(2), 376.

Miao, C., Humphrey, R. H., & Qian, S. (2017). A meta-analysis of emotional intelligence and work attitudes. *Journal of Occupational and Organizational Psychology, 90*(2), 177-202.

Muñoz, D. B. (2002). La satisfacción laboral como elemento motivador del empleado. *Trabajo. Revista Iberoamericana de relaciones laborales*, 11, 189-200.

Nguyen, C. & Duong, A. (2020). The impact of training and development, job satisfaction and job performance on young employee retention. *International Journal of Future Generation Communication and Networking*, 13(3), 373-386.

Pathak, D. (2012). Role of perceived organizational support on stress-satisfaction relationship: An empirical study. *Asian Journal of Management Research, 3*(1), 153-177.

Podsakoff, P.M., MacKenzie, S.B. & Podsakoff, N.P. (2012). Sources of method bias in social science research and recommendations on how to control it. *Annual review of psychology, 63* , 539-569.

Rodríguez, M. C., & Dabos, G. E. (2017). Gestión individual del equilibrio entre el trabajo y la vida personal: revisión e integración de la literatura. *Revista Facultad de Ciencias Económicas: investigación y reflexión, 25*(1), 219-242.

Salinas-Oviedo, C., Laguna-Calderón, J., & del Rosario Mendoza, M. (1994). La satisfacción laboral y su papel en la evaluación de la calidad de la atención médica. *Salud pública de México, 36*(1), 22-29.

Sushil, S. (2014). Job enrichment as determinant of employee engagement. *Review of HRM*, 3, 140-146.

Tims, M. & Bakker, A.B. (2010). Job crafting: Towards a new model of individual job redesign. *SA Journal of Industrial Psychology, 36* (2), 1-9.

Tomás, J. M., Santos, S. D. L., & Fernández, I. (2019). Satisfacción laboral en el docente dominicano: antecedentes laborales. *Revista Colombiana de Psicología, 28*(2), 63-76.

Van den Broeck, A., De Cuyper, N., Luyckx, K., & De Witte, H. (2012). Employees' job demands–resources profiles, burnout and work engagement: A person-centred examination. *Economic and Industrial Democracy, 33*(4), 691-706.

Vásquez Sánchez, D., & Agudelo Velásquez, C. C. (2017). *El bienestar psicológico, la satisfacción laboral y el compromiso organizacional en los empleados de la biblioteca de una institución de educación superior* (Tesis de pregrado). Universidad de Antioquia, Medellín.

Vecchio-Sadus, A. M., & Griffiths, S. (2004). Marketing strategies for enhancing safety culture. *Safety Science, 42*(7), 601-619.

Witte, H. D. (1999). Job insecurity and psychological well-being: Review of the literature and exploration of some unresolved issues. *European Journal of work and Organizational psychology, 8*(2), 155-177.

8. AUTORES

Claudia Tobías Marín: Máster por la Universidad de Zaragoza, doctoranda del Departamento de Economía y Empresa de la Universidad de La Rioja donde tiene la condición de personal investigador predoctoral en formación cofinanciado por la Universidad de La Rioja, la Comunidad Autónoma de La Rioja y el Banco Santander. Su línea de investigación incluye la Gestión de Recursos Humanos y el Aprendizaje Organizativo, su investigación ha aparecido en revistas como "Journal of Workplace Learning", "Intangible Capital" y "Knowledge Management Research & Practice".

Magdalena Holgado Herrero: Licenciada en Psicología. Departamento de Psicología. Universidad de Cádiz. (UCA). Ha desarrollado funciones de investigación y docencia. En cuanto a la actividad investigadora ha participado en varios Congresos nacionales e Internacionales. En la actualidad es Doctoranda en Ciencias de la Salud de la Universidad de Cádiz. Nombre de la Tesis: "La mediación como instrumento de intervención, para la resolución de conflictos escolares en Educación Secundaria Obligatoria en la ciudad de Algeciras. Trabaja en una línea de investigación genérica: conflictos interpersonales, mediación y recursos humanos. Imparte docencia en Máster Prevención Riesgos Laborales de la Universidad de Cádiz y Grado Relaciones Laborales y Recursos Humanos. Actualmente es miembro del grupo SEJ 058 del PAIDI: "Cátedra de Estudios Jurídicos y Económicos del Campo de Gibraltar".

Alfonso Jesús Gil López: Doctor por la Universidad Nacional de Educación a Distancia, es Profesor Titular en Universidad de La Rioja en el Departamento de Economía y Empresa y Profesor Tutor en la Universidad Nacional de Educación a Distancia. Su línea de investigación incluye la gestión de recursos humanos y el aprendizaje organizativo, su investigación ha aparecido en revistas como "The International Journal of Human

Resource", "Management Decision" y "European Research on Management and Business Economics".

Carmelo A. Juárez Castelló: Doctor por la Universidad de La Rioja y actual profesor honorífico en el área de Organización de Empresas de la Universidad de La Rioja, pertenece al Grupo de investigación de Economía de la Salud. Sus últimos resultados científicos han sido publicados en "European Journal of Health Economics", "Pharmacoeconomics" o "Health Economics Review".

Factores Determinantes para la Creación de Empleo en el ámbito de las Energías Limpias

IVÁN DEL POZO RIVILLA
Universidad de Cádiz
ivan.delpozo@uca.es

Resumen. La importancia de las energías renovables queda puesta de manifiesto ante los esfuerzos de las diferentes organizaciones internacionales por la realización de diferentes tratados para la reducción del consumo y producción de materias primas no renovables en la búsqueda de una mayor sostenibilidad.

Se ha puesto especial importancia en la creación de empleo "verde" debido a la reducción de las tasas de empleo en los países más desarrollados económicamente y ante la necesidad de transformación en un sistema que presenta rendimientos decrecientes a las inversiones de capital, sobre todo en el sector de la energía.

Para intentar responder a las variables que intervienen como principales características que propicien esta transformación se ha realizado la siguiente comunicación.

Palabras Clave: Energías Renovables, Trabajo Verde, Trabajo Decente, Econometría.

1. INTRODUCCIÓN

Esta comunicación se enmarca en la necesidad de un cambio en el sistema productivo por las exigencias ambientales y los acuerdos internacionales firmados por España para la consecución de los Objetivos de Desarrollo Sostenible 2030 (desde ahora ODS 2030) y los requerimientos de la Unión Europea dentro de la Agenda 2030.

Esto no sólo marca un camino para intentar atajar la grave crisis climática, sino que marca el camino para una nueva forma de producir y consumir, planteando retos en la profunda transformación que deben sufrir los sistemas productivos de los países firmantes.

Este nuevo itinerario para seguir por las economías europeas supone una oportunidad para la recuperación de los países una vez pasadas las crisis de 2008 y COVID 19, y, por tanto, para la creación de empleo vinculado a estas nuevas actividades más responsables con el medio ambiente

El empleo es una de las cuestiones de mayor preocupación en nuestra economía. La tasa de desempleo (12,8%) es muy superior a la media de la Unión Europea (6%) y la zona Euro (6,5%) hasta marzo de 2023 (Eurostat, 2023) A pesar de la disminución de los índices de desempleo después de la grave crisis inmobiliaria y del sistema financiero internacional de 2008, España se sitúa como el país con una mayor tasa de desempleo de todos sus socios de la Unión Europea. Incluso, si observamos el porcentaje de jóvenes menores de 25 años en desempleo este porcentaje se sitúa cerca del 30% (29,5%).

Uno de los principales objetivos marcados por los ODS 2030 -y una de las principales preocupaciones por la escasez de fuentes de energía disponibles- es la consecución de fuentes de "Energía asequible y no contaminante" (ODS 7). Esta cuestión provoca uno de los principales quebraderos de cabeza para las autoridades europeas (sobre todo después de la guerra de Ucrania) pero proporciona una oportunidad para la creación de empleo en la denominada "Transformación Verde".

Las implicaciones por la adopción de las transformaciones necesarias se observan en diferentes dimensiones como son la social, institucional, jurídica, económica y humanas (Goldfarb, Mi. ; Medina, 2020).

Esta transformación tiene como elemento principal la consecución de tres objetivos: (1) ayudar al crecimiento de la economía mundial, (2) mitigar los efectos sobre el medioambiente de las actividades de producción y consumo realizadas por el ser humano, (3) y la creación de nuevos empleos.

Sobre este tercer objetivo se planteará el análisis. El papel de las energías renovables sones fundamental para la consecución de los diferentes objetivos planteados para una "sectorización verde" de la economía (Nieto, J.; 2010). No solo la inclusión de nuevas formas de producción de la energía cobra gran importancia para la transformación del sistema productivo, sino que las medidas de ahorro y eficiencia energética son otro elemento vertebrador de esta verdadera transformación.

Existen numerosos análisis, como indica Nieto (2010), que ponen de relieve los mayores rendimientos del capital que propician estas energías, en comparación con las actividades de producción de energías convencionales y sus usos. Además, se puede resaltar los beneficios que provocan estas inversiones en comparación con los incentivos fiscales y/o ayudas que recibe el sector.

Se puede observar cómo en el período 1960-2010 la productividad de la energía (20%) ha sido muy inferior a la productividad de los materiales (200%) o a la vinculada al trabajo (400%).

Si se financiaran más proyectos de energías renovables, la expansión de las redes inteligente y la mejora de las redes de transporte provocaría la creación de millones de nuevos empleos en todo el mundo.

Estas mayores productividades del capital provocan un incremento de la rentabilidad por euro invertido y un aumento de los salarios en el sector en comparación con otros sectores en claro declive y/o retroceso, y nos colocan en la senda de la consecución del ODS 8 "Trabajo Decente y Crecimiento Económico".

2. METODOLOGÍA

Para la elaboración de la comunicación se han consultado las principales fuentes académicas (WOS y Scopus, Google Académico) para la revisión de la literatura y comprobar los estudios previos reseñables en la materia.

Además, se han utilizado informes de las principales instituciones que estudian el ámbito de las energías renovables y su incidencia en el empleo (IRENA[25], REE[26], Bloomberg, REN21[27], APPA[28], Unión Europea).

Para la obtención de los datos que se han recogido en este trabajo se ha recurrido a informes de las organizaciones anteriormente mencionada y fuentes específicas estadísticas (Eurostat, INE, BP Statistical, IRENA y Statista). Se ha realizado un análisis estadístico descriptivo para ver cómo han variado las principales variables de inversión durante la última década en la Unión Europea.

Para el cálculo econométrico se ha aplicado una ecuación lineal que relaciona la participación porcentual de las energías renovables en el consumo final de energía en función de los precios medios europeos de los principales combustibles fósiles. Las unidades utilizadas han sido: el precio del barril de Brent en dólares, el precio de una megatonelada de carbón en dólares y el precio del millo de Btu (equivalente 0,048 m^3 de gas) en dólares.

---

25 The International Renewable Energy Agency

26 Red Eléctrica Española

27 Building the sustainable energy future: es una red internacional dedicada a construir un futuro energético sostenible con energías renovables

28 Asociación de Empresas de Energías Renovables.

Los 35 países seleccionados para el análisis han sido: Albania, Alemania, Austria, Bélgica, Bulgaria, Croacia, Chipre, República Checa, Dinamarca, Eslovaquia, Eslovenia, España, Estonia, Irlanda, Italia, Islandia, Finlandia, Francia, Grecia, Letonia, Lituania, Luxemburgo, Hungría, Kosovo, Malta, Macedonia, Moldavia, Montenegro, Noruega, Países Bajos, Polonia, Portugal, Rumania, Serbia y Suecia,

Se han tratado los datos con el software libre econométrico Gretl, y se ha realizado una estimación de datos panel. Esta metodología soporta tres tipos de modelos diferentes (datos fusionados, efectos fijos y efectos aleatorios). Para la elección del modelo que soporta mejor la distribución de los datos se han planteado tres contrastes diferentes (Diferentes interceptos, Breuch Pagan y Hausman). Siendo favorable el resultado para el modelo de efectos aleatorios. Esta modalidad no tiene en cuenta un efecto fijo o heterogeneidad idiosincrásica que condiciona la evolución de los datos, como es el caso.

Una vez seleccionado el modelo, se ha aplicado una corrección basada en desviaciones robustas a la heterocedasticidad, que corrige las desviaciones estadísticas para los test de validación individuales o conjuntos (t y F).

Estas metodologías del análisis econométrico se encuadran dentro del cálculo de modelo para minimizar el valor de los residuos, es decir, disminuir la diferencia de los valores estimados con respecto a los valores reales para obtener unos estimadores eficientes, consistentes y óptimos (los mejores posibles dada la disponibilidad de datos, que disminuyen al máximo su distancia respecto a la función de regresión muestral).

Antes de plantear los modelos se procede a analizar las principales variables que influyen en la deriva de la inversión (como generador de empleo) en el ámbito de las energías renovables y las condiciones y perfiles de estos empleos.

3. TRABAJO VERDE Y DECENTE

La preocupación por el capital natural no ha cobrado importancia hasta los años 90 del S.XX (Lara, 2011). Aunque los primeros trabajos se desarrollan después de la creación del club de Roma (1972), hasta la actualidad no se ha puesto de relieve la falta de valoración de las externalidades negativas sobre el entorno natural, en gran parte por una valoración inadecuada de la tasa de descuento que a propiciado la sobreexplotación o desaparición de muchos recursos naturales.

Esta preocupación por la degradación medioambiental y sus consecuencias se ve reflejada en los organismos internacionales como Naciones Unidas, acuñando expresiones como *desarrollo sostenible* o *economía verde*. El empleo es una parte que preocupa dentro de los valores en el actual crecimiento económico, especialmente en los países más desarrollados económicamente. La UNEP[29] define empleo verde como: " Aquel que reduce el impacto ambiental de las empresas y los sectores económicos hasta alcanzar niveles sostenibles, ayudan a reducir el uso de energía, materias primas y agua mediante estrategias de gran eficiencia, a descarbonizar la economía y a reducir los gases de efecto invernadero minimizar o evitar por completo todas las formas de residuos de contaminación y a proteger y restablecer los ecosistemas y la biodiversidad" (Naciones Unidas, 2010).

Analizando la definición anterior, podemos concluir que las energías renovables se encuentran dentro de esta categoría. Observando las cifras de financiación de este informe, las inversiones son muy inferiores en Europa en comparación con EE.UU. y China. Por tanto, existe una gran capacidad de creación de esta tipología de trabajos en el entorno de la Unión Europea.

---

29 United Nations Environment Programme

La mayor parte de los puestos de trabajos creados en el sector de las energías renovables se centran en los países emergentes asiático y en EE.UU., siendo ya la cifra superior a los 12 millones en todo el mundo (Renewable et al., 2021). Desde el año 2006 el crecimiento ha sido imparable, ya que se partía de una cifra casi 6 veces menor que la actual (2.320.000 de empleos), pronosticándose un crecimiento hasta los 20 millones para 2030.

Esta transición no está exenta de problemas, y puede afectar a millones de empleos de la denominada "economía tradicional". Pero se espera que estos sean absorbidos por el crecimiento en los sectores relacionados con la "economía verde" (entre ellos, las energías renovables).

Además, en los países con menor desarrollo económico provocará una verdadera revolución, debido a la necesidad de un mayor desarrollo de las infraestructuras eléctricas, muy vinculadas a este cambio en el sistema productivo. Al mismo tiempo, estos países que sufren en mayor proporción las consecuencias de los efectos del cambio climático son los que menos han contribuido a los niveles de contaminación actual que está soportando el planeta tierra. Como consecuencia, podríamos decir que es una transición que provoca mayores niveles de justicia social.

Estos cambios no solo se centrarán en estos sectores, sino que propiciará el surgimiento de nuevos empleos en sectores tradicionales. Esto irán de la mano del cambio provocado por la inclusión de las energías renovables sobre el sistema productivo.

Hasta la actualidad ya se han creado 1,3 millones de trabajos en el sector de las energías renovables en toda Europa, y se espera llegar a los 2 millones para el año 2030.

Debido al crecimiento (5,1%) de estas energías en todo el mundo -en Europea (7,1%) y en España (1,8%) según estadísticas de BP Statistical (2021) en las que se basa la Asociación de Productores de Energía Renovable en España (Álcool, 2021)-

se espera un gran impulso a la creación de nuevos empleos. Igualmente, la reducción de la dependencia energética en lo que va de década se ha reducido en 7 puntos porcentuales respecto a los valores de 2019.

Es importante poner en valor el crecimiento de las exportaciones de electricidad con un incremento de 1.977 millones de euros y una reducción de un 31% de las importaciones de energía (aunque hay que tomar estos datos con cautela ya que fueron publicados en 2021 y recogen el efecto de los primeros meses del COVID). Todos esto contribuye a que exista un mayor nivel inversor, ya que se reduce de manera considerable la fuga de capitales y se aumenta la atracción de capital extranjero.

Su impacto macroeconómico en el PIB se puede cuantificar para el año 2020 en unos 11.806 millones de euros, representando el 1,05% del PIB español según estimaciones del año 2021, tal como señala la patronal de empresas de energías renovables española. En este período se crearon 98.930 nuevos empleos, de los cuales, 58.724 fueron directos y 34.206 inducidos.

Todos estos cambios propician unas condiciones de trabajo diferentes a las de los empleos tradicionales. No sólo la mejora de la productividad que propicia mejores rentas, sino que están encaminados a una mejor conciliación de la vida personal con la laboral, y que causan menores efectos negativos a la salud del trabajador/a y al medio natural. Esto posibilita que las personas puedan desempeñar sus funciones con libertad, equidad, seguridad y dignidad humana, y nos acerca a la consecución del ODS 8, anteriormente mencionado.

4. INVERSIÓN Y EMPLEO

Dentro de las diferentes ramas que presenta el sector de las energías renovables, la mayor parte de los empleos están centrados en la energía fotovoltaica (IRENA et al., 2023). Como se pueden observar (Figura 1), la tendencia en la última década es a aumentar el ritmo inversor en esta tecnología, y se mantendría para la energía eólica. También presentan un ligero aumento el resto de las energías "limpias".

Esta creación de nuevos empleos en cada rama de actividad está determinada por las nuevas inversiones que se realizan en cada tipo de tecnología. Por tanto, atraer la inversión a estos sectores es un elemento determinante para fomentar una nueva economía basada en la sostenibilidad, con unos mayores niveles de productividad y la creación de empleo.

Figura 1: Inversiones realizadas a nivel mundial por tipo de energía renovable.

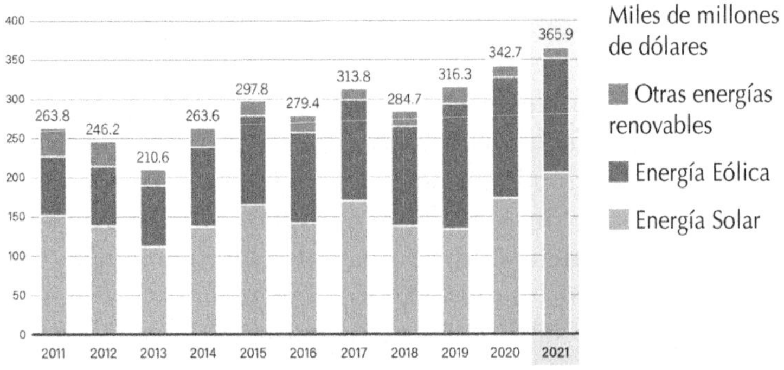

Fuente: REN21, 2022

Se da una tendencia al aumento de inversión en las energías renovables. Se pueden observar algunas desviaciones o correcciones marcada por el crecimiento económico y sobre todo por los precios de los combustibles fósiles, que son la base de la producción de la energía hasta la fecha (Figura 2).

Figura 2: Inversiones en Europa en el sector de las energías y combustibles renovables (miles de millones).

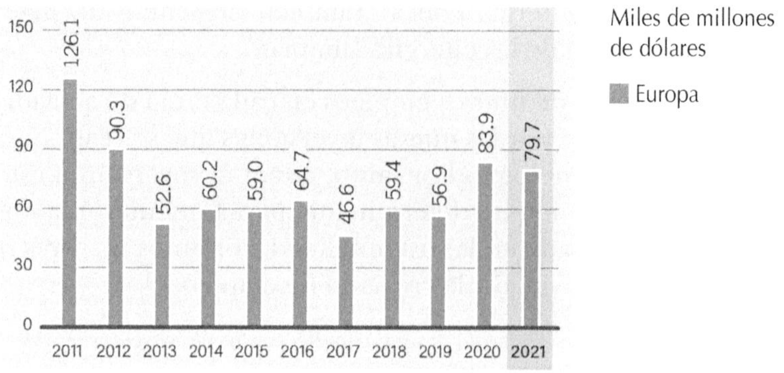

Fuente: REN21, 2022

En el contexto europeo se puede ver cómo se ha producido un descenso de la financiación debido a la crisis financiera internacional de 2008, que se muestra de manera más intensa en los años dónde diversos países europeos sufrieron una gran presión sobre su deuda en los mercados internacionales. Una vez pasada esta fase, la mayor parte de la variabilidad se muestra por los bienes sustitutivos (a las energías renovables) para la producción de energía.

Se va plantear un modelo de econométrico que ponga de relieve estas relaciones para analizar en qué proporción influye esta variación en la participación de las energías renovables en la producción de energías final consumido en los diferentes países.

Así, vamos a plantear un modelo para los 35 países del entorno europeo para los que hemos obtenido estadísticas de participación en el consumo final de energías renovables en su sistema productivo. Se estudiarán las relaciones existentes entre la variación en los precios de los combustibles fósiles (petróleo, gas y carbón), y la apuesta de estos países por el crecimiento de las energías renovables en sus sistemas en esos escenarios de variación de precios internacionales. Se ha estudiado el período de 2010-2021. Por tanto, vemos a estimar una función que ponga en relación la participación de las energías renovables y biocombustibles en el consumo final de energía de los países en función de los precios internacionales de petróleo, gas y carbón, para estudiar en qué proporción están condicionados a los rendimientos económicos de las energías según su precio.

Al trabajar con datos de panel (35 países) en diferentes momentos del tiempo (2010-2021) vamos a plantear qué modelo es el más adecuado para realizar nuestra estimación. Las diferentes posibilidades son los modelos de datos fusionados, de efectos fijos y de efectos aleatorios. Los datos se han obtenido del Eurostat (2023) y BP Statistical (2023).

4.1 Planteamiento del modelo y análisis econométrico

Especificación del modelo econométrico:

Energías Renovablesit (% en el consumo final de enrgía) = β0 + β1 * Brentit ($) + β2 * Carbónit ($) + β3 * Gasit ($) + υit

Empezaremos planteando un modelo de efectos fijos:

	Coeficiente	*Desv. Típica*	*Estadístico t*	*Valor p*	
const	-5,23999	6,6654	-0,7861	0,43228	
Brent	-1,51695	0,217668	-6,9691	<0,00001	***
Carbon	2,084	0,340997	6,1115	<0,00001	***
Gas	-8,19253	1,39378	-5,8779	<0,00001	***
dt_2	12,4962	1,23937	10,0827	<0,00001	***
dt_3	74,834	11,1828	6,6919	<0,00001	***
dt_4	107,87	16,6537	6,4772	<0,00001	***
dt_5	115,554	18,0919	6,3871	<0,00001	***
dt_6	45,9852	8,00223	5,7466	<0,00001	***
dt_7	-3,91126	0,474125	-8,2494	<0,00001	***
dt_8	-25,2565	3,76484	-6,7085	<0,00001	***

dt_9	-3,27647	0,642532	-5,0993	<0,00001	***

Media de la vble. dep.	24,53501		D.T. de la vble. dep.	16,32257
Suma de cuad. residuos	1209,821		D.T. de la regresión	1,798560
R-cuadrado	0,989162		R-cuadrado corregido	0,987858
F(45, 374)	758,5712		Valor p (de F)	0,000000
rho	0,690015		Durbin-Watson	0,614195

Tabla 1. Modelo de efectos fijos explicativo de la demanda de energía renovable (420 observaciones)

Contraste de diferentes interceptos por grupos;

β0: Los grupos tienen un intercepto común

β1: Los grupos no tienen un intercepto común

Estadístico de contraste: F(34, 374)=982,111 con p-valor =P(F(34, 374)>982,111) = 0

Contraste de Wald de significatividad conjunta de las variables ficticias de tiempo:

β0: Las variables ficticias de tiempo no son relevantes

β1: Las variables ficticias de tiempo son relevantes

Estadístico de contraste asintótico: Chi-cuadrado(8)=192,892 con p-valor=2,00634e-037

Ahora, vamos a plantear otro modelo, en este caso de efectos aleatorios:

	Coeficiente	*Desv. Típica*	*Estadístico t*	*Valor p*	
const	-5,23999	6,43522	-0,8143	0,41597	
Brent	-1,51695	0,167312	-9,0666	<0,00001	***
Carbon	2,084	0,274893	7,5811	<0,00001	***

Gas	-8,19253	1,14234	-7,1717	<0,00001	***
dt_2	12,4962	1,0285	12,1500	<0,00001	***
dt_3	74,834	8,88941	8,4183	<0,00001	***
dt_4	107,87	13,3231	8,0965	<0,00001	***
dt_5	115,554	14,4871	7,9763	<0,00001	***
dt_6	45,9852	6,64229	6,9231	<0,00001	***
dt_7	-3,91126	0,428438	-9,1291	<0,00001	***
dt_8	-25,2565	3,02506	-8,3491	<0,00001	***
dt_9	-3,27647	0,726029	-4,5129	<0,00001	***

Media de la vble. dep.	24,53501		D.T. de la vble. dep.	16,32257
Suma de cuad. residuos	109226,1		D.T. de la regresión	16,34186
Criterio de Schwarz	3599,978		Crit. de Hannan-Quinn	3570,658

Tabla 2. Modelo de efectos aleatorios explicativo de la demanda de energía renovable (420 observaciones)

Contraste de Wald de significatividad conjunta de las variables ficticias de tiempo;

β0: Las variables ficticias de tiempo no son relevantes

β1: Las variables ficticias de tiempo son relevantes

Estadístico de contraste asintótico: Chi-cuadrado(8)=331,036 con p-valor=1,00651e-066

Contraste de Breusch-Pagan:

β0: Varianza del error específico a la unidad = 0

β1: Varianza del error específico a la unidad ≠ 0

Estadístico de contraste asintótico: Chi-cuadrado(1) = 2254,51 con p-valor = 0

Contraste de Hausman;

β0: Los estimadores de MCG son consistentes

β1: Los estimadores de MCG no son consistentes

Estadístico de contraste asintótico: Chi-cuadrado(11) = -2,8943e-013 con p-valor = NA

Tras plantear los modelos econométricos que modelizan el crecimiento de las energías renovables en función del precio de sus sustitutivos más cercano, se pasará a analizar los resultados obtenidos.

4.2. Análisis de los resultados

En primer lugar, vamos a decidir qué modelo es el más adecuado para nuestro análisis. Para ello, vamos a tomar diferentes contrastes que nos aportan en los modelos. Con ello, tomaremos la decisión adecuada para su selección y posterior análisis.

El contraste de diferentes interceptos por grupos nos sirve para saber si el modelo de efectos fijos es el adecuado o si no debemos tomar el modelo de datos fusionados. Se plantea una hipótesis nula que está compuesto por un conjunto de ficticias frente a la alternativa de que algunos de los coeficientes son representativo o diferente a cero. En este caso, se rechaza esta hipótesis. Por tanto, no hay un origen común de todos los países en el origen de ordenadas y el modelo preferido entre los comparados sería el de efectos fijos sobre datos fusionados.

Ahora, haremos lo mismo con los modelos de efectos aleatorios y datos fusionados. Para realizar este análisis, utilizamos el contraste de Breuch-Pagan. Se contrasta si el modelo presenta una heterogeneidad no observada o que los factores no observados no cambian en el tiempo. Esto no ocurre, y es mejor el modelo de efectos aleatorios respecto al modelo de datos fusionados.

A continuación, vamos a comparar, cuál es mejor de los dos modelos (efectos aleatorios o fijos) para realizar nuestro análisis. Para poder solucionar esta cuestión utilizaremos el denominado contraste de Hausman. Si aceptamos que no existe una correlación entre los efectos inobservables y las variables explicativas es que se dan las condiciones para la utilización del modelo de efectos aleatorios. Pero, si al contrario, consideramos que si existe esta correlación se utilizará el modelo de efectos fijos.

Dado que el valor de la Chi-Cuadrado calculada es inferior a la de tablas, podemos aceptar la hipótesis nula. Por tanto, se puede afirmar que no existe esa correlación entre el efecto inobservados y las variables explicativas, y se dan las condiciones para seleccionar el modelo de Efectos Aleatorios.

Se observa como el modelo explica en un 96,8% las variaciones en la participación de las energías renovables en el consumo final (y por tanto, su incremento en la inversión y creación de nuevos empleos) debido a la rentabilidad de otros bienes sustitutivos como son el petróleo y gas. Más que los factores instituciones, y las ayudas a la instalación, hasta el momento el sistema ha estado basado en las grandes centrales de producción en Europa. Esto propicia que el aumento de la inversión se deba a la rentabilidad, y podríamos afirmar que altos precios de los combustibles fósiles convierten en rentables a las energías renovables y fomentan su inserción e incremento en la instalación.

Al contrario, en momentos de bajos precios de los combustibles fósiles se paraliza la inversión y la aparición de nuevas instalaciones, debido a su baja rentabilidad.

Este efecto, debido al *Pool* eléctrico español, basado en un sistema donde los precios son marcados por la tecnología más cara que entra en la producción de ese día, el fomento está directamente relacionado con el precio de los combustibles fósiles. Altos precios de estos combustibles convierten a las energías renovables en rentables, ya que sus altos precios agrandan el margen de beneficios de las tecnologías no convencionales.

Si estandarizamos las variables, se podrá observar cuál de los tres combustibles fósiles afecta en más desviaciones típicas (es decir, tiene más afectación) sobre las energías renovables:

	Coeficiente	*Desv. Típica*	*z*	*valor p*	
const	−1.65566	0.281618	−5.879	<0.0001	***
s_Brent	−2.33176	0.344017	−6.778	<0.0001	***
s_Carbon	2.80554	0.471999	5.944	<0.0001	***
s_Gas	−1.67635	0.293234	−5.717	<0.0001	***
dt_2	0.765578	0.0780698	9.806	<0.0001	***
dt_3	4.58469	0.704423	6.508	<0.0001	***
dt_4	6.60865	1.04904	6.300	<0.0001	***
dt_5	7.07943	1.13964	6.212	<0.0001	***
dt_6	2.81728	0.504074	5.589	<0.0001	***
dt_7	−0.239623	0.0298659	−8.023	<0.0001	***
dt_8	−1.54734	0.237153	−6.525	<0.0001	***
dt_9	−0.200733	0.0404742	−4.960	<0.0001	***

Media de la vble. dep.	0.000000		D.T. de la vble. dep.	1.000000
Suma de cuad. residuos	409.9677		D.T. de la regresión	1.001182
rho	0.688038		Durbin-Watson	0.611833

Tabla 3. Modelo explicativo de efectos aleatorios explicativo de la demanda de energías renovables con variables estandarizadas (420 observaciones)

Contraste conjunto de los regresores (excepto la constante):

β0: Las variables ficticias no son relevantes en conjunto

β1: Las variables son relevantes en conjunto

Estadístico de contraste asintótico: Chi-cuadrado(3) = 184.675 con p-valor = 8.6248e-40

Contraste conjunto de Wald sobre las variables ficticias temporales:

β0: Sin efectos temporales

β1: Con efectos temporales

Estadístico de contraste asintótico: Chi-cuadrado(8) = 182.461 con p-valor = 3.13117e-35

Contraste de Breusch-Pagan:

β0: [Varianza del error específico a la unidad = 0]

β1: [Varianza del error específico a la unidad ≠ 0]

Estadístico de contraste asintótico: Chi-cuadrado(1) = 2254.51 con p-valor = 0

Una vez analizadas las variables estandarizadas, se puede extraer la influencia de las variables sobre el aumento de la participación de las energías renovables debido a los precios de cada combustible fósil.

La variable que afecta en más desviaciones típicas a las energías renovables es el carbón, seguido del petróleo y por último el gas. Se puede comprobar una gran dependencia del carbón en los países del norte de Europa.

Una vez analizada la influencia de los precios de los diferentes tipos de vectores energéticos sustitutivos de las energías renovables, se expondrán los principales factores institucionales que condicionan su desarrollo.

5. LA POLÍTICA DEL GREEN DEAL: LA ESTRATEGIA EUROPEA EN BIOECONOMÍA

El factor institucional ha sido importante en la puesta en marcha de estas tecnologías y las primeras inversiones han ido de la mano de los planes públicos. Desde la década pasada las grandes compañías han sido los principales precursores de estas instalaciones.

En la actualidad, los ODS 2030, junto con los objetivos que se ha marcado la Comisión Europea tienen y van a tener, una gran influencia sobre el sector, ya que estos objetivos son de obligado cumplimientos para los países perteneciente a la UE, y son objetivos muy ambiciosos.

El cambio en el sistema productivo provocará la creación de numerosos puestos de trabajo, no sólo en el sector de las energías renovables, sino en sectores "tradicionales" y en nuevos sistemas de producción que se desarrollarán durante la presente década.

El Green Deal europeo consiste en alcanzar un sistema climáticamente "neutro" para 2050. Para esta finalidad se han reestructurado todas las políticas europeas, no sólo en el ámbito del medioambiente, agrícola, forestal o biodiversidad, sino que se han adaptado todas las estrategias para la consecución de este objetivo (Tsalidis, 2023).

Para lograr este objetivo la estrategia se centra en diversos ámbitos:

- Limitar las consecuencias del cambio climático
- Reducir la dependencia de energías no renovables y de recursos no sostenibles.
- Gestión natural de recursos sostenibles
- Seguridad alimenticia y nutricional
- Fortalecer la competitividad europea y creación de empleos

Se puede observar la importancia que cobran las energías renovables en la estrategia europea, fomentando una energía limpia, segura y asequible. Desde los sistemas educativos se pide incentivar las habilidades y competencias que exigen estos trabajos con alta especialización y formación, que serán los perfiles más demandados durante las próximas décadas.

Las ramas de actividad más afectadas por esta política europea dentro del ámbito de las energías renovables serán la energía fotovoltaica y las redes de transporte de la electricidad (Bloomberg, 2023).

Para su fomento, las políticas europeas implementan diversos sistemas de apoyo que favorecen esta expansión del sector y la consiguiente creación de empleos:

- Primas: este sistema se basa en precios garantizados que son pagados por los consumidores en su factura eléctrica. Sobre todo, se desarrolla en España, Dinamarca, Italia y Alemania.
- Sistema de subastas: este sistema se desarrolla en Reino Unido y Francia. Se determina a través de pujas en competencia, y dependiendo de una ponderación del precio y la cantidad ofertada de energía limpia obtienen su contratación. Es pagado a través de la factura eléctrica por parte de los consumidores.
- Certificados verdes negociables: se asigna una cuota mínima de producción eléctrica a través de energías renovables, y se otorga un certificado por cada MWh, y se debe alcanzar por parte de los productores esa cuota asignada. Se remunerará a los productores, por parte de las administraciones, dependiendo del precio del mercado. Sus principales impulsores son Suecia, Países Bajos, Reino Unida e Italia.

Para finalizar, se expondrán los principales resultados extraídos del estudio, para el impulso y desarrollo de las energías no convencionales y la creación de empleo “verde”.

6. REFLEXIONES FINALES

La necesidad del cambio en el modelo productivo es inevitable. Las necesidades económicas (bajo rendimientos del capital, creación de empleo y altos coste de los combustibles fósiles), ambientales (graves consecuencias del cambio climático) y la firma de acuerdos internacionales (Pacto Verde Europeo, ODS, acuerdo sobre la Biodiversidad 30-30, COP 26, ...) obligan a un cambio en nuestro modelo de producción y consumo.

Esta reorganización del sistema de producción debe ir acompañado de profundos cambios en la legislación, economía y cultura ambiental que venimos desarrollando en nuestros países.

Esta circunstancia provocará que existan grupos sociales perjudicados (desempleo) por la adopción de nuevas tecnologías y técnica productivas. Pero al mismo tiempo, supone una oportunidad para la generación de un entorno económico más favorable para la creación de empleo y mejorar las condiciones en el puesto de trabajo. Las políticas educativas deben acompañar estos cambios, para favorecer la recualificación de los estudiantes del futuro y las personas afectadas por estos cambios para favorecer su inserción laboral.

Las radiaciones generadas descienden con la implantación de estas nuevas energías, por ende, mejora las condiciones de salud en el puesto de trabajo, aunque no están exentas de algunos peligros para los/las trabajadores/as y efectos externos sobre la sociedad en su conjunto y el sistema productivo, aunque se reducen en gran cuantía.

El objetivo es aumentar la empleabilidad dentro de un criterio de sostenibilidad y que fomente la libertad, equidad, seguridad y dignidad humana. Las nuevas inversiones en energías renovables fomentan estos aspectos, ya que su impacto sobre el medio es perfectamente asumible por los ecosistemas del planeta tierra (desde la fase de producción hasta su desaparición) debido a la gran reducción de los residuos vinculados a estas actividades y el perfil de los puestos de trabajos exigidos por el sector fomenta la cualificación y especialización mejoran las rentas respecto a los sectores tradiciones.

Es importante que las instituciones acompañen este cambio, propiciando y estimulando el cambio tecnológico y valorando de forma adecuada las externalidades negativas que provocan el uso de las energías convencionales (ya que encarecerían su coste y aumentaría la competitividad y rentabilidad de las energías renovables).

Por tanto, es importante crear un marco competitivo, valorando las externalidades para una adecuada distribución de los recursos y fomentando la investigación en nuevas tecnologías que provoquen un verdadero cambio de nuestras economías, que presentan síntomas de agotamiento y necesitan de una mayor creación de empleo para reducir la conflictividad social.

Como se ha puesto de relieve los factores institucionales pueden crear un entorno más favorable para la inversión en estas energías limpias, pero las grandes inversiones nacen del elevado coste de las energías no renovables (guerra, aumento demanda materias primas y aumento de la población mundial) y el aumento de la rentabilidad de la producción de energía no convencional.

El estudio presenta limitaciones ligadas a la duración de la serie económica estudiada (se necesitan más años y más recogida de datos para tener una muestra más representativa), la no consideración de los diferentes sistemas de bonificación o gestión de los precios del mercado eléctrico en cada uno de los países y las diferentes realidades en la demanda de energía.

REFERENCIAS BIBLIOGRÁFICAS

Álcool, A. O. (2020). *Estudio del impacto macroeconómico de las energías renovales en España 2021*. 6. https://www.azores.gov.pt/NR/rdonlyres/D21CF49B-EF59-4E76-88BD-5D0EEC3A2D4F/1098978/PlanoARPLAlcool.pdf

Bloomberg. (2023). *Energy transition investment trands 2023*.

IBP Statistical. (2020). BP Statistical Review of World Energy 2021. Londres: BP.

Eurostat (2023). Estadísticas de energía renovable. Brruselas: Comisión Europea.

Eurostat. (2015). *Le taux de chômage à 11,4% dans la zone euro.* http://ec.europa.eu/eurostat/documents/2995521/6581676/3-30012015-AP-FR.pdf/98f81aa0-52b7-4cd1-8956-ed2adb070fe6

García, M.T.; Varela, L. (2011). Implicaciones de las Energías Renovables sobre el empleo en la Unión Europea. *Revista Universitaria Europea, Nº 14*(ISSN 1139-5796), 129–144.

Goldfarb, Mi. ; Medina, M. (2020). *CUESTIONES DE EMPLEO VERDE Y ENERGIAS RENOVABLES.*

Instituto Nacional de Estadística. (2023). Industria, Energía y Construcción. Madrid: INE.

Lara, F. J. (2011). Análisis Del Sector De Las Energías Renovables En España. Un Estudio Comparativo a Nivel Europeo. *Economía Industrial*, 93–100.

Naciones Unidas. (2010). Green Jobs:Towards decent work in a sustainable, low-carbon world. In *UNEP* (Vol. 49, Issue 4).

Nieto, J. (2010). Economía sostenible y empleos verdes en tiempos de crisis. Ecología Política, 40, 35–46. http://www.jstor.org/stable/41420377

REN21. (2022). Renewables 2022 Global Status. In *Global Status Report for Buildings and Construction: Towards a Zero-emission, Efficient and Resilient Buildings and Construction Sector.* https://www.ren21.net/gsr-2022/

Renewable, I., Agency, E., & Organization, L. (2021). *Renewable Energy and Jobs Annual Review 2021.*

Renewable, I., Agency, E., Policy, C., & Cpi, I. (2023). *Global landscape of renewable energy finance 2023.*

Tsalidis, A. (2023). *Contribution of the European Bioeconomy Strategy to the Green Deal Policy : Challenges and Opportunities in Implementing These Policies.*

Normativa de prevención de riesgos laborales en la Guardia Civil

JUAN JOSÉ RUIZ GUTIÉRREZ
Universidad de Cádiz
jjruizgu@gmail.com

Resumen. El presente trabajo pretende ilustrar a groso modo, de qué manera se aplica la normativa de prevención de riesgos laborales al cuerpo policial español de la Guardia Civil.

El recorrido normativo de la legislación en materia preventiva laboral, hasta la actualidad no ha estado exento de interpretaciones, principalmente por el Reino de España, ya que, en un principio, excluyó de la aplicación de la normativa a este cuerpo policial, al entender el legislador español, que el riesgo forma parte de las actividades diarias que este cuerpo policial desempeña cotidianamente.

En este trabajo, por una parte, se pretende llevar a cabo una revisión literaria para mostrar cómo el Reino de España fue sancionado por la Comisión Europea por la no aplicación a colectivos como el de la Guardia Civil de la normativa europea de prevención de riesgos laborales y por otra parte se pretende describir tras este episodio, de qué forma se aplica la normativa de prevención en la actualidad a este colectivo policial.

Finalmente, se expondrá unas breves conclusiones acerca de las particularidades de este cuerpo, al aplicar la legislación de prevención de riesgos laborales, los integrantes de este cuerpo policial no pueden ejercer derechos como el de sindicación, limitándose básicamente a poder proponer tanto individualmente como a través de sus representantes de las asociaciones profesionales, mejoras para una mejor calidad de servicio que además pueda garantizar una adecuada seguridad y salud en materia laboral a los integrantes de este colectivo policial de España.

Palabras Clave: Cuerpos de Seguridad, Riesgos Laborales, Seguridad y Salud en el Trabajo, Prevención, Guardia Civil.

1. INTRODUCCIÓN

La Guardia Civil es un instituto armado de naturaleza militar, que dependiendo de las misiones que se le asignen, dependerá del Ministro del Interior o Ministro de Defensa. En funciones de carácter policial depende exclusivamente del Ministro del Interior. Dependerá del Ministro de Defensa, cuando se le encomienden por parte del Gobierno misiones de carácter militar, además de en tiempo de guerra y estado de sitio[30].

La principal misión de la Guardia Civil según el artículo. 11.1 de la Ley Orgánica 2/1986, de 13 de marzo, de Fuerzas y Cuerpos de Seguridad, es proteger el libre ejercicio de los derechos y libertades y garantizar la seguridad ciudadana.

No obstante, este colectivo policial, tiene restringidos una serie de derechos por el hecho de pertenecer a este cuerpo armado. Por ejemplo, no pueden ejercer el derecho de sindicación. Sin embargo, disponen como algo similar al Derecho sindical, del derecho de asociación para defender sus intereses profesionales, económicos y sociales[31].

Adaptado a las peculiaridades propias de sus funciones, los guardias civiles hoy en día tienen derecho a una protección adecuada en materia de seguridad y salud en el trabajo. La Administración General del Estado, debe promover las acciones que sean necesarias al objeto de garantizar la seguridad y salud de los guardias civiles en la medida de lo posible. Para ello, se compromete a desarrollar una política activa de prevención de riesgos laborales y la vigilancia de la salud, proporcionando los equipos

---

30 Art. 9 la Ley Orgánica 2/1986, de 13 de marzo, de Fuerzas y Cuerpos de Seguridad.

31 Art. 11 y 9 de la Ley Orgánica 11/2007, de 22 de octubre, reguladora de los derechos y deberes de los miembros de la Guardia Civil.

de protección individual que sean necesarios, además de facilitar formación e información suficientes en materia de prevención[32].

Existe variada bibliografía, que concluye que la prestación de servicios policiales somete a los integrantes de colectivos como el de la Guardia Civil a entornos de violencia y altos niveles de estrés (Santa María et.al, 2018; Clements et. al, 2020).

El colectivo de la Guardia Civil, presta servicios de seguridad en España y como cualquier otro colectivo policial, debe ser esencial que dispongan de una buena salud tanto física como mental, ya que esto puede suponer una mejor prestación en el desempeño público de su puesto de trabajo para dar un servicio de calidad a la ciudadanía a la que sirven (Teo et al., 2019).

La Directiva del Consejo, 89/391/CEE, de 12 de junio de 1989, relativa a la aplicación de medidas para promover la mejora de la seguridad de la salud de los trabajadores en el trabajo, pretende promover la mejora de la seguridad y salud de los trabajadores en el entorno laboral. La misma, nace con la intención de que su ámbito de aplicación sea amplio, esto es, se debe aplicar a todos los sectores y actividades tanto públicas como privadas y únicamente excluye ciertas actividades, que no colectivos completos, de servicios tales como fuerzas armadas o policía.

2. EL CUERPO DE LA GUARDIA CIVIL

La Guardia Civil se creó oficialmente el 28 de marzo de 1844. Con un Real Decreto (en adelante RD) nace un cuerpo especial de fuerza armada de infantería y caballería. Para la primera organización de este cuerpo, es comisionado el mariscal de campo, D. Francisco Javier Girón y Ezpeleta, II Duque de

---

[32] Art. 31 de la Ley Orgánica 11/2007, de 22 de octubre, reguladora de los derechos y deberes de los miembros de la Guardia Civil.

Ahumada. Dicho RD se publicó el día 31 de marzo de 1844 en la Gaceta de Madrid, número 3486.

Posteriormente, se publicó en este diario madrileño, con el número 3679, un nuevo RD, el día 10 de octubre de 1844. Con esta normativa se aprobó el reglamento para el servicio de la Guardia Civil. Su artículo 1º establecía su objeto, es decir, qué misiones tendría este nuevo cuerpo policial: "1. La conservación del orden público; 2. La protección de las personas y las propiedades, fuera y dentro de las poblaciones; 3. El auxilio que reclame la ejecución de las leyes". El artículo 2º continúa diciendo: "Cuando lo permita el servicio de que habla el artículo anterior, podrá emplearse la Guardia Civil, como auxiliar, en cualquier otro servicio público que reclame la intervención de la fuerza armada".

Al igual de lo que sucede con el primer Reglamento para el servicio, nuestra Constitución, de 1978 (en adelante CE) recoge en el artículo 104.1 que las Fuerzas y Cuerpos de seguridad dependen del Gobierno y su misión es: "proteger el libre ejercicio de los derechos y libertades y garantizar la seguridad ciudadana". El legislador otorgó esta importante y transcendente labor a las Fuerzas y Cuerpos de seguridad, entre las cuales forma parte la Guardia Civil. De alguna manera, este cometido otorgado por nuestra CE, resume las funciones encomendadas originariamente en el RD con el que se aprobó el primer Reglamento para el servicio.

La asignación de esta importante misión no es fruto de la casualidad, ya que está presente en constituciones democráticas de nuestro entorno. Un ejemplo, lo podemos encontrar en nuestro país vecino, Portugal, y en su artículo 272.1 de su vigente Constitución se indica: "La policía tendrá como función defender la legalidad democrática y los derechos de los ciudadanos".

La regulación de las Fuerzas y Cuerpos de seguridad tiene su origen en nuestra Carta Magna, que en el apartado segundo del mismo artículo 104 dice: "Una ley orgánica determinará las funciones, principios básicos de actuación y estatutos de las Fuerzas y Cuerpos de seguridad" (en adelante FFCCSEE).

Esta Ley Orgánica (en adelante LO) es la LO 2/1986, de 13 de marzo, de Fuerzas y Cuerpos de Seguridad (en adelante LOFFCCSS). Las FFCCSE en la actualidad son el Cuerpo Nacional de Policía y la Guardia Civil.

La Guardia Civil es un instituto armado de naturaleza militar, que en función de las misiones que le puedan asignar, depende del Ministerio del Interior o del Ministerio de Defensa. En funciones de carácter policial, como por ejemplo garantizar la seguridad ciudadana, depende exclusivamente del Ministerio del Interior. Por el contrario, dependerá del Ministerio de Defensa, cuando se le encomienden por parte del Gobierno, misiones de carácter militar, por otro lado, en tiempo de guerra y estado de sitio únicamente dependerá del Ministro de Defensa (art. 9 LOFFCCSS). De manera distinta de lo que sucede con el resto de los cuerpos policiales en España, la Guardia Civil, al tener naturaleza militar tiene la particularidad, de esta doble dependencia del Ministerio de Defensa e Interior.

Esta doble dependencia de la Guardia Civil, también existía según el primer reglamento para el servicio aprobado a través de RD publicado en la Gaceta de Madrid en fecha 10 de octubre de 1844, en su artículo número tres se recogía: "Art. 3. La Guardia Civil depende:

> 1°. Del ministerio de la Guerra por lo tocante á su organización, personal, disciplina, material y percibo de sus haberes.
>
> 2°. Del ministerio de la Gobernación de la Península en cuanto al servicio y acuartelamiento.
>
> Art. 4. ° El ministerio de Gracia y Justicia y las autoridades judiciales podrán requerir su cooperación por conducto de la autoridad civil, fuera de los casos urgentes que indicará este reglamento, en los cuales podrá la autoridad judicial entenderse directamente con los respectivos jefes de la fuerza. [...]".

Como se puede observar, misión y dependencia a estos dos ministerios son cuestiones con las que nació la Guardia Civil y que rigen en la actualidad.

Como se ha señalado con anterioridad, la principal misión de las FFCCSSE, es proteger el libre ejercicio de los derechos y libertades y garantizar la seguridad ciudadana (art. 11.1 LOFFCCSS). Esta ley distribuye el cumplimiento de las misiones asignadas a cada cuerpo policial de manera territorial, de tal manera que corresponde al Cuerpo Nacional de Policía, las capitales de provincia, términos municipales y núcleos urbanos que el Gobierno determine y a la Guardia Civil el resto del territorio nacional y su mar territorial (art. 9.2.a) y b).

Según esta distribución territorial, tanto el Cuerpo Nacional de Policía como la Guardia Civil, en la función de proteger el libre ejercicio de los derechos y libertades y garantizar la seguridad ciudadana, desempeñarán las siguientes funciones (art. 11):

- "Velar por el cumplimiento de las Leyes y disposiciones generales, ejecutando las órdenes que reciban de las Autoridades, en el ámbito de sus respectivas competencias.
- Auxiliar y proteger a las personas y asegurar la conservación y custodia de los bienes que se encuentren en situación de peligro por cualquier causa.
- Vigilar y proteger los edificios e instalaciones públicos que lo requieran.
- Velar por la protección y seguridad de altas personalidades.
- Mantener y restablecer, en su caso, el orden y la seguridad ciudadana.
- Prevenir la comisión de actos delictivos.
- Investigar los delitos para descubrir y detener a los presuntos culpables, asegurar los instrumentos, efectos y pruebas del delito, poniéndolos a disposición del Juez o

Tribunal competente y elaborar los informes técnicos y periciales procedentes.

- Captar, recibir y analizar cuantos datos tengan interés para el orden y la seguridad pública, y estudiar, planificar y ejecutar los métodos y técnicas de prevención de la delincuencia.
- Colaborar con los servicios de protección civil en los casos de grave riesgo, catástrofe, o calamidad pública, en los términos que se establezcan en la legislación de protección civil".

Independientemente de estas funciones, que son comunes a ambos cuerpos, la Guardia Civil tendrá específicamente las siguientes competencias (art.12.1. B):

- "Las derivadas de la legislación vigente sobre armas y explosivos.
- El resguardo fiscal del Estado y las actuaciones encaminadas a evitar y perseguir el contrabando.
- La vigilancia del tráfico, tránsito y transporte en las vías públicas interurbanas.
- La custodia de vías de comunicación terrestre, costas, fronteras, puertos, aeropuertos y centros e instalaciones que por su interés lo requieran.
- Velar por el cumplimiento de las disposiciones que tiendan a la conservación de la naturaleza y medio ambiente, de los recursos hidráulicos, así como de la riqueza cinegética, piscícola, forestal y de cualquier otra índole relacionada con la naturaleza.
- La conducción interurbana de presos y detenidos.
- Aquellas otras que le atribuye la legislación vigente".

En otro orden de cosas, la Guardia Civil tiene una regulación propia para la prestación de sus servicios profesionales a través de diversa normativa estatal, de la que se destaca principalmente:

- Ley Orgánica 11/2007, de 22 de octubre, reguladora de los derechos y deberes de los miembros de la Guardia Civil (en adelante LODDYDDGC).
- Ley Orgánica, 12/2007, de 22 de octubre, del régimen disciplinario de la Guardia Civil (en adelante LORDGC).
- Ley 29/2014, de 28 de noviembre, de Régimen del Personal de la Guardia Civil (en adelante LRPGC).

Por otro lado, en febrero del año 2012, la Guardia Civil a través de un estudio propuesta de su Centro de Análisis y Prospectiva, consiguió ser el primer cuerpo policial en publicar una Memoria de Responsabilidad Social Corporativa (en adelante RSCGC). La visión de esta primera memoria fue:

"Contribuir al bienestar de la sociedad a través de la calidad en el servicio y la cercanía al ciudadano" (Gimeno Durán y García Martín, 2015). Lo que pretendía conseguir esta Institución, es lograr la mejora de los servicios que presta a los ciudadanos y alcanzar la excelencia en la gestión. Esta primera RSCGC, se publicó el 13 de diciembre de 2014 y correspondía al año 2013.

A lo largo de estos años, se han publicado distintas RSCGC, en la última, que ha sido publicada en 2021, la Guardia Civil como misión institucional tiene "garantizar la seguridad pública y asistir a los ciudadanos, de forma excelente y cercana, contribuyendo así al bienestar de la sociedad". Esta misión está alineada con su primer reglamento para el servicio, el mandato constitucional y las distintas misiones encomendadas en la LOFFCCSS, a la Guardia Civil (Guardia Civil, Memoria 2021)

La Guardia Civil, ha sido en numerosas ocasiones una de las instituciones más valoradas de nuestro país, tal como se puede mostrar en la Figura 1.

Figura 1. Ejército, Guardia Civil y Policía, las instituciones más valoradas.

Los Españoles ante **2022**

Fuente: diario Diario "El Español", el 11 de enero de 2022. https://www.elespanol.com/espana/politica/20220111/ejercito-guardia-civil-policia-instituciones-valoradas-sindicatos/640686037_0.html [Visitado el 1 de diciembre de 2023].

Ahondando en la idiosincrasia de la Guardia Civil, desde su creación, ha sido un cuerpo policial peculiar. El Duque de Ahumada, su fundador, con la intención de diferenciar este nuevo colectivo policial, creó la Cartilla del Guardia Civil. Esta Cartilla, nació como un código deontológico para sus miembros.

Se trata de un documento que recogía como debía ser el miembro de la Guardia Civil, tanto en su forma de comportarse, vestir como de actuar, ya fuera prestando servicio como fuera del mismo. Su artículo 1° establecía: "El honor ha de ser la principal divisa del Guardia Civil; debe por consiguiente conservarlo sin mancha. Una vez perdido no se recobra jamás" (Ahumada, Duque de, 1845).

Desde sus orígenes, la Guardia Civil, ha tenido como misión proteger al ciudadano y especialmente a las personas necesitadas. Por ello, y relacionado con la misión encomendada en la actualidad por la legislación vigente, se puede destacar el artículo seis de la Cartilla del Guardia Civil que dice (Ahumada, Duque de, 1845):

"El Guardia Civil no debe ser temido sino de los malhechores, ni temible, sino á los enemigos del orden.

Procurará ser siempre un pronóstico feliz para el afligido, y que a su presentación el que se creía cercado de asesinos, se vea libre de ellos; el que tenía su casa presa de las llamas, considere el incendio apagado; el que veía a su hijo arrastrado por la corriente de las aguas, lo crea salvado; y por último siempre debe velar por la propiedad y seguridad de todos".

3. NORMATIVA SOBRE PREVENCIÓN DE RIESGOS LABORALES EN LA GUARDIA CIVIL

El 12 de junio del año 1989, se aprobó la Directiva número 89/391/CEE, relativa a la aplicación de medidas para promover la mejora de la seguridad y de la salud de los trabajadores. Su ámbito de aplicación engloba a todas las entidades ya sean de naturaleza pública o privada, salvo determinadas actividades específicas de la función pública, por ejemplo, Fuerzas Armadas, Policía, Protección Civil (Art. 2.2 de la Directiva 89/391 del año 1989).

De esta realidad jurídica no es ajena el estado español, esto le llevó a finales del año 1995 a adaptar la Directiva citada anteriormente, con la entrada en vigor de la Ley de prevención de Riesgos Laborales, (en adelante LPRL) (Ley 31/1995, de 8 de noviembre, de prevención de Riesgos Laborales).

Leyendo con detenimiento la LPRL puede observarse, entre otras cosas, que no se aplica entre otros colectivos, a la Guardia Civil. Tal hecho conllevó que el Reino de España fuese condenado a principios del año 2006 por el Tribunal de Justicia de la Unión Europea (en adelante TJUE).[33] Respecto a esta

---

33 A modo de curiosidad, expresar que curiosamente el origen de la citada Sentencia fue consecuencia de un recurso interpuesto por

resolución judicial, conviene detenerse en los fundamentos comprendidos entre los números 24 a 28 donde se expresa a lo largo de los mismos:

Que la aplicación de la normativa europea de prevención de riesgos laborales (en adelante PRL) no debe excluir a los empleados públicos de Guardia Civil, pero sí algunas de las actividades que desempeñan vinculadas con la protección de la población en caso de grave riesgo colectivo.

Con anterioridad a la entrada en vigor de esta reglamentación - y quizás a sabiendas del sentido de la Sentencia comentada en el párrafo de arriba -, el gobierno de España aprobó el 18 de febrero de 2005 el RD 179/2005 sobre prevención de Riesgos Laborales en la Guardia Civil (en adelante RDPRLGC)[34].

Antes de explicar esta normativa, es preciso señalar que el objeto de esta ley es garantizar la seguridad y la salud laboral de los miembros de la Guardia Civil y de los componentes de las Fuerzas Armadas que prestan servicios en las unidades dependientes de la Dirección General de la Guardia Civil (en adelante DGGC). Una vez realizada esta pequeña puntualización se pasa a describir el corpus normativo del RDPRLGC.

---

la Comisión de las Comunidades Europeas por no trasponer adecuadamente el contenido de la Directiva 89/397/CEE (Sentencia TJUE núm. C-132/04, de 12 de enero de 2006).

34 Con el objeto de facilitar la lectura de este trabajo, cabe recordar que España fue condenada por el suceso comentado arriba en el texto el 12 de enero de 2006. Dicha fecha es posterior a la aprobación del RDPRLGC. Esto viene motivado, al tomarse como fecha de efectos (fecha en la que España no cumple trasponer adecuadamente el contenido de la Directiva), el 11 de abril de 2002. Esta era la fecha máxima para responder al dictamen motivado emitido por la Comisión europea el 23 de enero de ese mismo año (Sentencia TJUE núm. C-132/04, de 12 de enero de 2006).

Para una mejor comprensión de esta norma preventiva, el legislador tomó la decisión de crear dos grandes bloques. El primero de ellos, está constituido por los dos primeros capítulos de la Ley. En él se desarrolla todo lo relativo a las medidas de prevención y protección en el entorno de trabajo. El segundo está compuesto por el capítulo tercero (a excepción del artículo 16, que surge para corregir las irregularidades o incumplimientos en relación a los aspectos relativos a los riesgos profesionales), donde se regula el funcionamiento de los órganos de prevención, asesoramiento y control. Esto último, nace con la finalidad de hacer cumplir las disposiciones regulatorias sobre seguridad e higiene en el trabajo.

Fig. 2. Relación de Sentencia y diversa normativa usada para el desarrollo de este epígrafe.

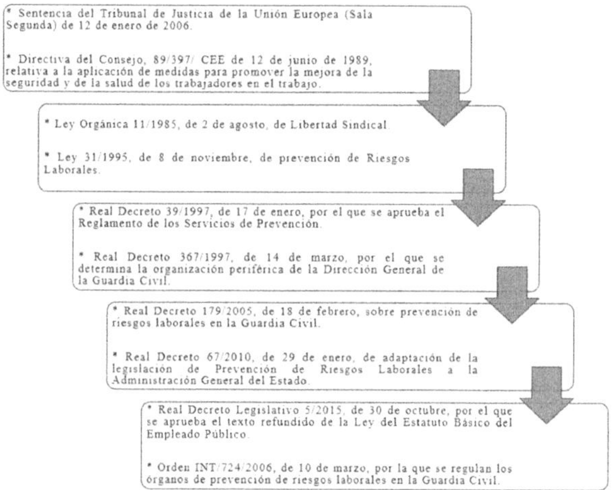

Fuente: Elaboración propia.

Una vez descrito a grosso modo su corpus normativo, el siguiente punto será exponer brevemente los principios inspiradores de la ley de PRL, que son: la planificación de la prevención, la eliminación o disminución de factores de riesgo, la información, la participación y consulta, la formación y la integración de la prevención. En este sentido, conviene resaltar que esta legislación en materia preventiva, y en consonancia con la Directiva 89/391/CEE y LPRL, recoge como objetivos para la entidad objeto de nuestro trabajo. Por un lado, la promoción de la mejora de las condiciones de seguridad de los guardias civiles, y por otro, acrecentar su salud laboral mediante la puesta en marcha de acciones dirigidas a elevar el nivel de protección preventivo.

Bajo este marco jurídico, los responsables de la DGGC no solo deben elaborar los planes de prevención y las evaluaciones de riesgos de las actividades, centros y equipos con los que afrontan en su quehacer diario este capital humano[35]; sino también diseñarán los planes de emergencia referentes a sus infraestructuras inmobiliarias (edificios, acuartelamientos, dependencias, etc.). Llegado a este punto, se considera importante destacar que la participación en la acción preventiva por parte de los guardias civiles[36] se limita al derecho a realizar propuestas y sugerencias en materia preventiva a los jefes departamentales, al Consejo y a sus órganos preventivos (Arts. 8, 13 y 14 RDPRLGC). Tal hecho viene derivado de la prohibición a la sindicación del capital humano de nuestra investigación (Ley

---

35 Como cualquier empleado público, los guardias civiles tienen derecho, por un lado, a ser informados de los riesgos profesionales asociados a su desempeño del puesto de trabajo, y, por otro, a recibir formación suficiente y adecuada con relación a la exposición a dichos riesgos. (arts. 7 y 9, RDPRLGC). En este sentido, se debe señalar que las agentes de la Guardia Civil en estado de gestación o parto reciente tienen derecho a una especial protección. Esto implica que sus responsables jerárquicos deberán adoptar medidas vinculadas con sus destinos y/o permisos con la finalidad de evitar la exposición al riesgo que hagan peligrar su salud como a su futuro hijos/as (art. 10, RDPRLGC).

36 Aplicable a los miembros de la Guardia Civil y de las Fuerzas Armadas que estén destinados en las diversas unidades de la DGGC (Art. 2 a) y b) RDPRLGC).

Orgánica 11/1985, de 2 de agosto, de Libertad Sindical (en adelante LOLS). De acuerdo con lo establecido en el art. 1.3 de la LOLS, los miembros de la Guardia Civil, al configurarse como un instituto armado de naturaleza militar, no pueden participar en el desarrollo de sus sistemas de PRL. Esto mismo no ocurre con los asalariados que conforman el mercado laboral y los empleados públicos contemplados en los arts. 37 y 40 de la Ley del Estatuto Básico del Empleado Público (en adelante EBEP). Ante esta realidad, y con el propósito de llevar a cabo las acciones relativas a la prevención de riesgos de este determinado capital humano de las FFCCSE, el Estado estableció en el artículo 3.2 de la Orden Ministerial de 10 de marzo de 2006, por la que se regulan los órganos de prevención de riesgos laborales en la Guardia Civil (en adelante OMINT) y en el artículo 13.2 RDLPRLGC, la creación de los siguientes órganos: servicio de prevención, sección de prevención de zona, oficina de prevención de comandancia y otras unidades. Las funciones generales de las citadas entidades preventivas son:

- Diseñar, implantar y coordinar los planes y programas de acción preventiva.
- Evaluar los riesgos.
- Establecer las medidas preventivas y otras de naturaleza análogas.
- Velar por el cumplimiento de las medidas relativas a la PRL (art. 3.1 OMINT).

4. ORGANIZACIÓN JERÁRQUICA DE LA PREVENCIÓN EN LA GUARDIA CIVIL

Según lo expuesto hasta ahora, se procede a describir brevemente la composición jerárquica, así como los efectivos que deben componer el servicio de prevención de esta institución pública; la cual se encuentra adscrita a la DGGC.

Su máximo responsable debe ser un guardia civil con grado de coronel; éste trabajará directamente con un segundo jefe que ostente el cargo de oficial[37]. Bajo sus órdenes solo podrán estar aquellos compañeros que acrediten poseer el título de nivel intermedio o básicos en PRL.

Ahondado un poco más en el análisis jerárquico del servicio de prevención de la Guardia Civil, se hace preciso detenerse en señalar a grosso modo la composición de este determinado servicio a nivel de comunidad autónoma. Dichos territorios se caracterizan por tener un jefe del servicio de la sección de prevención de zona, que ejercerá las funciones de PRL de nivel superior, de conformidad con el artículo 5° de la OMINT. Éste dependerá orgánicamente del jefe de la comunidad autónoma, que en el presente trabajo de investigación se trata de un oficial general de la Guardia Civil[38], y técnicamente del servicio de prevención de la DGGC. Conviene destacar que la sección de prevención de zona sirve de cauce de comunicación diaria entre el servicio de prevención de la DGGC y las oficinas de prevención de las comandancias. Sus máximos responsables tendrán la capacitación requerida para desarrollar las funciones del nivel intermedio en PRL. Así mismo, dependerán a nivel orgánico del oficial al mando de la Jefatura de Personal y Apoyo de la jefatura de comandancia. A nivel técnico-funcional están subordinados al servicio de prevención y a la sección de prevención de zona, respectivamente. Adicionalmente a lo expuesto, en todos estos

---

37 El artículo 4 del RDPRLGC establece como requisito que los guardias civiles que quieran desempeñar estos puestos, deben ostentar un título de nivel superior de PRL en cualquiera de las disciplinas preventivas que figura en la normativa. Ellas son: (medicina en el trabajo, seguridad en el trabajo, higiene industrial y ergonomía y psicosociología aplicada).

38 A día de hoy su mando corresponde a un oficial general. (Arts. 2 y 3 RD 367/1997, de 14 de marzo, por el que se determina la organización periférica de la DGGC).

órganos de prevención habrá un capital humano con capacitación intermedia y básica para auxiliar a sus responsables en las funciones encomendadas en materias relativas al campo de la prevención y la salud laboral (arts. 4, 5 y 6 OMINT).

Fig. 3. Relación jerárquica de los servicios de prevención en la Guardia Civil (2023).

Fuente: Elaboración propia.

En el año 2020, entró en vigor la Orden PCM/509/2020, de 3 de junio, sobre regulación de especialidades en la Guardia Civil. Esta orden otorgaba un plazo de 3 meses para regular las especialidades entre la que se encuentra la de Prevención de Riesgos Laborales. Esta regulación se ha llevado a cabo a través de una orden general interna, por lo que no es posible divulgar su contenido en el presente trabajo.

Atendiendo a todo lo leído hasta aquí, se considera importante destacar, por un lado, que la modalidad preventiva existente en la Guardia Civil se realiza a través de un servicio de prevención propio (en adelante SPP), y por otro, que este órgano deberá ser inspeccionado y controlado externamente por la Inspección de Personal y Servicios de la Secretaría de Estado de Seguridad. Para ello, el SPP deberá remitir anualmente una copia de la memoria anual, que se elaborará según lo establecido en los artículos 15 y 16 del RDPRLGC.

Como se ha podido apreciar a lo largo de este epígrafe, los guardias civiles tienen su propia regulación en materia preventiva y salud laboral. Dicha normativa, aparte de limitar su participación directa en la gestión de la prevención, solo les faculta para efectuar propuestas y sugerencias sobre este tópico.

5. CONCLUSIONES

A raíz de la condena al Reino de España por no trasponer al colectivo de la Guardia Civil el contenido de la Directiva del Consejo, 89/391/CEE, de medidas para promover la mejora de la seguridad de la salud de los trabajadores en el trabajo, se aprueba la normativa preventiva de los guardias civiles, no obstante, esta normativa propia, no permite a los integrantes de este colectivo policial los mismos derechos que el resto de servidores públicos y menos aún de los trabajadores del sector privado.

El servicio que prestan los agentes de la Guardia Civil como garantes de la seguridad ciudadana, conlleva una alta exposición a entornos violentos y estresantes.

A pesar de este tipo de exposición a riesgos, los guardias civiles no pueden sindicarse para mejorar entre otras cuestiones su seguridad y salud laboral, ya que únicamente se les permite realizar propuestas y sugerencias en materia preventiva individualmente o a través de los representantes de las asociaciones profesionales.

Mejorar la participación de los agentes, en materia preventiva no sólo supone una mejora de su seguridad y salud en el trabajo, si no que esto permite que sus integrantes presten su servicio de mejor forma a los ciudadanos a los que sirven.

REFERENCIAS

Referencias Normativas (en orden cronológico)

Real Decreto de 28 de marzo de 1844, por el que se crea el Cuerpo de la Guardia Civil. Gaceta de Madrid 3486, de 31 de marzo de 1844. Documento en línea. Recuperado el 1 de diciembre de 2023 de: https://www.guardiacivil.es/documentos/ConoceGC/1844-03-28_RD_xCreacixn_GCx-Gaceta.pdf

Ahumada, Duque de (1845). Cartilla del Guardia Civil. Redactada en la inspección general del arma. Aprobada por S. M. en Real orden de 20 de diciembre de 1845. Imprenta de D. Victoriano Hernando. Madrid. Edición Facsímil de la Secretaría de Estado para la Seguridad, abril 1988. Documento en línea, recuperado el 28 de noviembre de 2023 de: http://bibliotecavirtualdefensa.es/BVMDefensa/i18n/consulta/registro.cmd?id=4829

Constitución portuguesa de 1976. Diario de la República de Portugal, 86/1976, de 10 de abril de 1976. Documento en línea. Recuperado el 1 de diciembre de 2023 de: https://diariodarepublica.pt/dr/legislacao-consolidada/decreto-aprovacao-constituicao/1976-34520775

Constitución española de 1978. Boletín Oficial del Estado, 311, de 29 de diciembre de 1978. Documento en línea. Recuperado el 1 de diciembre de 2023 de: https://www.boe.es/buscar/pdf/1978/BOE-A-1978-31229-consolidado.pdf

Ley Orgánica 11/1985, de 2 de agosto, de Libertad Sindical. Boletín Oficial del Estado, 189, de 8 de agosto de 1985. Documento en línea. Recuperado el 24 de noviembre de 2023 de: https://www.boe.es/buscar/act.php?id=BOE-A-1985-16660

Ley Orgánica 2/1986, de 13 de marzo, de Fuerzas y Cuerpos de Seguridad. Boletín Oficial del Estado, 63, de 14 de marzo de 1986. Documento en línea. Recuperado el 26 de noviembre de 2023 de: https://www.boe.es/buscar/act.php?id=BOE-A-1986-6859

Directiva del Consejo, 89/391/CEE, de 12 de junio de 1989, relativa a la aplicación de medidas para promover la mejora de la seguridad de la salud de los trabajadores en el trabajo. Diario Oficial de las Comunidades Europeas núm. 183, de 29 de junio de 1989, 1 a 8. Documento en línea. Recuperado el 22 de noviembre de 2023 de: https://www.boe.es/buscar/doc.php?id=DOUE-L-1989-80648

Ley 31/1995, de 8 de noviembre, de Prevención de Riesgos Laborales. Boletín Oficial del Estado, 269, de 10 de noviembre de 1995, 1 a 37.

Documento en línea. Recuperado el 22 de noviembre de 2023 de: https://www.boe.es/buscar/act.php?id=BOE-A-1995-24292

Real Decreto 367/1997, de 14 de marzo, por el que se determina la organización periférica de la Dirección General de la Guardia Civil. Boletín Oficial del Estado, 64, de 15 de marzo de 1997. Documento en línea. Recuperado el 24 de noviembre de 2023 de: https://www.boe.es/buscar/doc.php?id=BOE-A-1997-5634

Real Decreto 179/2005, de 18 de febrero, sobre prevención de riesgos laborales en la Guardia Civil. Boletín Oficial del Estado, 49, de 26 de febrero de 2005, 1 a 9. Documento en línea. Recuperado el 24 de noviembre de 2023, de https://www.boe.es/buscar/act.php?id=BOE-A-2005-3241

Orden INT/724/2006, de 10 de marzo, por la que se regulan los órganos de prevención de riesgos laborales en la Guardia Civil. Boletín Oficial del Estado, 64, de 16 de marzo de 2006. Documento en línea. Recuperado el 24 de noviembre de 2023, de https://www.boe.es/buscar/doc.php?id=BOE-A-2006-4768

Ley Orgánica 11/2007, de 22 de octubre, reguladora de los derechos y deberes de los miembros de la Guardia Civil. Boletín Oficial del Estado, 254, de 23 de octubre de 2007. Documento en línea. Recuperado el 26 de noviembre de 2023 de: https://www.boe.es/buscar/act.php?id=BOE-A-2007-18391

Ley Orgánica 12/2007, de 22 de octubre, del régimen disciplinario de la Guardia Civil. Boletín Oficial del Estado, 254, de 23 de octubre de 2007. Documento en línea. Recuperado el 26 de noviembre 2023 de: https://www.boe.es/buscar/pdf/2007/BOE-A-2007-18392-consolidado.pdf

Ley 29/2014, de 28 de noviembre, de Régimen del Personal de la Guardia Civil. Boletín Oficial del Estado, 289, de 29 de noviembre de 2014. Documento en línea. Recuperado el 26 de noviembre 2023 de: https://www.boe.es/buscar/act.php?id=BOE-A-2014-12408

Real Decreto Legislativo 5/2015, de 30 de octubre, por el que se aprueba el texto refundido de la Ley del Estatuto Básico del Empleado Público. Boletín Oficial del Estado, 621, de 31 de octubre de 2015. Documento en línea. Recuperado el 24 de noviembre de 2023, de https://www.boe.es/buscar/act.php?id=BOE-A-2015-11719

Orden PCM/509/2020, de 3 de junio, por la que se regulan las especialidades en la Guardia Civil. Documento en línea. Recuperado el 24 de noviembre de 2023 de: https://www.boe.es/buscar/doc.php?id=BOE-A-2020-5900

Sentencia

Sentencia del Tribunal de Justicia de la Unión Europea. Asunto C-132/04, de fecha 12 de enero de 2006. Documento en línea. recuperado el 22 de noviembre de 2023 de: http://curia.europa.eu/juris/liste.jsf?language=es&num=c-132/04

Referencias en la literatura

Clements, A. J., Sharples, A., & Kinman, G. (2020). Identifying well-being challenges and solutions in the police service: A World Café approach. The Police Journal. Documento en línea. el día 26 de noviembre de 2023 de: https://journals-sagepub-com.bibezproxy.uca.es/doi/pdf/10.1177/0032258X1989872

Gimeno Durán, M.A. & García Martín, S. (2015). La Responsabilidad Social Corporativa en la Guardia Civil. La adopción de un nuevo modelo de gestión centrado en las preocupaciones sociales, económicas y medioambientales. Cuadernos de la Guardia Civil. Revista de Seguridad Pública,1, 133-157. Documento en línea. Recuperado el 1 de diciembre de 2023 de: https://dialnet.unirioja.es/ejemplar/437752

Guardia Civil (2021). Memoria de RSCGC- Responsabilidad Social Corporativa-2021. Ministerio del Interior, Secretaría Técnica. Documento en línea. Recuperado el día 27 de noviembre de 2023 de: https://www.guardiacivil.es/documentos/pdfs/2023/rsc/Memoria_RSC_2021_Guardia_Civil.pdf

Santa María, A., Wörfel, F., Wolter, C., Gusy, B., Rotter, M., Stark, S., Renneberg, B. (2018). The role of job demands and job resources in the development of emotional exhaustion, depression, and anxiety among police officers. Police Quarterly, 21(1), 109-134. Documento en línea. Recuperado el día 26 de noviembre de 2023 de: https://journals-sagepub-com.bibezproxy.uca.es/doi/pdf/10.1177/1098611117743957

Teo, S. T. T., Bentley, T., & Nguyen, D. (2019). Psychosocial work environment, work engagement, and employee commitment: A moderated, mediation model. International Journal of Hospitality Management, 102415. Documento en línea. Recuperado el día 26 de noviembre de 2023 de: https://www.sciencedirect.com/science/article/pii/S0278431919303810

La programación neurolingüística en la gestión del conflicto interpersonal relacional. Bienestar y salud organizacional

FEDWA BELGHAIT
Universidad de Cádiz
belghaitfedwa@yahoo.com

JESÚS BARRENA MARTÍNEZ
Universidad de Cádiz
jesus.barrena@uca.es

MARÍA-JOSÉ FONCUBIERTA-RODRÍGUEZ
Universidad de Cádiz
mariajose.foncubierta@uca.es

Resumen. La Programación Neurolingüística (PNL) es un enfoque psicológico que explora las conexiones entre los procesos neurológicos, el lenguaje y los patrones de comportamiento. Ha ganado popularidad en varios campos, incluida la gestión, para mejorar la comunicación, el liderazgo y el desempeño organizacional general. Esta investigación tiene como propósito analizar el concepto, background y la aplicación de la PNL en el ámbito de la gestión de recursos humanos, enfocada al desarrollo de organizaciones más sanas y sostenibles. Así, se pone especial énfasis en el Objetivo de Desarrollo Sostenible (ODS), ODS-3, "Salud y Bienestar". Sostenemos que la PNL puede ser una herramienta útil para afrontar los conflictos interpersonales en las organizaciones, especialmente aquellos de tipo relacional (Jehn, 1995). Nos planteamos, si a tal fin, diferentes culturas utilizan PNL de forma diferente. Con ello, desde un punto de vista del management de recursos humanos, este capítulo contribuye a la generación de organizaciones más saludables (*healthy companies*), circunstancia que propicia un contexto de menor riesgo psicosocial para los trabajadores, y por ende, una sociedad más sana y feliz. Las conclusiones, implicaciones profesionales y líneas futuras de investigación cierran el capítulo.

Palabras Clave: Bienestar en el trabajo; Organizaciones saludables; Programación Neurolingüística; Conflicto interpersonal: Salud organizacional.

1. INTRODUCCIÓN

La intrincada interacción de la dinámica humana dentro de los entornos organizacionales a menudo da lugar a conflictos interpersonales, lo que presenta un desafío complejo para una gestión eficaz organizativa y para lograr el bienestar de los empleados (Almost et al., 2016; Basha & Kumari, 2019; Lee, 2000). La exploración multifacética desarrollada en este trabajo profundiza en aspectos clave de la Programación Neurolingüística (PNL) y su papel en la gestión de conflictos interpersonales en el contexto laboral, proclamándose en los últimos años como una de las principales tendencias para potenciar habilidades personales y profesionales (Nompo et al., 2021). A pesar de esta relevancia académica y profesional, la PNL no es un concepto reciente, siendo desarrollada por Richard Bandler y John Grinder en la década de los 70. Estos autores creían que los pensamientos y comportamientos de las personas exitosas podían enseñarse a otros a través de este mecanismo (Bandler y Grinder, 1991). La PNL se basa, pues, en la idea de que las personas usan "mapas" internos para navegar por el mundo, pero dichos mapas están limitados por ciertos sesgos inconscientes exclusivos de cada individuo.

La PNL es una disciplina que tiene como raíz la Psicología, la Terapia Psicolingüística y la Neurología. Se basa en la catalogación de las personas en distintos modelos genéricos, en función de su percepción sensitiva y de sus rasgos psicosociales de comportamiento (Meier et al., 2017; Nompo et al., 2021). La PNL tiene como objetivo desentrañar las complejidades de la percepción y el comportamiento humano (El-Ashry, 2021). Esta discusión se extiende a la aplicación práctica de la PNL en la gestión organizacional, ilustrando cómo contribuye a la efectividad del liderazgo, la dinámica de equipo y la resolución de conflictos (Barki & Hartwick, 2001; Hinojosa et al. 2020). Asimismo, la PNL se examina dentro del contexto más amplio de la salud ocupacional, particularmente al abordar los riesgos psicosociales que impactan en el bienestar físico, mental y social de los empleados (Sureda et al., 2019; Thompson et al., 2002; Vinyamata, 2011). Considerando que la salud y el bienestar, físico y mental, se ha convertido en una de las prioridades organizativas y de la sociedad para su correcto desarrollo, según la Organización Mundial de la Salud (OMS) y los Objetivos de Desarrollo Sostenible (ODS), con especial énfasis en el Objetivo 3, "Salud y Bienestar", este capítulo propone realizar un análisis comparativo sobre cómo la PNL ayuda a desarrollar mecanismos de afrontamiento de los conflictos interpersonales relacionales en el trabajo, identificando dos culturas y contextos diferentes como son las culturas europea y magrebí. El examen de estrategias específicas de resolución de conflictos y matices culturales tiene como objetivo proporcionar información sobre cómo fomentar entornos laborales armoniosos. A medida que las organizaciones buscan enfoques holísticos para afrontar los desafíos del lugar de trabajo, comprender la sinergia entre la PNL, la salud ocupacional y las consideraciones culturales emerge como un camino crucial para lograr un equilibrio entre el éxito individual y organizacional (Gökdere & Baykal, 2022).

Siguiendo estas ideas, este capítulo pretende conectar todos los procesos necesarios de la PNL dirigidos a la mejora del ODS-3, y a la creación de organizaciones saludables –*healthy organizations*– (Unsal, 2021) desde un enfoque de gestión de recursos humanos. En las organizaciones saludables, la cultura, el clima y las prácticas crean un entorno propicio para la salud y la seguridad de los empleados, así como para la eficacia organizacional (Lowe, 2010). Por lo tanto, una organización saludable conduce a un negocio saludable y exitoso, lo que subraya el fuerte vínculo entre la rentabilidad organizacional y el bienestar de los trabajadores. Entre estas variables, los mecanismos derivados de la PNL se posicionan como una variable de interacción que puede fortalecer las relaciones positivas entre los empleados, y mejorar su rendimiento.

2. REVISIÓN DE LITERATURA

2.1. Concepto de programación neurolingüística (PNL)

La PNL, establecida por Richard Bandler y John Grinder en 1979, se basa en los primeros trabajos de Bandler de edición de transcripciones de *Terapia Gestalt*, donde identificó la estructura seguida por los terapeutas para crear un cambio exitoso, a menudo inconscientemente (Bandler & Grinder, 1991). Ambos autores desarrollaron el proceso fundamental de la PNL modelado a partir de esta experiencia. O'Connor (2001) considera la PNL como un estudio de la comunicación humana que comenzó con el análisis de comunicadores excepcionales y desde entonces ha evolucionado hasta convertirse en un estudio sistémico, incorporando herramientas y métodos prácticos. Desde 1994, la PNL ha formado la base de numerosos enfoques de comunicación y cambio, y sus principios se aplican en diversas prácticas comerciales, como capacitación en ventas, seminarios de comunicación y aulas de negocios. Con el tiempo, la PNL ha sido popularizada y se ha convertido en parte integral de muchas estrategias de comunicación y cambio (Hejase, 2015)

2.2. La PNL en la Gestión de las Organizaciones

La gestión eficaz en el panorama organizacional actual requiere una comprensión matizada del comportamiento y la comunicación humana. Las técnicas de programación neurolingüística, que tienen sus raíces en el estudio de la comunicación exitosa y el modelado de comportamiento se pueden aplicar prácticamente en liderazgo, dinámica de equipos y resolución de conflictos (Moreno et al. 2010).

Este capítulo explora estudios de casos y ejemplos del mundo real para mostrar cómo las organizaciones aprovechan la PNL para mejorar la eficacia del liderazgo y los canales de comunicación, y crear una cultura laboral positiva y productiva. A continuación, se detallan algunos puntos clave sobre la PNL y su aplicación en la gestión organizacional siguiendo las recomendaciones de diversos autores (Basha & Kumari, 2019; El-Ashry, 2021):

- *Comunicación e influencia*: la PNL equipa a los gerentes con herramientas para inspirar, motivar e involucrar a otros, mejorando sus habilidades de comunicación, influencia y toma de decisiones.
- *Comprensión y empatía*: la PNL puede ayudar a los gerentes: 1) a comprender mejor a sus equipos y clientes, así como a satisfacer sus necesidades afinando sus sentidos y estando más atentos a los demás; y 2) a identificar y modificar patrones de comportamiento negativos en ellos mismos y en sus equipos, lo que conduce a un mejor desempeño y productividad.
- *Patrones de comportamiento*: la PNL puede alterar patrones de comportamiento a largo plazo, lo que lleva a mejores interacciones y un ambiente de trabajo más positivo.
- *Resolución de conflictos*: Las técnicas de PNL se pueden utilizar para resolver conflictos, especialmente los de tipo interpersonal relacional, pues mejora las relaciones den-

tro de los equipos, creando un ambiente de trabajo más armonioso y colaborativo.

En general, la PNL es una herramienta poderosa para que los gerentes mejoren sus habilidades de liderazgo, la comunicación y creen una cultura laboral positiva. Al comprender y aplicar las técnicas de PNL, los gerentes pueden entender y conectarse mejor con sus equipos, lo que conduce a una mayor productividad y éxito.

2.3. ¿Cómo se puede utilizar la PNL para mejorar la comunicación en las organizaciones?

La programación neurolingüística (PNL) es una herramienta poderosa que puede mejorar la comunicación dentro de las organizaciones, al igual que la efectividad personal, la empatía y la comprensión entre los miembros del equipo (Sallent, 2005). Algunas formas efectivas en las que se puede aplicar la PNL para enriquecer la comunicación dentro de las organizaciones de acuerdo con Hejase et al. (2015) comprenden la construcción de buenas relaciones entre los empleados, la adopción de un pensamiento focalizado en los resultados, la comprensión de diferentes perspectivas, la adaptación a diferentes situaciones, el manejo de los estados de ánimo de manera efectiva, y el empoderamiento de los empleados para que se comuniquen de manera efectiva.

2.4. Salud Laboral: riesgos psicosociales, conflictos interpersonales y empresas saludables

2.4.1. Salud Laboral

La salud laboral u ocupacional es un campo multidisciplinario de la atención médica que garantiza el bienestar, la seguridad y la salud general de las personas en sus lugares de trabajo (Fabius et al. 2013). Implica identificar, evaluar y gestionar diversos factores en el entorno laboral que pueden afectar la salud física, mental y social de los empleados. El objetivo de la salud ocupacional es prevenir y controlar los riesgos, lesiones y enfermedades relacionados con el trabajo, y promover un ambiente de trabajo seguro y propicio para que los empleados prosperen con confianza (Sureda et al., 2019). Para ello, es preciso controlar, gestionar y evitar la aparición de un tipo de riesgo, progresivamente más manifiesto, que afecta a la salud laboral, como son los riesgos psicosociales. Desde el decenio de 1950 se han llevado a cabo amplias investigaciones sobre los aspectos psicosociales del trabajo (Moreno-Jiménez, 2011). El surgimiento de la investigación psicosocial sobre el entorno laboral y la psicología ocupacional en la década de 1960 impulsó aún más esta creciente área de investigación. Durante este tiempo, hubo un cambio significativo de perspectiva, pasando de centrarse únicamente en el individuo a examinar el impacto y el papel de ciertos aspectos del entorno laboral en la salud de los trabajadores. Como resultado, ahora comprendemos mejor los factores psicosociales que afectan el bienestar de los trabajadores (Moreno-Jiménez, 2011), encontrando entre los más relevantes: la carga de trabajo excesiva, el aislamiento social, ambientes de trabajo insalubre, una cultura organizacional tóxica, la excesiva burocratización y las obligaciones legales, así como el descuido de la protección de la salud mental de los empleados. Puede parecer fácil gestionar algunos de los peligros psicosociales cuando están aislados, pero su nivel de impacto o riesgo puede aumentar cuando se unen. Por ejemplo, si un trabajo requiere jornadas laborales prolongadas, lo que provoca fatiga en los trabajadores, esto podría gestionarse reduciendo las horas de trabajo para garantizar que el empleado descanse bien. Sin embargo, si también enfrentan estrés o ansiedad por trabajar de forma remota, esto puede afectar su capacidad para descansar y obtener el apoyo que necesita. Además, la respuesta de un individuo a los riesgos y peligros psicosociales puede variar mucho dependiendo de varios factores como la edad, el estado de salud, el estatus social y la experiencia personal.

A todo ello, se une el hecho de encontrarnos inmersos en plena Era Digital. La digitalización, y los avances tecnológicos en general, agilizan procesos, y, a menudo, reducen riesgos laborales físicos. No obstante, no todo es positivo en este sentido. Nuevos riesgos surgen relacionados con el uso de las TICs en el trabajo. La Unión Europea los ha denominado riesgos emergentes o digitales (ESENER, EU-OSHA, 2019). Y ello porque en el contexto laboral generan condiciones -miedo a perder privacidad, al robo de la propiedad intelectual, a la falta de ciberseguridad, a la pérdida del empleo por la automatización, etc.- con alta potencialidad de producir conflictividad e insatisfacción en el trabajador si no se tratan y gestionan adecuadamente (Foncubierta-Rodríguez y Sánchez-Montero, 2019).

Adicionalmente, los problemas psicosociales suelen ser más difíciles de percibir que las lesiones físicas. Y, a menudo es complicado que la gerencia descubra que determinados riesgos psicosociales, como el estrés, están en la base del conflicto entre empleados en la organización. Sin embargo, son múltiples las investigaciones que han derivado en estudios, análisis y estrategias que pueden ayudarle a detectarlos. Estas incluyen observar las interacciones y el comportamiento en el lugar de trabajo, revisar la estructura organizacional, observar cómo se completan las tareas laborales, consultar con los trabajadores y los representantes de seguridad y salud, recurrir a servicios preventivos ajenos, inspeccionar el lugar de trabajo físico, analizar datos del lugar de trabajo, como informes de incidentes, y revisar las disposiciones y el diseño del trabajo, con cuestiones como la responsabilidad asignada a los trabajadores, su autonomía, o el contenido o tareas que lo componen.

2.4.2 Conflicto interpersonal relacional en el contexto laboral y mecanismos de afrontamiento: análisis comparativo Europa-Magreb

El conflicto interpersonal en el contexto laboral se refiere a cualquier disputa que involucre al menos a dos personas (Benítez et al., 2012). Es una parte natural de la interacción entre colegas y puede ocurrir entre colegas, dentro de un equipo o en otros entornos profesionales. Los conflictos interpersonales pueden surgir debido a diferencias en objetivos, puntos de vista o acceso a recursos; pero el de tipo relacional en concreto aparece cuando las partes muestran desacuerdos sobre valores, normas personales, o gustos (Jehn, 1995). Este puede ser un factor altamente estresante en el contexto laboral, con impactos significativamente negativos en la salud y el bienestar de los trabajadores (Barki y Hartwick, 2001; Saltijeral Méndez et al., 2015). No obstante, existen estrategias de afrontamiento que pueden reducir estas consecuencias (Gil-Monte, 2012). Es en este sentido en el que se propone la PNL como mecanismo para resolver conflictos conflictos de tipo relacional en el trabajo (CRT). Las estrategias de PNL serían una de las vías de afrontamiento por las que algunas personas podrían mantener su estado de bienestar y satisfacción en el entorno laboral (Gökdere & Baykal, 2022; Hinojosa et al., 2020), a pesar de estar expuestas a conflictos CRT estresores, en línea con lo expuesto por Pretsch et al., (2012).

Aún así, contando con estrategias de afrontamiento, nunca se ha de obviar el peso que la cultura tiene en las conductas de los seres humanos. Entre los países de Europa y los que componen el Magreb las diferencias culturales y religiosas otorgan un escenario adecuado para realizar una comparativa con base en este planteamiento. La Tabla 1 muestra un análisis que compara los mecanismos de afrontamiento de los conflictos CRT en dichos territorios – que contarían, además, con variaciones dentro de las diferentes regiones- (Alonso, 1999; Ennaji, 2019; Mayorga, 2013).

Tabla 1. CRT en las culturas europea y magrebí

Aspecto	Países europeos	Países del Magreb
Estilos de comunicación	Se suele valorar la comunicación directa y explícita.	La comunicación indirecta es común y las señales no verbales son importantes.
Sensibilidad cultural	Se enfatiza la capacidad de escucha activa.	Énfasis en el colectivismo, el respeto a la autoridad y la comunidad.
Estrategias de resolución de conflictos	Variada, pero a menudo individualista.	Mentoría, búsqueda de orientación e implicación de la comunidad.
Individualismo versus colectivismo	Reconocer y abordar las dinámicas y jerarquías de poder.	Fuerte énfasis en el colectivismo.
Enfoque de la jerarquía	Se valora la colaboración y la mediación.	Respeto a las figuras de autoridad y estructuras jerárquicas.
Estilos de percepción y resolución de conflictos	Pueden existir protocolos formales para la resolución estructurada de conflictos.	Manejar los conflictos de forma indirecta y preservar la armonía es clave.
Construcción de confianza	Énfasis en el individualismo en algunos países.	La confianza es crucial y puede establecerse mediante la participación de la comunidad.
Énfasis en la armonía	Reconocimiento y respeto por las diferencias individuales.	Se valora mucho la armonía y la resolución de conflictos tiene como objetivo preservar las relaciones.

Fuente: Elaboración propia.

Los países europeos priorizan la comunicación directa y explícita, enfatizando la escucha activa y la colaboración para la resolución de conflictos. Exhiben una sensibilidad cultural más variada, a menudo inclinándose hacia el individualismo, pero reconociendo y abordando las dinámicas de poder. Por otro lado, los países del Magreb prefieren la comunicación indirecta, basándose en señales no verbales, y ponen un fuerte énfasis en el colectivismo, la comunidad y el respeto a la autoridad. Las estrategias de resolución de conflictos relacionales en los países del Magreb implican tutoría, búsqueda de orientación y participación de la comunidad, lo que refleja una preferencia por enfoques informales y orientados a la comunidad. Este análisis destaca la importancia de los matices culturales en la configuración de la dinámica de resolución de conflictos dentro de los contextos laborales en estas regiones.

Planteándose como objetivo la salud de los trabajadores, y, por tanto, la lucha contra los riesgos laborales, psicosociales, y el estímulo al afrontamiento de los conflictos CRT en el entorno laboral, surge un nuevo concepto de empresa, denominada empresa saludable (*healthy company*) que es preciso matizar y caracterizar.

2.4.3. Empresas saludables (Healthy companies)

Son muchos los organismos internacionales que incentivan a la promoción de la salud en las empresas (Organización Internacional del Trabajo, Agencia Europea para la Seguridad y la Salud en el Trabajo, Organización Mundial de la Salud, etc.). Ello sin olvidar la obligación de los empresarios de cumplir con las normas sobre prevención en riesgos laborales, que varía según el país. Pero no son sólo las instituciones internacionales, o la legislación, las que instan a los países a promocionarla en el tejido empresarial, sino que cada vez más se muestra como expectativa o demanda de los propios trabajadores a sus propias empresas (Foncubierta et al., 2023). La promoción de la salud en el lugar de trabajo se considera un recurso potencial para mantener una sociedad sana y feliz (Guazzi et al., 2014). Resulta una inversión que deriva en un resultado que bien podría denominarse *win-win*: el personal está saludable, no causa baja, y el ahorro para la organización es manifiesto (Unsal et al., 2020; Mascone, 2016; Conradie et al., 2016).

No obstante, una empresa saludable, en el marco de la salud laboral, va más allá de pretender la ausencia de enfermedad o lesión y engloba un enfoque holístico del bienestar Se caracteriza por unas prácticas organizacionales, unas políticas y una cultura laboral que prioriza y promueve la salud física, mental y social de sus empleados. Esto incluye iniciativas como programas de bienestar, estrategias de manejo del estrés, políticas de conciliación entre el trabajo y la vida personal y un clima organizacional de apoyo. Una empresa saludable reconoce la interacción entre el bienestar individual y el éxito organizacional general, fomentando un ambiente donde los empleados pueden prosperar tanto personal como profesionalmente (Arenas, 2019). Entre las características más destacadas de las empresas saludables reflejamos algunas de las propuestas por autores como Arenas (2019) y Solé Gómez (2017).

- Compartir objetivos de forma eficaz

Una organización saludable comparte sus objetivos comerciales con los empleados en todos los niveles de la organización. La gerencia comparte objetivos con los empleados y los involucra en la misión y visión de la organización. Los empleados y gerentes comprenden lo que se requiere para alcanzar estos objetivos compartidos y hacen todo lo posible para lograrlos. Ello otorga mayor satisfacción al empleado, que comprenderá cuál es la aportación de valor de sus tareas en el total.

- Ofrece oportunidades de formación

Las empresas brindan capacitación en el trabajo y oportunidades para que los empleados mejoren sus habilidades relacionadas con el trabajo, en un proceso de educación continua. También, en el sentido que nos ocupa en este capítulo, para que aprendan a afrontar CRT.

- Liderazgo fuerte

El buen liderazgo es una de las principales características de una organización saludable. Los empleados tienen buenas relaciones con la dirección que se basan en la confianza. Los gerentes saben cómo lograr que los empleados funcionen juntos. Ante la necesidad de medidas de corrección, los líderes critican de forma constructiva, y los empleados las asumen. Esta postura es clave para implantar un marco de apertura al CRT, en el que se afronte el mismo y no se intente ocultar o disfrazar para evitarlo.

- Se escucha al empleado

La gerencia valora las aportaciones de los empleados que hacen sugerencias sobre cómo mejorar la productividad y lograr altos índices de desempeño. Con ello dan mayor valor al contenido de los puestos de trabajo.

- Se adaptan a las oportunidades y los cambios

Las organizaciones saludables saben reconocer y aprovechar las buenas oportunidades. Las organizaciones saludables siempre buscan oportunidades para crecer. También saben adaptarse a los cambios tecnológicos u operativos. Intentan mantenerse a la vanguardia o en línea con los cambios en la industria y el entorno empresarial. Adaptación que implica, también, adquisición de nuevas estrategias que mejoren, por ejemplo, el afrontamiento del CRT.

Con todas estas actuaciones, se enriquece el puesto, se conciencia al empleado del valor de su labor en el conjunto de la empresa, se le da voz, se le forma y se le ayuda a lidiar con el CRT y, en consecuencia, con sus efectos negativos. La PNL puede ser una herramienta en cada uno de los puntos señalados.

3. CONCLUSIONES Y LÍNEAS DE INVESTIGACIÓN FUTURAS

En conclusión, la exploración integral de la Programación Neurolingüística (PNL) y su aplicación en la gestión organizacional, particularmente en el contexto de los mecanismos de afrontamiento del conflicto relacional interpersonal en el trabajo (CRT), arroja luz sobre estrategias efectivas para mejorar la comunicación, el liderazgo y bienestar general en el lugar de trabajo. La integración de la PNL en la gestión organizacional ofrece un enfoque holístico al abordar aspectos psicológicos y lingüísticos, promoviendo así culturas laborales positivas. Además, el debate sobre salud ocupacional subraya la importancia de gestionar los riesgos psicosociales para el bienestar general de los empleados. El análisis del conflicto interpersonal relacional en el lugar de trabajo enfatiza el papel de los matices culturales en la configuración de la dinámica de resolución de conflictos entre los países europeos y del Magreb. Al incorporar técnicas de PNL para afrontar conflictos CRT, las organizaciones pueden fomentar una comunicación eficaz, inteligencia emocional y entornos de trabajo armoniosos. El esquema o modelo propuesto para el trabajo futuro implica aprovechar la PNL como herramienta clave en la gestión organizacional, considerando la diversidad cultural y priorizando la salud ocupacional para crear lugares de trabajo resilientes y saludables. Este enfoque integrado se alinea con los principios de la Gestión de la Humanidad, promoviendo un equilibrio entre el bienestar individual y el éxito organizacional.

Modelo conceptual

La propuesta de investigación que se presenta en el capítulo aborda el uso de las técnicas de programación neurolingüística dentro del área de gestión de recursos humanos para desarrollar organizaciones más saludables y sostenibles. En este modelo jugará un papel fundamental la gestión de conflicto -estresor-, y las estrategias de comunicación e intervención, variables de interacción que pueden desempeñar un rol moderador o mediador (Figura 1).

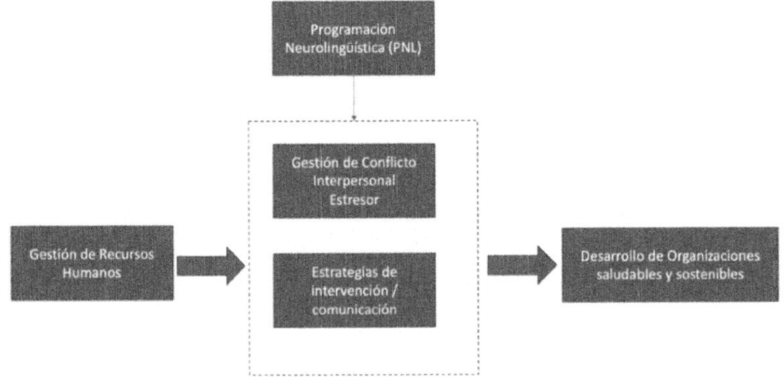

Fig. 1. Modelo conceptual PNL, gestión de recursos humanos y organizaciones saludables y sostenibles. Fuente: elaboración propia.

La cuestión principal a plantear es: *¿cómo se puede utilizar la PNL para gestionar los conflictos interpersonales en el lugar de trabajo?*

La Programación Neurolingüística (PNL) muestra algunas formas en que se puede aplicar para afrontar los conflictos relacionales interpersonales en el trabajo que esta investigación debe explorar.

1. *Replantear el conflicto:* la PNL puede ayudar a las personas a cambiar su perspectiva sobre el CRL, permitiéndoles verlo como una oportunidad de crecimiento y aprendizaje.
2. *Manejo de las emociones:* Las técnicas de PNL pueden ayudar a las personas a identificar y manejar sus emociones durante los conflictos, promoviendo un enfoque más constructivo para la resolución.
3. *Comunicación eficaz:* la PNL puede mejorar las habilidades de comunicación, permitiendo a las personas expresar

sus pensamientos y sentimientos de forma clara y respetuosa, reduciendo la probabilidad de malentendidos.

4. *Adoptar nuevas estrategias*: al estudiar estrategias exitosas de resolución de conflictos, las personas pueden aprender a gestionar los intercambios en el lugar de trabajo de manera más efectiva, lo que conduce a mejores resultados.

4. REFERENCIAS BIBLIOGRÁFICAS

Almost, J., Wolff, A. C., Stewart-Pyne, A., McCormick, L. G., Strachan, D., & D'Souza, C. (2016). Managing and mitigating conflict in healthcare teams: an integrative review. *Journal of Advanced Nursing*, 72(7), 1490-1505. https://doi.org/10.1111/jan.12903

Alonso, N. P. (1999). *El Magreb y Europa: literatura y traducción* (No. 6). Universidad de Castilla-La Mancha.

Arenas, D. J. (2019). Tendencias en gestión de recursos humanos en una empresa saludable y digitalizada. *International Journal of Information Systems and Software Engineering for Big Companies*, 6(2), 63-80.

Bandler, R., & Grinder, J. (1991). *De sapos a príncipes (Frogs into princes).* Editorial. Cuatro Vientos.

Barki, H., & Hartwick, J. (2001). Interpersonal conflict and its management in information system development. *MIS Quarterly*, 25(2), 195-228. https://doi.org/10.2307/3250929

Basha, S. A., & Kumari, J. P. (2019). Neuro Linguistic Programming (NLP) for stress management among corporate employees: A pilot study. *IAHRW International Journal of Social Sciences Review*, 7(4), 667-672.

Benítez, M., León-Pérez, J. M., Ramírez-Marín, J. Y., Medina, F. J., & Munduate, L. (2012). Validación del Cuestionario de Conflicto Interpersonal en el Trabajo (CIT) en empleados españoles. *Estudios de Psicología*, 33(3), 263-275. https://doi.org/10.1174/021093912803758228

Conradie, C.S., Smit, E.V., & Malan, D.P. (2016). Corporate Health and Wellness and the Financial Bottom Line Evidence From South Africa. Journal of Occupational and Environmental Medicine, 58 (2), E45-E53. https://doi.org/10.1097/JOM.0000000000000653

El-Ashry, M. M. (2021). The importance of neuro linguistic programming skills as a communication tool in the workplace. *Journal of Glo-*

bal Scientific Research, 6(1), 1108-1123. https://doi.org/10.5281/zenodo.7479557

Ennaji, M. (Ed.). (2019). The Maghreb-Europe Paradigm: Migration, Gender and Cultural Dialogue. Cambridge Scholars Publishing.

EU-OSHA, *Occupational Safety and Health Administration* (Agencia Europea para la Seguridad y Salud en el Trabajo) (2019). ESENER. https://osha.europa.eu/es/facts-and-figures/esener

Fabius, R., Thayer, R.D., Konicki, D.L., Yarborough, C.M., Peterson, K.W., Isaac, F., Loeppke R.R., Eisenberg, B.S., Dreger, M. (2013). The link between workforce health and safety and the health of the bottom line: Tracking market performance of companies that nurture a "culture of health." Journal of Occupational and Environmental Medicine, 55(9), 993–1000. https://doi.org/10.1097/JOM.0b013e3182a6bb75

Foncubierta-Rodríguez, M. J., & Sánchez-Montero, J. M. (2019). Hacia la felicidad laboral: Atender motivaciones y eliminar temores digitales. RETOS. Revista de Ciencias de la Administración y Economía, 9(18), 239-257. https://doi.org/10.17163/ret.n18.2019.04

Foncubierta-Rodríguez, M.-J., Poza-Méndez, M. & Holgado-Herrero, M. (2024). Workplace Health Promotion Programs: the role of Compliance with Workers' Expectations, the Reputation and the Productivity of the Company. *Journal of Safety Research*, 89, 56-63. https://doi.org/10.1016/j.jsr.2024.02.008

Gil-Monte, P. R. (2012). Riesgos psicosociales en el trabajo y salud ocupacional. *Revista Peruana de Medicina Experimental y Salud pública*, 29(2), 237-241.

Gil-Monte, P., Carloto, M. S. y Gonçalves, S. (2011). Prevalence of burnout in a sample of Brazilian teachers. *European Journal of Psychiatry*, 25(4) https://dx.doi.org/10.4321/S0213-61632011000400003

Gökdere Çinar, H., & Baykal, Ü. (2022). Determining the effect of neuro-linguistic programming techniques on the conflict management and interpersonal problem-solving skills of nurse managers: A mixed methods study. *Journal of Nursing Management*, 30(1), 104-134. https://doi.org/10.1111/jonm.13455

Grinder, J. & Bandler, R. (1991). *Frogs into Princes: Neuro Linguistic Programming*. Thrift books.

Guazzi, M., Faggiano, P., Mureddu, G.F., Faden, G., Niebauer, J., Temporelli, P.L. (2014). Worksite Health and Wellness in the European

Union. *Progress in Cardiovascular Diseases* 56 (5), 508-514. https://doi.org/10.1016/j.pcad.2013.11.003

Hejase, H. J., Tartozi, M. I., & Hashem, F. (2015). Neuro-Linguistic Programming and Leadership: An Exploratory Study on Lebanese Management. *European Journal of Business and Social Sciences*, 4(09), 121-155.

Hinojosa, J. A., Moreno, E. M., & Ferré, P. (2020). Affective neurolinguistics: towards a framework for reconciling language and emotion. *Language, Cognition and Neuroscience, 35*(7), 813-839. https://doi.org/10.1080/23273798.2019.1620957

Jehn, K. A. (1995). A multimethod examination of the benefits and detriments of intragroup conflict. *Administrative Science Quarterly*, 256-282.

Lee, J. (2000). Teaching NLP for conflict resolution. *The law teacher, 34*(1), 58-76. https://doi.org/10.1080/03069400.2000.9993047

Lowe, G. (2010). *Healthy Organizations: How Vibrant Workplaces Inspire Employees to Achieve Sustainable Success.* Toronto, ON: University of Toronto Press.

Mascone, C.F. (2016). Healthy Employees, Healthy Company. Chemical Engineering Progress, 112(9), 3.

Mayorga, C. (2013). Carta de una mujer indignada: desde el Magreb a Europa. Revista Estudos Feministas, 21, 402-404.

Meier, L. L., Semmer, N. K., & Gross, S. (2017). The effect of conflict at work on well-being: Depressive symptoms as a vulnerability factor. *Longitudinal Research in Occupational Health Psychology* (pp. 39-56). Routledge.

Moreno, S., Bialystok, E., Wodniecka, Z., & Alain, C. (2010). Conflict resolution in sentence processing by bilinguals. *Journal of Neurolinguistics, 23*(6), 564-579. https://doi.org/10.1016/j.jneuroling.2010.05.002

Moreno Jiménez, B. (2011). Factores y riesgos laborales psicosociales: conceptualización, historia y cambios actuales. *Medicina y Seguridad del trabajo,* 57, 4-19. https://doi.org/10.4321/S0465-546X2011000500002

Nompo, R. S., Pragholapati, A., & Thome, A. L. (2021). Effect of neuro-linguistic programming (NLP) on anxiety: a systematic literature review. *KnE Life Sciences,* 496-507. https://doi.org/10.18502/kls.v6i1.8640

O'Connor, J. (2001). *Leading with NLP: Essential leadership skills for influencing and managing people.* HarperCollins UK.

Prestch, J., Flunger, B., & Schmitt, M. (2012). Resilience predicts well-being in teachers, but not in non-teaching employees. Social Psychology of Education, 15(3). https://doi.org/10.1007/s11218-012-9180-8

Sallent, A. S. (2005). *PNL para docentes: mejora tu autoconocimiento y tus relaciones* (Vol. 1). Graó.

Saltijeral Méndez, M. T., & Ramos Lira, L. (2015). Identificación de estresores laborales y burnout en docentes de una secundaria para trabajadores del Distrito Federal. *Salud mental,* 38(5), 361-369. https://doi.org/10.17711/SM.0185-3325.2015.049

Sureda, E., Mancho, J., & Sesé, A. (2019). Psychosocial risk factors, organizational conflict and job satisfaction in Health professionals: A SEM model. *Anales de psicología/Annals of psychology,* 35(1), 106-115. https://doi.org/10.6018/analesps.35.1.297711

Thompson, J. E., Courtney, L., & Dickson, D. (2002). The effect of neurolinguistic programming on organisational and individual performance: a case study. *Journal of European Industrial Training, 26*(6), 292-298. https://doi.org/10.1108/03090590210431265

Unsal, N., Weaver, G., Bray, J.W., Bibeau, D., Saake, G. (2021). Return on Investment of Workplace Wellness: Evidence From a Long-Term Care Company. *Workplace Health & Safety,* 69(2), 81-90. https://doi.org/10.1177/2165079920953052

Vinyamata, E. (2011). The neuro-linguistic programming approach to conflict resolution, negotiation and change. *Journal of Conflictology,* 1(8). https://doi.org/ http://dx.doi.org/10.7238/joc.v2i1.1085